浙江财经大学东方学院
ZHEJIANG UNIVERSITY OF FINANCE & ECONOMICS DONGFANG COLLEGE

卯山論叢

2014年卷

◎ 黄董良 主编

ZHEJIANG UNIVERSITY PRESS
浙江大学出版社

目　录

从元代公案杂剧看元代的家庭问题

刘俊伟

（浙江财经大学东方学院人文与艺术分院中文系　314408）

摘　要：公案杂剧是元代杂剧中的一个重要门类，其中有十种涉及了家庭问题，反映了元代社会夫妻矛盾、妻妾矛盾与兄弟矛盾的激化，而这些矛盾激化的根源则在于中国传统的儒家道德观念在元代社会道德的逐渐解体与元代商业的空前繁荣对人们道德观念的巨大冲击。

关键词：元代；公案杂剧；家庭问题

一、引　言

在元代众多的杂剧门类当中，公案杂剧占有十分突出的地位。研究元代公案杂剧可以帮助我们更好地认识有元一代的社会状况和法律制度。

一般认为，现存的元代公案杂剧共有二十七种，它们是：关汉卿的《包待制三勘蝴蝶梦》、《包待制智斩鲁斋郎》（一说无名氏作）、《感天动地窦娥冤》、《望江亭中秋切脍旦》、《钱大尹智勘绯衣梦》，武汉臣的《包待制智勘生金阁》，孟汉卿的《张孔目智勘磨合罗》（以下简称《磨合罗》），李潜夫的《包待制智勘灰栏记》（以下简称《灰栏记》），孙仲章的《河南府张鼎勘头巾》（以下简称《勘头巾》），郑庭玉的《包待制智勘后庭花》（以下简称《后庭花》）、《宋上皇御断金凤钗》，马致远的《半夜雷轰荐福碑》，高文秀的《好酒赵元遇上皇》（以下简称《遇上皇》），萧德祥的《杨氏女杀狗劝夫》（以下简称《杀狗劝夫》），王仲文的《救孝子贤母不认尸》，张国宾的《相国寺公孙合汗衫》，无名氏的《丁丁当当盆儿鬼》、《神奴儿大闹开封府》（以下简称《神奴儿》）、《包龙图智赚合同文字》（以下简称《合同文字》）、《包待制陈州粜米》、《朱砂担滴水浮沤记》、《鲠直张千替杀妻》（以下简称《替杀妻》）、《王月英元月留鞋记》、《海门张仲村乐堂》（以下简称《村乐堂》）、《十探子大闹延安府》、《冯玉兰月夜泣江舟》、《逞风流王焕百花亭》。

杂剧作为一种民间艺术形式，必须能够引起广大普通百姓的共鸣才可以生存发展下去，公案杂剧也是如此。从现存的元代公案杂剧的类型看，无不和普通百姓的生活密切相关，反映着广阔的社会生活。如果对这些公案杂剧的内容进行深入分析，不难发现，反映元代家庭问题的作品占了相当大的比重，达十种之多，超过总数的三分之一，它们是《磨合罗》、《灰栏记》、《勘头巾》、《后庭花》、《遇上皇》、《杀狗劝夫》、《神奴儿》、《合同文字》、《替杀妻》、《村乐堂》。下面我就结合这十种公案杂剧谈谈其中反映的元代家庭问题。

二、元代公案杂剧反映的家庭问题

元代公案杂剧反映的家庭问题集中体现在夫妻矛盾、妻妾矛盾与兄弟矛盾三个方面。

(一)夫妻矛盾

在上述涉及家庭问题的十种元代公案杂剧中,与夫妻矛盾有关的是《灰栏记》、《勘头巾》、《后庭花》、《遇上皇》、《替杀妻》、《村乐堂》六种,其中除了《后庭花》中的李顺和《遇上皇》中的赵元是因为醉酒而使夫妻不和外[①],其余四起案件中的丈夫都是有钱有势的员外且并无不良嗜好,他们的妻子原本应当十分知足,但恰恰相反,她们背着丈夫与别人"有些不伶俐的勾当"[②],甚至到了谋杀亲夫的地步。这种现象的出现正是当时社会财富的丰富所带来的所谓"饱暖思淫欲"的结果。此外,这几种杂剧的作者多是北方人,剧情发生地也在北方[③],北方正是最早接受异族统治,儒家传统道德观念最先瓦解的地方。 即便是儒家思想影响相对较深的南方地区,到元末也出现了变化,据孔齐的《至正直记》记载:"浙间妇女,虽有夫在,亦如无夫,有子亦如无子,非理处事,习以成风"[④],"浙西风俗之薄者,莫甚于以女质于人,年满归,又质而之他,或至再三,然后嫁,其俗之弊,以为不若是,则众诮之曰:'无人要者'。 盖多质则得物多也。 苏杭尤盛。"[⑤]他还记载了许多例子,其五叔丧妻再娶湖州市牛家寡妇濮氏,不料"濮与陈富一通,凡数堕胎,皆邻媪臧氏济其奸事","五叔虽知之,而不能去","凡己己帑,皆为濮所有,反受其制,莫敢谁何。 自是濮暴悍奸淫,与陈通无间"[⑥];"尝见冯氏奸生子晋,既长,娶当涂东管陶氏为妇。 陶之家富有奁具,且娶而淫悍,且在家时已与邻家子通,未尝觉也。 后生子顽狠凶暴,通乎其同母妹,不齿于人,而陶后通其邻钱四官者。 晋死,又通于仆小葛者。"[⑦]由此产生许多凶杀案件,镇江一屠侩"尝淫人之妻者",而"其妻有美色而淫",邻人潘二勾引而私通之,屠发觉后暗中杀死潘二,后酒后失言告诉其妻,其妻又将其杀死,竟碎尸饲猪,行为令人发指[⑧];鄞县大松场滨海民一侏儒娶妻有姿色,先与一人通,后又与另一人通,乃和第二奸夫杀第一奸夫与丈夫于海,遂为夫妻。[⑨] 正因为如此,元廷加大了对通奸妇女的惩罚力度,提出了"男女同罪"原则:"诸和奸者杖七十七,有夫者八十七,诱奸妇逃者加一等","男女罪同","妇人去衣受刑,未成者,减四等","诸夫获妻奸,奸拒捕,杀之无罪","良家妇犯奸为夫所弃,愿为娼者听"[⑩]。 最有意思的是《遇上皇》杂剧,从剧情来看,确实是丈夫赵元的过错,他"好酒贪杯,不理家当,营生也不做,

① 值得注意的是:醐酒是元代社会一个突出的问题,元后期吴师道就曾指出:"利兴于榷酤,而流于后世,虽欲禁民之无饮,不可得矣。 今列肆伙坊,十室而九,糜谷作醨,不知其几倍于粒食也。 斗争凌犯之讼,失业荡产之民,皆由于此。"(《吴礼部文集》卷 19《国学策问四十道》,续金华丛书本)详见陈高华/史卫民著《中国风俗通史·元代卷》第 273-276 页,上海文艺出版社 2001 年版。
② 张月中、王钢主编. 全元曲. 郑州:中州古籍出版社,1996:864.
③ 《遇上皇》作者高文秀,东平(山东)人,剧情发生在东京(河南开封);《后庭花》作者郑廷玉,彰德(河南安阳)人,剧情发生在汴梁(河南开封);《勘头巾》作者孙仲章,大都(北京)人,剧情发生在南京(河南开封);《灰栏记》作者李行甫,绛州(山西新绛县东北)人,剧情发生在郑州(河南郑州);《村乐堂》作者不祥,剧情发生在蓟州(河北蓟县);《替杀妻》作者不祥,剧情发生在郑州(河南郑州)。
④ (元)孔齐撰,庄葳、郭群一校点. 至正直记·浙西风俗(卷二). 宋元笔记小说大观本. 上海:上海古籍出版社,2001:6608.
⑤ 至正直记·娶妻苟慕(卷二). 6596.
⑥ 至正直记·娶妻苟慕(卷二). 6596.
⑦ 至正直记·娶妻苟慕(卷二). 6596.
⑧ 至正直记·屠侩报应(卷二). 6597.
⑨ 至正直记·鄞县侏儒(卷二). 6599.
⑩ (明)宋濂等. 元史·刑法志三(卷一百四). 北京:中华书局,1976:2653,2656.

每日只是吃酒"①；而其妻刘月仙只是一心想嫁给臧府尹做小妾而已，二人似乎也并未发生不正当关系。问题的关键在于元代妻子仍然完全从属于丈夫，对自己的命运做不了主。只有丈夫写了休书，妻子才有权利改嫁，为了这一纸休书，便生出臧府尹假公济私，设计陷害一事来。

（二）妻妾矛盾

女子通奸会受到严惩，男人纳妾却名正言顺。由此便产生了第二个方面的家庭问题，即妻妾矛盾。置妾，主要是为解决发妻无子，后嗣乏人的问题，"壮年无子，但当置妾，未可便立嗣。或过四旬之后，自觉精力稍衰，则选兄弟之子"②，但这样势必会侵犯妻子的所谓利益。《灰栏记》中马员外娶张海棠为妾时便对张母说："若是令爱养得一男半子，我的家缘家计，都是她掌把哩。"③后来张海棠果真生了一子，马员外的正妻便伙同奸夫毒死了员外，诬告张海棠，并将家庭财产的继承者——张海棠之子据为己有。马夫人虽然狠毒，但表面上尚与张海棠和平相处，而《后庭花》中的赵廉访的夫人可谓凶悍无比，她自己就言"平昔性不容人"，一见皇上赐与赵廉访的妾王翠鸾"生的好"，便说道："教她服侍老相公，假若得一男半女，那里显我？"于是让管家将王翠鸾母女二人"或是勒死，或是杀死""只要死的不要活的"④。可见妾的地位何其低下。有的人可能是为了享受而多蓄美妾，这样就会造成妾因有宠，而反过来威胁妻子地位的情况。在《村乐堂》中，王同知的小夫人与奸夫合谋杀夫，事败后又嫁祸大夫人，而王同知犹包庇小夫人，甚至不惜收买主审官。⑤

从这三种有关妻妾矛盾的杂剧中，我们还可发现其他一些情况：

首先，从《灰栏记》中我们可以知道张海棠是"上厅行首"出身，靠"卖俏求食"⑥。"行首"，宋元时期指高等妓女，而"上厅行首"又是高等妓女之中的佼佼者。元代娼妓业十分发达，据马可·波罗说大都"凡卖笑妇女，不居城内，皆居附郭。……计有二万有余，皆能以缠头自给"⑦，她们当中的绝大多数都是像张海棠一样因家贫而沦落者。元代娼妓的地位十分低下，受各方面歧视，元廷规定"诸倡优卖酒座肆人等不得穿着有金头面钗钏等物"⑧，"娼家出入止服皂褙子，不得乘坐车马"⑨，至元五年（1268年）太原发生一起杀害妓女案件，刑部判决"照拟杀他人奴婢徒五年，拟决杖一百七下"⑩，娼妓与奴婢一样在贱民之列。难怪张海棠的弟弟要说："俺祖父以来，都是科第出身，已经七辈，可着小贱人做这等辱门败户的勾当，教我在人前怎生出入也！"⑪因此张海棠迫切希望嫁予马员外，找到归宿。

如果张海棠因娼妓出身而备受歧视，那么王翠鸾则因贱民身份而任人摆布。元代有明确的良民、贱民之分，"名编户籍，素本齐民，谓之良；店户、倡优、官私奴婢，谓之贱"⑫。王翠鸾母女由皇上赐与赵廉访为妾，应当属于官属奴婢一类，可能是因夫主犯罪而没官为奴者，在元代则称之为"驱口"，"谓被俘获驱使之人"，元代社会驱口地位最低下，"刑律，私宰牛马，杖一百；殴死驱口，比常人

① 全元曲.207.
② 至正直记·壮年置妾（卷二）.6595.
③ 全元曲.942.
④ 全元曲.307.
⑤ 全元曲.1800.
⑥ 全元曲.941-942.
⑦ （意大利）马可·波罗著，冯承钧译.马可·波罗行纪.上海：上海书店出版社，2000，358.
⑧ （元）佚名.大元圣政国朝典章·禁治诸色销金（卷五十八）.台北：故宫博物院影印元本.
⑨ 大元圣政国朝典章·娼妓服色（卷二十九）.
⑩ 大元圣政国朝典章·杀死娼女（卷四十二）.
⑪ 全元曲.942.
⑫ （元）徐元瑞.习吏幼学指南.居家必用事类全集本.明嘉靖刻本.

减死一等,杖一百七,所以视奴婢与马牛无异。"①正因为如此,剧中李顺在奉命杀死王翠鸾母女之前要问"那两个端的是家奴端的是民?"因为杀害良民要偿命,而杀害奴婢,即驱口,则只要挨一顿打就可。王翠鸾母女也知道这点,谎称自己是民才脱险②;赵廉访的夫人是行凶杀人的幕后主使,虽然最后王翠鸾不是死于其手,但她也应负有一定责任,可是铁面无私的包大人在最后判决时连她一点责任也没追究,因为在元代作为主人,杀死自家的驱口是没有什么的。总之,在元代不论是娼妓还是奴婢想要通过"从良"或"放良"以获得与良民同等的地位其实是很难的。

其实不管在什么朝代,妻妾之间的争风吃醋只是表面现象,其深层原因还是对家庭财产的争夺。在元代社会实行的财产继承原则是诸子析产制,妇女是无继承权的,《通制条格》就记载了杨阿马状告小叔杨世基因阿马无子而将其亡夫杨世明的家财房屋乃至妾室都收继的案件,虽然最后判还了杨阿马③,但元代法律沿袭了历代法律中不允许再嫁妇女带走前夫财产的规定,甚至"今后应嫁妇人,不问生前离异,夫死寡居,但欲再适他人,其随嫁原财产等物,其一听前夫之家为主,并不许似前搬取随身。"④因此有无儿子成为控制家庭财产的关键,《灰栏记》中赵令史说:"只是那小厮,原不是你养的,你要他怎的? 不如与他去的干净。"马夫人批评他说:"你也枉做令史,这样不知事的。我若把小厮与了海棠,到底马家子孙,要来争这马家的家计,我一分也动他不得的!"⑤

(三)兄弟矛盾

对财产的争夺也是第三个方面的家庭问题——兄弟矛盾的核心。元代分家现象较前代更加普遍。《元史·孝友传》记载了汴梁刘德泉、真定朱显、蔚州吴思违、濮州朱汝偕等人与兄弟"复与同居"的事迹,从另一个角度说明了各地大多数人家是分而不合的。元廷也规定:"自后如祖父母、父母许令支析别籍,听;违者,治罪。"⑥说明了分家乃大势所趋。分家析居现象的出现主观上是元代儒家思想解体的又一体现,客观上也是为逃避元代沉重的赋役而不得不采取的措施。元代有规定:"诸差科夫役,先富强后贫弱,贫富等者,先多丁后少丁。"⑦于是许多家庭通过分家析户,减少丁口的方法来逃避赋役。《吴中叶氏族谱·元世分书》记载山头巷叶家有位叶茂郎,将家私分作两分,"其赋役两分轮当",而山东济宁的富家"析其户役为数十,其等在最下",使"赋役常不及之"⑧。但是在分家过程中,因各家所分财产不同就必然产生矛盾,以致出现"近年以来,汉人官吏士庶,与父母异居之后,或自己产业增盛而父母日就窘乏者,子孙视犹他家,不勤奉侍,以为既已分另,不比同居。或有同祖、同父、叔伯、兄弟、姊妹、子侄等亲,鳏寡孤独、老弱残疾不能自存者,亦不收养,致托身养济院,苟度朝夕"⑨的现象,如《杀狗劝夫》中哥哥孙荣就听信小人谗言,"铜斗个家私独自撑"⑩,将弟弟孙华赶到城南破瓦窑中居住,幸而孙荣之妻杨氏贤惠,通过杀狗的方法使丈夫认清了小人的真面目,兄弟二人和好如初。

其他家庭就没这么幸运了,其实很多矛盾就是来自妯娌的挑拨,兄弟之间即使分了家还是有一

①　(元)陶宗仪著,李梦生校点. 南村辍耕录·奴婢(卷十七). 宋元笔记小说大观本. 上海:上海古籍出版社,1998:6351-6352.
②　全元曲. 309.
③　(元)伯杭、刘正等撰,方龄贵校注. 通制条格校注·户令·亲属分财(卷四). 北京:中华书局. 2001:180.
④　大元圣政国朝典章·随嫁原财产等物(卷十八).
⑤　全元曲. 948.
⑥　大元圣政国朝典章·父母在许令支析(卷十七).
⑦　通制条格校注·赋役·科差(卷十七). 495.
⑧　(元)虞集. 道园学古录·户部尚书马公墓碑(卷十五). 四部丛刊本.
⑨　通制条格校注·户令·收养同宗孤贫(卷三). 114.
⑩　全元曲. 1261.

定感情的。如《神奴儿》中李德仁、李德义兄弟本是"敕赐义门李家,三辈不曾分另"①,但在李德义之妻王腊梅的撺掇之下,李德义强要分家,结果活活气死了李德仁;分了家之后,为了得到由李德仁之子神奴儿所继承的那部分家产,王腊梅又勒死了神奴儿,而李德义开始时还要自首,在妻子的威逼利诱下还是顺从了。《合同文字》的案情则比较复杂,刘天祥、刘天瑞兄弟遭遇荒年,上司要求分房减口,于是刘天瑞一家三口去外地"赶熟",即逃荒,走前立下合同文书,说明家私不曾分另。十五年后,刘天瑞夫妇在外乡亡故,其子刘安住要回乡继承家产,刘天祥夫妇却没有儿子只招了女婿,刘天祥的妻子杨氏"怕安住往来认,若是他来呵,这家私都是他的,我那女婿只好睁的眼看的一看"②,因为前面已经提到元代只有儿子才有继承权,女儿是没有继承权的,那些只有女儿的家庭往往招纳所谓"养老女婿",既可养老送终,又可保全家产,因而又称为"补代"或"抱财女婿"③,但是合同文书上明确写明了家私不曾分另,也就是说刘安住是刘家(既包括刘天瑞也包括刘天祥)家私的唯一继承人,所以杨氏才会骗了刘安住的合同文书而死活不承认。《通制条格》记载了一起十分类似的案件可互为参照,元贞元年(1295 年)十月中书省礼部呈:"卫辉路获嘉县人户贾拾得,告'故伯父贾会首与拾得等全家祖庄住坐,后为天旱,他处趁熟回还。有伯父招到养老女婿张威,将房舍地土昏赖,不令拾得为主。'"因为张威已于贾会首门下附籍,而贾拾得不曾附籍,所以最后议得"合将应有事产令侄贾拾得两停分张"④。

家产的争夺有时候不完全是兄弟矛盾的中心,在《魔合罗》中李德昌和李文道是堂兄弟,李文道看中的是李德昌的妻子刘玉娘,为此不惜将病倒在古庙的李德昌毒杀,人伦天良丧失殆尽。

三、元代公案杂剧反映家庭问题的成因

元代公案杂剧中反映出来的夫妻矛盾、妻妾矛盾与兄弟矛盾等家庭问题有着深刻的社会根源,必须放到整个元代历史发展的大背景下加以考量。元代社会最突出的两个特征就是中国传统儒家道德的日益解体与商业的空前繁荣,而这两点恰恰造成了上述矛盾的最主要的原因。

(一)中国传统儒家道德日益解体

中国传统儒家思想是很重视家庭观念的,但随着蒙古人的入主中原,以传统儒家思想为支柱的道德体系渐渐解体。作为统治者的蒙古人也像先前的契丹、女真等北方少数民族一样粗犷凶悍、质朴尚简,他们不重视四书五经,却喜好声色犬马。早在蒙古国时期,出使草原的南宋使臣孟珙就曾写道"国王(木华黎)出师,亦以女乐随行。率十七八美女,极慧黠,多以十四弦等弹大官乐,四拍子为节,甚低,其舞甚异"⑤;元朝统一天下后,蒙古统治者更是对歌舞戏曲加以大力提倡鼓励,元成宗大德五年(1301 年),道士马臻曾随江西龙虎山张天师朝见成宗于上都,他写道"清晓传宣入殿门,萧韶九奏进金樽。教坊齐扮群仙会,知是天师朝至尊"⑥,元末诗人杨维桢也提到"开国遗音乐府传,白鸽飞上十三弦。大金优谏关卿在,伊尹扶汤进剧编"⑦。宫廷皇室尚且如此,朝臣以下自不必说,这也是元代杂剧得以繁荣的一个重要原因。而与之相对照的是,元代虽恢复了科举,但规模极

---

① 全元曲.1760.
② 全元曲.1808.
③ 通制条格校注·户令·收嫂(卷三).150.
④ 通制条格校注·户令·亲属分财(卷五).179.
⑤ (宋)孟珙.蒙鞑备录.王国维遗书本.
⑥ (元)马臻.霞外集.元诗选·壬集.北京:中华书局,1985.
⑦ (元)杨维桢.铁崖先生古乐府·宫辞十二首(卷十四).辽金元宫词.北京:北京古籍出版社,1988.

其有限,又对汉人存在着歧视,即便为官也不被重用,儒士的地位大大下降,甚至"小夫贱隶,亦以儒为嗤诋"①,因而许多儒士放弃了儒业走上了为吏、为医、为商的道路,甚至加入了民间艺人的行列。虽然在元代前期,许多受儒学传统影响较深的臣僚如郝经、许衡、魏初等就曾多次上书忽必烈,希望他能接受汉族传统的儒家道德观念,但收效甚微,后者只接受了敬天地、崇祭祀等与蒙古人观念相近的建议;直到成宗、武宗、仁宗朝(1295—1314 年)元廷才陆续下令表彰忠夫、节妇、孝子、顺孙,基本上认可了中原传统伦理道德。

正是由于以上的原因,相比于前面的朝代,传统儒家道德观念对人们的束缚大大减弱了,越来越多的人(也包括女性)开始放纵自己,沉湎于对于财富与肉欲的追求,这就必然导致夫妻矛盾、妻妾矛盾与兄弟矛盾的激化。

(二)大一统的元帝国的建立,大大促进了商业发展

元代商业之繁荣有多方面的原因,首先应归结于元代驿传制度的完善。元代忽必烈建都燕京之后,便建立了以之为中心的驿传网络,"薄海内外,人迹所及,皆置驿传,史驿往来,如行国中"②,"适千里者如在户庭,之万里如出邻家"③。由于交通的便利,来自中亚、波斯、阿拉伯甚至欧洲的商人都来到中国做生意,他们在带来各种商品的同时也给元廷带来了丰富的税收。这正好满足了"急于富国"④的蒙古统治者的需要,因而在有元一代一直十分优待商贾,主要表现为他们经常享受减免商税的待遇及拥有包银特权。包银特权即扑买制,是元代早期盛行的一种制度,商人以较低数额承包向百姓征税的任务,而实际征收数额大于承包数额,两者差额作为承包商人收益。其利润十分可观。⑤ 正是在此刺激之下,汉人传统的"重农轻商"、视商业为末的观点被彻底打破,许多人走上了从商的道路并因此发家致富,从而导致元代商业的空前繁荣和商人地位的显著提高。

商业的发展在带来了社会生活繁荣与物质财富丰富的同时,也产生了两个消极后果。第一,财富增多了,人们便开始追求一种骄奢淫逸的生活,这必然引起夫妻关系的恶化;第二,财富增多了,也必然导致因争夺财产而引发的兄弟、妻妾矛盾的增加。这两个消极后果日渐显现加速了儒家传统道德的解体。而儒家传统道德的解体使人们摆脱了思想上的束缚,又反过来促进了这两种消极后果更加普遍的蔓延。如此的恶性循环,最终导致了元代社会有关家庭矛盾案件的多发。

参考文献:

[1]陈高华,史卫民.中国风俗通史·元代卷.上海:中国文艺出版社,1980.
[2]丁国范.元代四等人制·古代礼制风俗漫谈丛书.北京:文史知识出版社,1992.
[3]许凡.元代吏制研究.北京:劳动人事出版社,1987.
[4]陈光中,沈国锋.中国古代司法制度.北京:群众出版社,1984.

---

① (元)余阙.青阳居士文集·贡泰父文集序(卷八).四部丛刊续编本.
② 元史·地理志六(卷六十三).1563.
③ (元)王礼.麟原文集·义冢记(卷六).四库全书本.
④ 元史·阿合马传(卷二百五).4559.
⑤ 蒙思明.元代社会阶级制度.北京:中华书局.1980:149.

社会地位与经济绩效相互影响研究述评

黄文平

（浙江财经大学东方学院　海宁 314408）

摘　要：个体或者一个群体的社会地位是影响一国经济绩效的重要因素。社会地位涉及多种学科，包括心理学、社会学、经济学等，本文主要从社会学和经济学这两门学科的角度出发研究社会地位。本文首先简单介绍社会学文献中关于社会地位的内涵、特征等，然后，文章从经济学的角度出发，剖析了社会地位对个体或家庭的工资、经济增长以及储蓄消费之间的关系的影响。本文认为，由于社会地位其本身所具有的复杂性，这就要求不同学科领域的学者互相合作、互相借鉴，合力推动社会地位的深入研究。本文的研究，对我国当前经济的深度发展和社会的和谐稳定发展具有相当的理论和现实意义。

关键词：社会地位；工资；经济增长；财富

一、社会地位对个体行为的激励

个体行为从广义上指的是个人在社会交往中的行为，是与"群体行为"相对应的概念。从狭义上讲，是指个人在非社会交往场合中的单独行为，是个人与社会交互作用的结果，受社会环境和个性的制约。研究表明，个人的行为选择，会受到诸多因素的约束。个人行为选择方面的理论有马斯洛（Maslow）的需求层次理论、赫茨伯格（Herzberg）的双因素理论、佛鲁姆（Vroom）的期望理论等，其中典型的马斯洛需求层次理论将人类的需求从低到高分为五种，依次是生理需求、安全需求、社交需求、尊重需求和自我实现需求。

社会地位所具有的显著也是最重要的特征就如马歇尔（Marshall）所言："社会地位是以集体评价，甚至是群体的一致同意为基础的。没有人可以擅自作主授予某人社会地位，如果有人对他的社会地位提出异议，那么他将根本无法获得这个地位。"

在众多影响个人行为选择的约束中，社会对个人行为的奖励或者惩罚，对人们的行为选择有着重要的影响。相比较而言，经济学家更偏向于关注在进行市场交易时，由交易所得到的货币对人们行为激励的重要性，而社会学家相比于经济学家对激励范围的研究更加宽泛，其中将研究的触角拓宽到社会地位，社会学家把社会地位作为一个很重要的激励因素。迄今为止，社会地位已然成为当今社会学家进行研究分析社会的基础，而关于社会地位的讨论和研究在经济学家的研究范围中却不多见。本文先从社会学的角度出发，着重考察社会地位的主要含义。然后，分别从工资、经济增长以及财富这三个经济层面深入考察社会地位与经济绩效两者之间的相互作用和联系。

在对个人的行为选择研究中，假设每一个个体都是理性人，都是以追求自身利益最大化为目标。在亚当·斯密(Adam Smith)的眼中:"人几乎总是需要他的同胞的帮助,单凭人们的善意,他是无法得到这种帮助的。如果他能诉诸他们的自利心,向他们表明,他要求他们所做的事情是对他们自己有好处的,那他就有可能如愿以偿。"因此,在面对广泛的社会奖励中,每一个个体都有动力通过所属群体的关系、个人资本和社会资本的投资,以及恰当的行为选择来寻找机会以提高自身的社会地位。正是由于理性经济人个体追求自身利益最大化的特征赋予了社会地位具有激励机制的作用。

众所周知,社会成员在社会系统中所处的位置是关于社会地位通俗的理解,一般情况下,社会地位是由社会规范、法律和习俗限定,它通常用来表示社会威望和荣誉的高低程度,同时也泛指财产、权力和权威的拥有情况。社会地位显示的是一个以品性、财富和个人行为为基础的个人或者群体的等级标准,不同的社会成员处于社会地位的不同层级。在现实中,学者把个体在社会地位上的差别作为解释其行为差异的一个因素,这些学者认为,绝大部分的个体希望和那些社会地位与其相仿且有可能和他共同参与社会经济活动的人交往,并希冀在交往过程中获得一定经济利益或者其他利益的回报。

二、不同视角下的社会地位

马克斯·韦伯(Max Weber)首次提出了社会地位是权利的重要来源这一重要概念。他将社会地位定义为:"根据消极或积极的特权,而提出的一项对社会尊重的有效要求。"(Weber,1922)依据他的观点,这些要求是基于生活的方式、正式的教育和世袭的职业威望而提出的。社会学家根据客观标准,比如职业、受教育程度、生活方式、个人行为及禀赋等,来定义社会地位和区分社会权利。韦伯认为社会地位(要求荣誉)与市场地位(要求货币收入)是两种联系紧密的奖励机制。谈起激励,不言而喻,在物质奖励方面,社会奖励与私人奖励确实存在一些明显不同的特征。最典型的情况是,人们即使在得不到明确的经济利益或者毫无直接利益的同时,他们仍欣然乐意在尊重他人的基础之上来相应地修正其自身的行为。理性的经济个体会这么做的主要原因是他们不仅关心自身的社会地位,同时也在乎他人对其的尊重。即使金钱可以为人们带来社会地位,同时社会地位也可以为其带来经济权力,但金钱和社会地位这两者之间的观念截然不同,我们可从马克斯·韦伯的一段话中更深一步地对社会地位和金钱这两者的概念作进一步的了解:"市场及其运行过程是由利益来支配的,它不存在物质方面的差别,而且不能分辨出任何荣誉。社会地位正好相反,它依据群体所属社会地位的独特荣誉和生活方式来分层。如果纯粹的经济品和赤裸裸的经济权力可以被转赠,那就会从根本上威胁到社会地位的层级秩序……"(Weber,1922)

马克斯·韦伯同时也提出了社会地位的群体性这一观点,在群体观念的指导下,他认为社会地位是一个产生、并维护自身地位的群体组织。一个人在不同的群体之中甚至在同一群体中,可能会同时拥有几种不同的地位层级,而这些不同的社会层级取决于他交往的对象以及他所在的群体地位。一般而言,某个特定群体的成员通常被赋予特定的社会地位,不论成员其自身的禀赋如何,简而言之,群体中的每一位成员基于他们自身共同的职业、生活方式或者血统而共同享有一个大致相似的社会地位。只要他属于这个群体,群体中所有的成员就都共同享有这个社会地位。

对于社会地位是否能够增进经济效率这一研究问题,学术界至今仍存争议,尚无定论。笔者主要介绍几种典型的观点。一种观点认为,社会地位是一种工具,这一工具的作用主要就是限制其他社会成员的进入,以及维护已存在特权的群体利益。限制其他社会成员进入的主要手段是通过高昂的个人消费活动,例如炫耀性的挥霍浪费等,来限制其他社会成员的进入。在一个群体中,尤其是当个人目标与集体目标相冲突时,如果人们受到被开除或者排斥的威胁时,那么其个人目标就会服从集体目标,"每一个技术变革和经济改革都威胁着已有的社会地位的分层"(Weber,1922)。一般而言,个体对其自身的社会地位比较看重时,开除或排斥的威胁会在此时更奏效。还有另一种观点认为,相比于社会地位,人们更乐意通过财富的多少来划分社会阶层,简而言之,即以个体或家庭拥有财富数量的多少或者说是个体或家庭拥有权力的大小来对社会地位进行分层,例如:目前流行的"富二代"、"官二代"、"土豪"、"屌丝"等称呼的出现源于此类依靠财富数量的多少或权力的大小进行的社会分层。这种观点同时也认为,社会地位通过作为一个群体的标志,从而为该特定群体的集体利益服务,这同时也显示出了社会地位所具有的特性。

笔者对于上述两种主要观点,比较认同第二种观点,笔者且将社会地位看作是推动经济绩效的驱动力。作为提高经济效率的主要推动力——社会地位,会对人们的行为产生激励。笔者将社会地位看作是提高经济效率的助推剂,主要基于以下两点思考:

其一,由于外部性的存在或交易成本过高而导致市场经济无法继续存在或缺乏效率运转时,此时运用金钱来激励在理论上是缺乏作用的,需要运用社会地位这一奖励机制,有效地运用社会奖励,可以高效率地促进生产和提高开展贸易活动的效率。

其二,社会地位作为一个群体的集体财产,作为各个群体之间的公共信息,在市场交易体系中发挥着重要的作用,尤其是在一个交易比较冷清的市场且交易双方又很少见面的交易情况之下,社会地位在市场经济运行体系中发挥的作用不容小觑。社会地位在交易中主要执行预测社会小群体之间每一个个体之间的相互作用所产生的行为和结果的这一重要作用,因此,由于社会地位的这一重要作用,这将大大降低由于信息不对称而带来的交易结果的不确定性。在一个交易冷清的市场中,社会地位的高低在一定程度上决定着他人对其的信任度。还有更重要的一点,即社会地位在非市场化交易的情况之下,还可以通过习俗和传统,来控制利益的分配。"每一个社会,一旦群体发挥了显著作用,那么这个社会将在很大程度上被人们行为的惯例或者习俗所控制。"(Weber,1922)。在这种习俗的控制下,群体会有意识地去采纳一些不包含特定金钱利益的习俗从而来维护垄断特权。在市场经济体系社会中,市场经济的深度发展正在向弱化人们之间的社会地位的差别的方向前进。金钱和社会地位这两种奖励往往同时存在,并且这两者之间存在着相当紧密的关系。

三、社会地位与经济绩效的相互影响

社会地位带来的荣誉和尊重对于个体来说是极其重要的,尤其对人类行为有着重要的影响,简而言之,社会地位带来的荣誉和尊重是人类行动的重要动机,影响着人类行动的选择,尤其在职业选择方面有着重要的作用。"公众对杰出才能的羡慕,以及由此所带来的满足感,构成了从事医学职业的人成就感当中的很大一部分,对律师来说这一满足感更胜一筹,而对诗人和哲学研究者来说,几乎就是他们成就感的全部。"(Adam Smith,1776)从亚当·斯密的话语中,我们可知他人的尊重对个体在职业选择方向上有较大作用。

跨越一个世纪之后,马歇尔对他人的尊重对于个体自身的职业选择作了进一步分析。马歇尔认为:"赢得别人的尊重而非轻视的欲望,将促使人们在某个特定的时间和地点与任何阶层的人平等共事。例如,一个专业人士,或者一个工匠,他们对同行的认可与否十分在意,但却不怎么关心其他人的看法。并且,这里还存在着许多经济问题,如果人们并没有把他人的关注记在心里或是转变成进步的动力,那么这个讨论将会变得不完全真实。"(Marshall,1890)马歇尔的观点与亚当·斯密相比,马歇尔突出强调了个体在意同行对他们的认可。

进入20世纪,经济学家开始尝试把上述的这些因素综合起来研究社会地位。经济学家的研究大体上可以分为两种不同的研究思路:其中一个研究思路,是分析社会地位所具有的经济内涵,而另一个研究思路,是确定并且检验社会地位与经济绩效两者之间的关系。

从 20 世纪开始,社会地位一词中多了与经济这一层关系,将社会地位引入经济分析的同时,我们需要对这一研究明确以下三个方面的内容:第一,明确怎样获得社会地位的途径。例如,应该区别禀赋和依靠这两者之间的区别,尤其在面对社会地位这样一个无实物形态的概念时,明确区分禀赋和依靠的区别,是掌握获得社会地位的关键。禀赋是指人所具有的智力、体魄、性格、能力等素质或者天赋,可谓与生俱来的,而依靠指的是靠别的人或事物来达到一定目的。根据上述分析,我们容易知道,从某种意义上讲,禀赋是从父母那遗传过来的,是父母为其提供的社会地位;而依靠是凭借自己的努力或者一个团队,从而获得社会地位。第二,明白经由社会地位而取得的利益仍然有待于被进一步确定。第三,获取社会地位是需要付出代价的,尤其是想要获得他人或者说同行认可的社会地位需要付出更多的代价。最后,必须明确社会互动的准确形式,万事万物都需要参照体,在明确社会互动准确形式的基础上,应该明确决定评判社会地位的参照群体,只有明确了社会地位的参照群体,各群体之间的社会地位才具有可比性、参考性。下面,笔者分别从社会地位与工资、经济增长以及财富这三者之间的关系入手进行分析。

第一,社会地位与工资之间的关系。工资与每一个个体和家庭的生活密切相关,在研究领域中,与工资这一概念密切相连的是补偿性工资差异理论,第一个提出补偿性工资差异理论是亚当·斯密。他曾经提出"在所有可敬的职业中,荣誉都是回报的重要组成部分。如果把所有因素都考虑在内,仅就金钱所得而言,工资就不会是工作的足够补偿"(Adam Smith,1776)。该理论的三个前提分别是:员工追求效用(而不是收入)最大化;员工了解对他们十分重要的工作特征信息;员工具有可流动性,员工可以有一系列可供选择的工资机会。效率工资理论的核心观点是员工的生产率取决于工作效率,工资提高将会导致员工工作效率的提高,故有效劳动单位成本(工资、福利、培训费用)反而可能下降。效率工资理论的目的和要求是指通过高的工资,达到了高的生产率,即通过边际收益与边际成本(工资)相等的提升达到了利润最大化,获得了效率的提升。

研究表明,如果具有高地位职业的人需要以牺牲工资为代价,那么人们就会预期那些具有高工资收入的个人会倾向于选择低地位的职业,而那些具有高的非工资收入的个人会更倾向于选择高地位的职业。从上述研究现象可知,职业工资差异、财富分配以及经济绩效三者之间具有一个相互联系的链条。

从供给需求理论角度分析,工资是具有刚性的,参照主体的确定是影响工资刚性的一个重要方面。就拿我们最熟悉的外来务工人员的工资来举例,一般而言,本地企业偏向于外来务工人员,主要原因是外来务工人员的工资相对于当地人来讲更低,外来务工人员更乐意接受比较低廉的工资。外来务工人员会接受这样一个看似不理性的条件,主要原因是,他们并未拿自己和当地的工人相比较,他们选择的参照群体并非是当地的工人。从供给方面分析,失业者不愿接受临时的低地位和低收入的工作(Blinder,1988)。从需求方面分析,工资标准也许会阻止公司增加或削减工资,因为对该标准的任何偏差都很有可能会造成社会地位的损失(Hicks,1974;Akerlof,1980)。因此,当一个工资标准被设定以后,也就没有人有动力偏离这个标准。

第二,社会地位与经济增长之间的关系。在考虑到社会地位与经济增长之间的关系时,应区分不同的经济群体,不同的经济群体在经济增长上有不同的经济增长率。一般而言,社会学家通常把不同的经济体之间的经济增长率上的差异归结于文化因素。社会学家所指的文化因素主要包括人们对私人财富、工作习惯、市场体制、收入不平等的容忍等一系列问题的态度。

第一个关注社会地位与经济增长这两者之间的关系问题的经济学家是赫希(Hirsch)。赫希(1976)认为,对社会地位的追逐限制了经济的增长。由于人们对社会地位的需求增长,供给不变,则为得到社会地位所付出的成本必然上升了,上升的成本是社会资源的一种浪费,因此,个人追逐社会地位对经济的增长起到了抑制作用。

第三，社会地位与储蓄和财富之间的关系。"积累财富的最终目的，就是为了荣登巨富榜"（Veblen，1899）。现在福布斯富豪榜、胡润财富榜等财富排行榜即是依据个人或家族财富的积累量而排名。财富与储蓄挂钩，而激励人们储蓄或积累财富的动机是什么？目前，在经济学领域上尚未有统一的定论。一般而言，储蓄被解释为对未来消费的欲望。储蓄的动机一般可分为交易动机、预防动机、投机动机这三大类。这三大动机是由凯恩斯提出来的，这三者构成了凯恩斯货币需求理论的三大动机。交易动机是指个人或企业为了应付日常交易需要而产生的持有一部分货币的动机；预防动机是指人们为了预防意外的支付而持有一部分货币的动机；投机动机是指由于未来利率的不确定，人们为避免资产损失或增加资本收益，需及时调整资产结构，因而形成对货币的需求。交易动机和预防动机形成的货币需求与利率无关，是收入的递增函数，而投机动机形成的货币需求与利率负相关。除了上述的交易动机、预防动机以及投机动机以外，还有一个动机，即人们对财富所代表的社会地位的追逐。在不确定性理论中，学者假定个人的效用是关于地位的凸函数，是关于货币的凹函数。且在此前提下，罗布森（Robson，1992，1996）考虑到了赌博和保险之间的关系，并解释关于效用与财富关系的简化模型，可能开始时是凹的接着变为凸的。

凡勃伦（Veblen，1899）关于财富有另一个重要的断定："如果要获得尊重，只拥有财富和权力是不够的。因为要赢得尊重只能靠证据，所以获得财富和权力就必须提交证据。"凡勃伦提倡财富是需要被证明的，证明财富是提升社会地位的重要的有力武器。若人们遵循凡勃伦的这一重要名言，那么在这个市场中就会出现炫耀性的消费和休闲。然而这并不是绝对的，这在一定程度上取决于这种储蓄行为是发生在个体生命周期的哪一个阶段。有关于这一方面的研究，科内尔（Corneo）和珍妮（Jeanne）提出市场中是否会出现炫耀性的消费和休闲取决于个体在其生命周期的哪个时间段进行比较（Corneo & Jeanne，1996）。当这类比较被推迟或者直到个体的晚年才进行，那么人们的储蓄行为就会因此而受到鼓励。

如果将社会地位视为一种财富，那么人们的储蓄会随着其对社会地位关注度的提高而减少。就拿与我们生活最贴近的婚姻关系为例，尤其是中国古代注重的"门当户对"，"门当户对"的出现不仅仅是信息经济学中的信息不对称所造成的重要原因，还受到社会地位的影响。一般而言，"门当户对"的婚姻更具可靠性和稳定性。"门当户对"的婚姻关系中需要涉及社会地位。这犹如一个有关于社会地位的游戏，双方的社会地位会影响着双方匹配的结果。在跨代模型中，遗产会影响婚姻决策和婚姻质量（Cole et al，1996）。

综上所述，一个家庭的储蓄会受到其所在家庭成员个体或总体的社会地位的影响。科尔（Cole）等人对婚姻关系中做了进一步地阐述，他认为，现有的财富并不是促成个体进行嫁娶的主要原因，而是受社会地位这一因素规范，社会地位在婚姻嫁娶中的作用可以减轻婚配的无效率，且减少由于信息不对称所引发的交易的额外成本，同时也可以维持较低的储蓄率。

获得和维持较高社会地位需要一定的费用，而富有的人更有能力承担这部分花费。此外，财富还可以通过教育、习惯、群体成员间的相互联系等多种形式来巩固和强化社会地位（Bourdieu，1984；Veblen，1899）。由此可见，个人的社会地位受到财富的影响，财富影响个人对社会地位的需求。

社会地位与经济增长的关系，不得不考虑的一个重要因素——跨代转移。特别是现今，父母在努力提高孩子的社会地位时会更倾向于对孩子进行教育投资而非其他形式的遗赠。当受教育的程度确实提高时，人们对社会地位的偏爱也许会提高经济的增长率，然而随着社会的发展，世袭地位的影响将逐渐削弱（Treiman & Ganzeboom，1990）。

四、结束语

研究社会地位与经济绩效之间的关系涉及多种学科,例如:社会学、经济学、心理学等。本文主要从经济学和社会学两方面出发,对社会地位与经济绩效之间的关系进行简短的研究探讨。

社会学与经济学在研究社会地位与经济绩效之间的关系的过程并非是排斥的。社会学家所研究的社会地位排名的稳定性,以及个体之间的禀赋不同等,为经济学学者的研究提供了参考和借鉴。同样,经济学家在个体与集体行为相互反馈方面的模型分析,对社会学的研究做出了贡献。因此,经济学和社会学两者之间的研究是各有侧重点,经济学家强调个体的选择、理性行为和均衡,而社会学家更偏重于强调社会约束对个体选择的影响,以及决定个体行动的演化机制和社会规范(Coleman,1994;Baron & Hannan,1994;Swedberg,1990)。

社会地位是一个十分复杂的现象,至今学者们对社会地位的研究没有统一的定论,也未给出完整的表达形式。在研究社会地位这条道路上,仍有一段很长的路需要走。在深入分析影响社会地位的因素时,我们不仅要从意识上认识和评估社会地位的重要性,还需要一个更严密的量化研究。尤其在当今信息技术的高度发达和互联网技术的高速发展,使得社会地位的变动性加大,换言之,在如今这个时代,社会地位的得失往往就是一瞬间的事情。因此,在这个个体对自身社会地位关注度不断提高、信息技术飞速发展、经济深度发展的时代中,研究社会地位与经济绩效之间的关系有其重要的经济意义和社会意义。

参考文献:

[1]金烨,李宏彬,吴斌珍.收入差距与社会地位寻求:一个高储蓄率的原因[J].经济学,2011(3).

[2]黎相宜,周敏.跨过实践中的社会地位补偿——华南侨乡两个移民群体文化馈赠的比较研究[J].社会学研究,2012(3).

[3]仇立平,肖日葵.文化资本与社会地位获得——基于上海市的实证研究[J].中国社会科学,2011(6).

[4]尉建文.父母的社会地位与社会资本——家庭因素对大学生就业意愿的影响[J].青年研究,2009(2).

[5]加里·S.贝克尔著.人类行为的经济分析[M].王业宇等译.上海:上海三联书店,1995.

[6]科尔曼著.社会理论的基础[M].邓方译.北京:社会科学文献出版社,1990.

[7]托斯丹·本德·凡勃伦著.有闲阶级论[M].蔡受白译.北京:商务印书馆,1964.

[8]Baron,J.,Hannan,M. The impact of economics on contemporary sociology. Journal of Economic Literature,1994(32):1111—1146.

[9] Chiu, H. W., 1996. Income inequality, human capital accumulation and economic performance. Unpublished Manuscript, University of Manchester.

[10] Corneo, G., Jeanne, O., 1996. Social organization status and economic growth. Unpublished manuscript, University of Bonn.

社会转型过程中村干部角色嬗变研究
——以浙江省 S 村为例

濮敏雅

（浙江财经大学东方学院法政分院）

摘　要：村干部是农村建设的重要主体，也是农村社会学等理论研究的重要客体。本文以农村社会转型各阶段中村干部"角色期待—角色定位—角色扮演—角色规范"为主线，并就村干部在不同时期的应然角色和实然扮演进行对比，就市场和国家共同作用下的村干部在自上而下的政治力量与村庄内生秩序控制力量这两者之间的角色转换进行分析，力图反映出村干部的角色发展变化的真实过程，以期从历史脉络和现实运作中预见村干部角色变迁的趋势走向，从而对规范村干部角色和促进其作用发挥作有益补充。

关键词：社会转型；村干部；角色理论

一、引　言

村干部的角色研究一直是农村社会学研究的重要课题，而社会转型过程中村干部角色变迁研究更是具有其借鉴意义和现实价值。我国的社会转型是涉及经济、政治、社会三元结构的转型，是以高度集中的计划经济体制向市场经济体制的转轨带动了政治体制及思想文化等领域的全方位的转型，是政府和市场双重力量作用下深刻的转型。广大农村的社会转型更是见证了我国市场化改革、民主化进程的伟大转折。自 1978 年以来，伴随着社会转型，村干部的角色行为发生了相应的变化，但其作为党和政府与农民的桥梁，作为农村建设的推动者、组织者和实践者，其角色定位的准确与角色扮演的成败是农村建设的关键所在。

浙江农村的社会转型，既有社会大环境下的共性，又具有其独特性。纵观历史，中国乡村社会的历史变迁是以经济体制的变化为逻辑主线，同时，中国社会当下的转型实际上是市场导向的转型。可以说，浙江农村从时间维度看是市场化改革最早的区域，从空间维度看是经济转型最为深刻的区域。而经济转轨引发了一系列政治、思想、文化方面的深刻转型。本文正是从社会转型四个发展阶段为历史纵线，展开对社会转型过程中民营经济发达地区的村干部的角色变迁研究。

围绕着村干部在社会转型过程中的角色研究，有待解答的关键问题是：村干部在不同时期的应然角色是什么？而在实际操作过程中村干部又扮演了何种角色？这应然角色与实然角色之间差距的背后，存在着怎样的规律？反映出村干部怎样的行动逻辑？能否处理好这些问题，是村干部能否适应社会转型的关键。本文运用社会学角色理论的有关概念为研究工具，以村干部"角色期待—角色定位—角色扮演—角色规范"为主线，就村干部在不同时期的应然角色和实然扮演进行对比。深入探讨在市场和国家两种不同力量作用下,村干部与演变着的"经济—政治—社会"三元结构之间的互动关系及引发的个体微观层面的角色定位及其扮演,力图反映出村干部的角色发展变化的真实过程。

二、村干部的角色变迁梳理

计划经济时期的村干部,被赋予了强有力的全能角色。在政治上,积极配合上级政策,落实上级要求和任务,做好大队政治管理和思想教育等工作。在经济生产上,村干部掌握了大队所有资源,并按计工分的形式分配大队物资。而社员家庭琐事也不无例外地被纳入村干部工作范畴中。但由于村庄进一步发展及社员日益增长的物质文化需要与现有的政治管理体制产生了巨大的张力。人民公社体制进入到必须调整的阶段,而村干部原有的全能角色与职务也必须面对转型和重新定位。

家庭联产承包责任制的实行,改变了农村经济管理体制,也引发了农村政治管理体制的改革。在人民公社体制被废除的同时,新的治理模式村民自治体制应运而生。村干部所面对的是:国家放权改革的新思路和新问题,村庄内新经济形式及力量的崛起,农民价值观念的巨大转变以及对农村基础服务的新要求。村干部的管理环境也发生了剧烈的变动,村干部的社会角色也发生了相应的转变。村庄不仅需要相配套的制度供给,更需要能适应并平衡放权与控制关系的村干部,从而使国家和村民两者的目标相一致,真正实现村民自治的基层自治组织性质,促进村庄的良性发展。而实际上村委会只是替换了公社的名头,村干部继续沿用着计划经济时期的管理方式。而原来由国家赋予的经济和政治权力以及其所附带的权威,都随着改革的推行逐渐淡化。村干部缺乏实质性的经济和行政手段去整合村庄资源,维持村庄秩序。如何协调国家和农村的关系成为村干部的重要课题,而当两者发生冲突时,更是让其处于两难困境,村干部在经济和政治改革的夹缝中生存。

20世纪90年代,随着市场经济的逐步确立及市场机制的逐步完善,经济力量逐渐取代行政力量成为整合机制,利益分化逐步凸显,多元化的利益主体不断明朗。市场经济的确立使村民角色多元化,利益关系复杂化。不同群体在追逐自身利益过程中产生不同甚至相矛盾的利益格局,而引发各种冲突和博弈。而随之村民自治的体制也逐步成熟。村民对政务、村务、财务要求公平、公正、公开的呼声也越来越高。而这个时期的村干部在社会期待和自我期待的交织下,角色更趋复杂。村干部虽然是出于最基层,但由始至终,村干部都自我定位为一个官员,在权力、经济和声誉上是有别于村民的。而现实是村干部并无实权,还每每受制于乡镇;村干部本身不高的收入与村民几何级增长的财富之间形成了鲜明对比;而经济的发展使得村里的首富出尽风头,而村干部在村民眼中只是乡镇在村办事人员。而村干部出于其对现实的反弹,促使其密切与乡镇领导的联系,加强村庄内的政治资本的扩建,加强对村集体资产控制的可能。最终导致失职、受贿等角色失范行为的发生。这使得村干部遭到了来自乡镇的高压监督,和来自村民的舆论压力。

新农村建设时期也正是我国处于社会转型、经济转轨的关键时期,一些问题矛盾不断暴露,农村表现得尤为突出,而新农村建设对农村全面发展的要求也赋予了村干部新的角色任务和要求。村干部又是政治、经济、社会功能一把抓,但是却完全不同于计划经济时期的行政全能。区域经济发展推动下的新农村建设,在解决进一步富裕问题的基础上,突出村民的主体地位,强调农村社会创新管理。进一步强调村干部带领发展致富的经济角色;村干部从管理转化为服务的政治角色;而村干部的社会角色也开始回归。在扩大以农村为主的内需,缩小城乡差距,逐步实现共同富裕的基础上,加快发展农村的各项社会事业,全面改善农村的教育、医疗卫生、文化等,加强农村精神文明建设,加大农村治安综合整治力度,才能保证新农村建设的顺利开展,才能维护农村社会的稳定。

然而各地的经济发展水平不同,基础条件也不同,新农村建设的侧重点也会有所不同。尊重农民意愿、让农民参与、让农民受益,才是农村干部的本职所在,才能不断完善以"民主选举、民主决策、民主管理、民主监督"及"财政公开、政务公开"为核心的村民自治机制,才能杜绝村干部在政策执行过程中出现形式主义、形象工程、政绩工程等舍本逐末的做法。

三、村干部角色变迁的影响因素

中华人民共和国成立以来,国家政策引导下的自上而下的行政力量是推动农村政治权力结构发生变化的主导因素。而1978年开始的农村经济改革是引发乡村内生秩序及乡村文化社会生活重塑的又一主要推力。同时作为民营经济的先发地区和发达地区,S村的微观环境又与自上而下的行政力量和自下而上的市场力量相碰撞、磨合。这些都促使村庄的权力主体发生变化,致使村干部的角色扮演做出相应调整和改变。

S村作为典型的浙江农村,是社会转型和经济转轨变迁较为剧烈的地区。S村的社会转型基本属于农村集体土地资源利用型结合农村劳动力资源利用型。S村从20世纪80年代的家家制作假烟,到90年代制作假烟花,再后来新农村建设时期,建标准厂房、立创业基地,发展物业经济和服装业,村集体带动全村开展以租赁土地为主的物业经济,形成了S村独有的乡村情境和村民的内生气质。但S村的发展也具有其共性,它是浙江农村发展的一个缩影,一种模式。S村村干部的身上,既有共性也有其独特性。

我国的社会转型是社会结构的转型和经济体制转轨同时进行的。政治上的放权让利,并没有在实质上削减国家行政力量。在农村,党支部仍然是基层组织核心。国家只是改变了权力的介入方式,如实行村民自治。我国的市场转型是在政治体制不变的前提下"渐进式改革"。从S村的民营经济发展过程来看,多次重要的市场转型都是宏观调控的结果。而乡镇与村庄的关系上,我们可以看到从20世纪80年代的推举村干部候选人,到90年代派驻村干部,到新农村建设时期,作为"厂商的地方政府",乡镇一直试图控制村庄,直接或间接地干涉村民自治范畴内的事务。这促使乡镇在筛选村干部的过程中要符合乡镇的发展路线。无论是国家力量还是地方力量,都无形之中给村干部的绝对权力和绝对权威提供了可能,为村干部谋取经济利益留出了空间。村干部的权力及权威与国家及地方力量不是简单的正相关,而是不断转化为新的形式,甚至衍生出村干部权力寻租等角色失范行为。在村里,党支部仍然是政治活动的中心,对集体土地的控制以及对村办企业的权力覆盖。对于土地出让买卖的收益以及村办企业的人事任免权等,都受到村干部的控制。

改革开放30年是从经济体制变革,到社会结构的转变,再到利益格局的调整,最后是思想观念的转换。改革开放的过程是以计划经济体制转换为社会主义市场经济体制为主线,经济力量逐渐取代行政力量成为整合机制,利益分化逐步凸显,多元化的利益主体不断明朗。市场经济的确立使村民角色多元化,利益关系复杂化。不同群体在追逐自身利益过程中产生不同甚至相矛盾的利益格局,从而改变村庄的内生秩序。以市场为导向的经济改革的全面铺开,促使了村里人思想观念的转换及社会关系的调整。村民们对致富的渴望已经成为一种内生的精气神,"等价交换"的思想是生意人熟悉的,现在更是对经济理性的崇尚,并在村庄政治和日常生活领域弥漫。

四、村干部角色变迁过程中的实践逻辑

从上述村干部角色的历史变迁,可以看出村干部是在国家力量、经济改革力量及村庄微观情境三者交融中寻找生存和发展之道的。但村干部不是一个静止的、被动的社会行动者。社会行动者

是能动的，他们并不是简单地受国家、市场力量所决定，而是经历了利用权力、面子、利益等工具，通过积极地寻找他们在村庄内的位置来回应国家和市场的变化。

计划经济时期，村干部虽是国家行政管理的末梢，却是集村庄的声誉、权力和经济制高点于一身。村干部行使的权力是国家赋予的，其权力的用处也是国家委派的具体事务上。即为大多数学者认可的是国家利益的代理人。但从当时社员对干部的回溯中，可以看出，村干部是积极贯彻上级要求的，同时也是大公无私的。村干部"一碗水端平"的做法，让村民享受了公平平等，尽管这样的平等的基准是较低的。而村民也把村干部亲切地称为"赤脚干部"，这既是对村干部的角色认识，也是对村干部的角色认同。

20 世纪 80 年代的村庄，虽然改人民公社制为村委会，但是村和乡镇两级都在相当长的一段时间内延续着计划经济时期的管理模式。但是由于国家力量介入方式的转变，村干部用来控制和整合村庄社会资源的经济手段大都被削弱。来自国家力量的实权被削弱，即导致村干部的体制性权威被大幅度削弱。而另一方面，随着家庭联产承包制和市场经济的深入发展，村民的经济和政治地位都有所抬升，村干部的内源性权威也受到了一定程度的撼动。但是当乡镇派给的任务和部分村民的利益相冲突时，村干部由于政治惯性等考量，多是以依靠乡镇，借由乡镇委派的任务，来巩固自身的体制内权威。即使处于角色两难的困境，也往往用以往积攒下来的"情面"来做工作，最后让村民们妥协。中国人在关系序列中定位自己，对关系有一种特殊的自觉和认同。而村民们在日常生活中免不了要当"请托者"，去求村干部这个"资源支配者"，作为回报，这个面子还是要给的。

20 世纪 90 年代随着市场化改革的不断推进，村民们经商意识越来越强，商业意识也慢慢渗透到村庄的政治领域。村干部经历了 80 年代经济利益和政治权威的双重下降，以及出于对离任后经济生活、社会地位等因素的考虑，在村庄日常事务中多表现出经济理性，如所谓的给企业帮忙行便利。有学者指出，在市场转型过程中，我国体制内精英想要获利，有两种选择倾向：一种是留在体制内利用职权获利或为亲朋家人经商牵线搭桥；另一种是通常所谓的下海或是离任后到相关企业挂职拿薪。干部可以利用市场化过程中各种政策法律漏洞及集体财富为自己的利益服务，甚至将其据为己有。村干部又了解体制运作的规律及其漏洞，并且在运用权力的过程中积累了大量的社会关系。不断膨胀的个人欲望与权力金钱的诱惑，最终促使了个别的村干部权力寻租等角色失范行为的发生。村干部的失职行为，既损了村委会的公信力，又伤了村民的心，为干群关系的恶化埋下了隐患。在这个时期，虽然村干部通过人事任命、征地款等利益来提拔拉拢"自己人"，但村干部的工作已不仅仅是让村民"卖个面子"就能解决的，村民们反而问村干部"我凭什么相信你"，村民们指望的是实实在在的好处。村民们经历了从原来的什么都听干部的，到对村干部行为的合法性、合理性提出质疑，再到有意识、有权利和村干部"讨价还价"的过程，实质上也是村庄民主的一个发展过程。村干部要真正赢得村民的支持，不是利用小恩小惠来增加政治资本，而是要真正为民办实事办好事。村干部的行为要真正得到规范，也并非加强来自乡镇的上级行政控制力量，而是如何更好地引导和发挥村民的民主监督、民主决策的村民自治制度。

从国家提出新农村建设以来，村干部逐步从只关注自己个人的政治经济利益，到关注全村的经济、社会等多方面的发展。这既是国家的政策导向，更是村民们行使村民自治的发展阶段要求。村干部面对的是村庄经济进一步发展的新思路和新问题，村庄内新经济力量的崛起，村庄多元化发展；面对的是外来人口的管理与服务，社会关系向弱关系发展的趋势，村庄由熟人社会到陌生人社会；面对的是农民民主意识的提高，村里老人养老等大大小小方方面面的问题。而村干部的权力，虽有《村组法》明确规定乡镇不得干涉村民自治范围内的事务，但村干部同时也失去了乡镇的力量。村干部权力的合法性基础只能是来自于村民。要让老百姓信你、服你，村干部要做的是增强其内源性的权威。内源性的权威来自于村民。但现在的村民和三十年前已经发生了质的变化，不单是从村民的思想意识、价值观念上,就单是从村民的组成和数量上,也已不是村干部能通过施加小恩小惠所能解决得了。村干部还是要以村民的福祉为依归,而这首先要做的就是发展村庄经济,之后才能更好地为村民的需求服务。S村的村干部通过建标准厂房、立创业基地,结合传统纺织服装产业和物业经济,从而使S村成了区首富村。而后村里出资建老年活动中心,配备治安巡逻队等加强社会管理和服务。S村的村书记也成了典型,获得了从下到上的一致好评。

从上述村干部角色扮演背后的行动逻辑,可以看出村干部的角色扮演既受到国家力量、经济改革力量及村庄微观情境三者的共同作用,又通过利用权力、面子、利益等工具,回应国家和市场的变化,维持自身在村庄中的权力和地位。村干部的角色定位,因受到上层政府及下层老百姓的角色期待,以及不同利益群体及其自身的角色期待,可能导致角色冲突甚至角色失范。本文通过对社会转型过程中不同时期村干部角色梳理,力图做到不仅从微观上刻画出村干部伴随着社会转型过程角色变迁的真实图景,而且从村干部与经济、政治、社会的三元结构互动上,宏观把握村干部的角色变迁。希望从历史脉络和现实运作中预见村干部角色变迁的趋势,从而对规范村干部角色和促进其作用发挥作有益补充。

参考文献:

[1]曹锦清.当代浙北乡村的社会文化变迁[M].上海:上海远东出版社,2001.

[2]黄宗智.华北的小农经济与社会变迁[M].上海:中华书局,1986.

[3]郎友兴.改革、市场经济与村庄政治——基于一个浙江村庄政治的三十年变迁[J].浙江社会科学,2010(11):2—10.

[4]李培林.中国社会结构转型[M].北京:中国社会出版社,2002.

[5]陆学艺.当代中国农村和当代中国农民[M].北京:知识出版社,1991.

[6]申静,陈静.村庄的"弱监护人":对村干部角色的大众视角分析[J].中国农村观察,2001(5)

[7]宋林飞.如何认识中国新社会结构[J].江海学刊,2005(1).

[8]陈永刚,毕伟.村干部代表谁?——应然视域下村干部角色与行为的研究[J].兰州学刊,2010(12).

[9]王思斌.村干部的边际地位与行为分析[J].社会学研究,1991(4).

[10]杨善华.改革开放以来中国农村家庭三十年——一个社会学视角[J].江苏社会科学,2009(2).

生命关怀视域下高校病残学生体育教学研究

王美燕

（浙江财经大学东方学院体育中心）

摘　要：生命关怀的核心是关怀人、突出人的价值，要以人为本。高校病残学生是一个特殊需求的群体，在体育教学过程中更要融入生命关怀，进而使得每个病残学生都能平等地受到体育教育。但目前，高校病残学生的体育教学存在以"体"为主，"体"与"育"分离的情况，体育教学中有不同程度的关怀缺失，其成为高校病残学生体育教学发展的桎梏。本文针对高校病残学生的体育教学现状，对病残学生体育教育中融入生命关怀的意义进行阐述，对其相关实现发展的途径进行探讨

关键词：生命关怀；高校；体育教学

病残学生作为一个特殊的群体，他们生理或心理发展上所存在的缺陷，导致其学习和生活所遇到的困难要多于正常学生。体育教学是病残学生教育的重要部分，也是病残学生教育中较难开展的环节，其在完善身心健康、提升社会实践活动能力、实现自身价值等方面都具有重要的意义。对病残学生进行体育教学，要解决的关键问题是如何树立正确的教育理念并真正地有效实施。目前，高校体育教学以体育知识技能为主要内容，忽视病残学生最缺乏的生命关怀。因此，要在病残学生的体育教学中体现出生命关怀与人权保障，不要加入过多的功利性，而要关注病残学生对体育的理解、对生存意义的把握。

一、当前高校病残学生体育教学现状及弊端

当普通高校对病残学生敞开大门迎接之时，不难发现其仅仅是形式上的接纳，针对病残学生的体育教育并不完备。病残学生接受高等教育，也要公平享有德、德、智、体、美、劳等方面的培养和教育，由于他们生理或心理的残缺，以往的体育教学模式就难以满足他们的需求。目前，高校病残学生的体育教学中折射出一定的生命关怀性，并满足了病残学生的活动需求，但体育教学实现其价值是由工具性和过程意义两个方面构成的。当前高校病残学生的体育教学侧重于工具性的价值，而忽视了教育过程的意义性，即体育教育的内在价值，要挖掘体育教育的内涵，重视生命关怀的构建，使得病残学生能够从体育教学中感受到体育的快乐，并不断消除内心的恐惧，获得适应社会的勇气与能力。

长期以来，高校病残学生的体育教学指导思想是正确的，但如何把体育教学与素质教育和生命关怀融为一体，还没有较好的方法。因此，当前高校病残学生的体育教学还存在着以下弊端：

(一)体育教学目标缺乏导向性

当前,高校体育教学目标囿于模式中,通过技能学习来提升身体素质。而病残学生的体育教学目标也被禁锢于范畴之内。但体育教学的出发点和最终目标都落在技能教学上,不断重复和强化动作技能,这对病残学生来讲,带来了过重的负担。高校体育教学没能理解需要生命关怀的这一特殊群体的感受,仅仅考虑教学任务的完成,对于如何让病残学生成为一个完整的人缺乏关怀,学生仍旧要以掌握技术运动为主要任务,发展内在的体育素养则被忽视,进而导致了体育教学的"体"与"育"相分离,以"体"为中心的教学模式难以实现病残学生真正接受体育教学的需求。

(二)体育教学内容过于工具化

当前,高校病残学生体育教学所用的教材仍为多年前的陈旧教材,教材的开发处于严重滞后的情况。高校对病残学生进行体育教学选择教材存在两种情况,有些高校沿用陈旧教材,另一些高校则选择自编教材,但内容主要以球类运动、体操运动及民族传统体育为主,其都带有明显的功利色彩,教学内容过于竞技性对于病残学生而言是十分不适合的。体育教学内容与病残学生的实际生活相脱离,成为一种完成教学任务的工具。

(三)体育教学方法过于单调

"教学工具性"思想在高校体育教师头脑中的扎根,让他们过于注重标准化和教学效果,使得这种支配式的理念渗透于病残学生的教学中,学生成为教学的被动客体,成为待加工的"产品"。这种枯燥、刻板的教学内容被不断灌输于学生大脑中,机械的技能训练成为教学的主旋律,病残学生成为了一种"工具",不能有自己的独立意识,导致学生只有不断去适应这种教学模式,最终甚至厌倦体育教学,反而适得其反,给病残学生造成更大的身心负担。

(四)体育教学评价缺乏差异性

病残学生与正常学生存在明显的个体差异和体能差异,他们身心特征与生理缺陷要求在体育教学过程中,要制定具有差异性、甄别性的评价体系。目前,高校体育教学的评价以数字或文字等级为形式,对学生来说,掌握所规定的技能就能获得高分,而不会考虑到学生的身体状况,人的素质发展也被忽视。同时,高校病残学生之间也存在着不同等级的情况,其身体素质有所差异,而评价内容缺乏差异性会导致评价结果缺乏公允、准确度不高。

二、高校病残学生体育教学融入生命关怀的意义

高校作为教育的主阵地,不仅传播科学文化知识,更要给予学生人文关怀、生命关怀及博爱感恩情怀。高校体育教学要以生命关怀面对病残学生,认识和把握病残学的特殊教学方法及管理规律,更要深入挖掘病残学生的体育教学和生命关怀的融合,把体育教学中的生命关怀贯穿于整个过程中,通过教学来满足学生的关怀和被关怀的需要。

(一)推动教育公平的实现

每个人在教育活动中都有平等接受教育的机会和公平占有教育资源的权利。教育是社会建设的基础工程,教育是现实社会公平、公正的重要途径,其是社会公平在教育领域的延伸。体育作为教育的重要环节,对教育公平的实现扮演着重要的角色。病残学生虽然心理或生理上有特殊情况,

但应和正常学生一样共享教育资源,体育教学要充分利用现有体育场地和器材来满足病残学生的学习需求,提升体育师资水平,敦促教师依据病残学生的特征来进行教学,进而促使病残学生能公平地享有教育。

(二)促使其身心健康发展

病残学生生理或心理上的缺陷局限了其活动范围,同时社会上对他们的偏见也给其造成了心理的伤害,而这些身心压力若不能及时地宣泄,则对病残学生的健康发展是不利的。体育教学是提升高校学生素质教育的重要部分,对塑造病残学生的身心健康起着重要的作用。病残学生接受合理、科学、有针对性的体育教育,不仅能增强病残学生的体质,还能引导他们养成锻炼身体的习惯,通过体育教学促使其增强生理机能、提升生活适应能力。同时,体育教学还能让病残学生享受到体育运动所带来的快乐,克服自己的心理障碍,培养他们自信、自强、团结、奋斗等心理品质,有利于改善病残学生的人际关系,引导他们广泛参与到社会活动中来。

(三)帮助其更好地融入社会

随着社会经济文化的不断发展,病残学生参与社会活动的愿望更为强烈。但是,大多数病残学生仍生活在相对封闭的小圈子中,他们参与社会活动的情况比正常学生有所差距。体育活动是一种精神需求,更是一种重要的社交媒介,给人们提供了参与社会活动的平台。但是,高校病残学生体育教育的不断发展,更要完善病残学生的体育锻炼场地、购入相关康复训练的器材,组织病残学生开展体育活动,促使病残学生通过体育这个渠道更好地融入社会。

三、实现高校病残学生体育教学生命关怀的对策

目前,高校病残学生的体育教学中生命关怀的缺失成为影响病残学生体育发展的阻碍。因此,高校病残学生的体育教学要从传统的教学观念转变为"以人为本、健康第一"的现代理念,充分尊重病残学生,鼓励他们参与到教学中来,实施生命关怀。高校病残学生体育教学中融入生命关怀就是要实现其自身价值,使得病残学生能回归生活、回归社会,不仅要理论上构建,还要必须落实具体的对策。

(一)充分发挥病残学生主体性,关注其生命价值

高校病残学生的体育教学要先确立他们的主体地位,这是实现体育教学生命关怀的前提,病残学生是体育教学的主要对象,他们享有学习和发展的权利,教学中要充分体现病残学生的个体独立性和差异性。病残学生的类型及程度有所不同,其认知水平、身心发展特征等方面也存在差异,这些因素在体育教学中要注意到,考虑区别对待,使得每个学生能在教学中获得知识、在锻炼中有所提升,让每个学生在原有水平上得到发展。

(二)开发合适病残学生的体育教材

体育教材的滞后性是阻碍病残学生体育教学的重要因素之一,开发合适、科学、可行的体育教材是当务之急,教材内容要贴近病残学生的实际生活,要关注病残学生的生活世界,把教材内容与病残学生的生活结合起来,使得对病残学生的生命关怀形成和确立有所依据和根基,使得病残学生的体育教学才具有真正的意义。同时,要突破传统的体育教材过于注重"体"的理念,从病残学生的实际需要出发,尊重学生的兴趣爱好和个体差异,培养他们终身体育锻炼的意识。要避免体育教材

过于"成人化"、"常规化",开发符合不同年龄阶段病残学生的教材内容,充分发挥体育教材的身心疏导和康复健身的辅助作用。

(三)注重对病残学生的关怀,构建师生和谐友好关系

传统的体育教学中,教师处于主导地位,学生被动地接受机械式训练,抹杀了学生的主体性。因此,建立尊重学生的个人价值、和谐友好的师生关系,彰显人文精神,是体育教学与生命关怀融为一体的必要条件。在和谐友好的师生关系中,病残学生得到了尊重和关怀,教学氛围相对轻松、学生释放压力、心情愉快,能够逐渐主动投入到体育教学中,有利于学生树立良好的品质,进而形成了利于教学的亲和力。同时,和谐友好的师生关系还会对病残学生产生情感效应,使得他们能感受到教师的爱,进而激发强烈的进取心。

(四)更新体育锻炼内容,添加康复元素

高校病残学生的体育教学要合理运用训练,逐步矫正补偿和康复平衡病残学生的身心缺陷,提升他们适应社会的能力。体能是人们生存的必要条件,增强体质是人们的理想,而体育锻炼对病残学生尤为重要。病残学生因病症原因,导致了不同程度的肌肉萎缩、肢体软弱等现象,为了缓解这些症状则需要进行有针对性的体育锻炼。高校要为病残学生建立健康档案,教师依据档案内容,熟悉学生的病残情况,依据每个学生的病残程度制定科学的训练计划,以此保证病残学生的体育训练康复的发展。同时,在体育教学过程中,教师要耐心观察已教授的内容对学生身心产生的变化。及时询问学生能否接受,引导病残学生掌握一些终身受益的锻炼方法。

(五)根据学生身心特征,构建多元化教学评价标准

体育教学评价标准要更为注重以人为本的思想,要注重尊重评价对象的人格,强调个人的发展,要以人的关怀为基础,评价标准不局限于体育教学理论、技术、身体素质等认知领域,而是要延伸到学生的品质、学习态度、个性发展等非认知因素,还要关注到学生个体与社会群体发展关系。因此,高校病残学生的体育教学评价标准要以《国家学生体质健康标准》为基础,"标准"是对不同年龄学生个体的身体素质的基本要求,是促进学生体质健康发展、激励学生参与体育锻炼的手段,是学生身体素质的个体评价标准。高校病残学生的体育教学要把课程教学、课外活动、课余竞赛等内容统一到标准上来,不断提升学生的身体素质,改变传统的竞技体育模式,而要设置以"育人为本、健康第一"的教学评价体系,以此保持和发展病残学生的身体机能。

综上所述,体育作为高校育人活动的重要环节,其教学要具有情感、生命和价值,充满着人文精神的双边活动。高校病残学生的体育教学与生命关怀的融合,利于补偿其生理和心理上的缺陷,将病残学生培养成为适应现代社会的人才。要在教学中不断更新教育理念、在课堂上构建和谐友好的师生关系,开发符合病残学生的教材、建立合理的体育教学评价体系,不断关注学生的生命价值,要使训练方法、训练器械等都要体现人文关怀,并要在教学中增加康复训练内容,让他们成为现代和谐社会大家庭中的优秀一员。

参考文献:

[1]姚宏茂.高校弱势群体学生体育活动现状调查与分析[J].上海体育学院学报,2003(4).

[2]徐求.高校残疾学生体育教学探索与研究[J].南京体育学院学报(社会科学版),2002(1).

[3]宋卫东.康复运动处方在高校健康弱势群体中的应用及可行性研究[J].体育与科学,2002(6).

[4]唐征宇,马妍.加强残疾学生体育教学与锻炼研究 提高残疾学生身心健康水平[J].体育科研,2001(1).

[5]邵桂华,孙庆祝.从"工具主义"到"人文关怀":学校体育教学的范式转变——自组织的学校体育教学展望[J].西安体育学院学报,2004（4）.

运用翻转课堂培养英语专业学生思辨性思维的探究

李 皓

（浙江财经大学东方学院）

摘 要：思辨性思维被认为是创新能力的基础，现代教育对学生思辨能力的培养十分重视和强调。本文通过研究新兴的翻转课堂教学模式来探讨在英语专业课堂内外进行破坏性创新，鼓励和组织学生进行有效的知识积累、同侪探讨和思考活动，并最终实现对思辨能力的培养。同时强调翻转课堂应破除唯技术主义迷思，引入含思辨能力要素的实质性内容。

关键词：思辨性思维；翻转课堂；英语教学；破坏性创新

一、引 言

思辨性思维被认为是创新能力的基础。国内对思辨性思维的研究始于 21 世纪，在理论探讨、量具开发和教学研究等方面仍处在初级阶段（罗清旭，2000）。虽然现代教育对学生思辨能力的培养十分重视，但对通过何种教学法在课堂内外鼓励和组织学生进行有效的知识积累、同侪探讨和思考活动却缺乏足够的研究。

Christensen 等（2008）倡导用破坏性创新打破标准化的工厂式教育系统。他们以独创的、有 20 年研究背景的"破坏性创新理论"为基础，提出"以学生为主体"的教育改革方向。提倡适当运用数字化技术作为学习的平台，针对学生量身打造和整合内容，让学生能在他们喜欢的地方、以他们喜欢的步调、符合他们智能类型的方法去学习和提高思考能力。这一现代教学改革思潮和翻转课堂的课下网络学习、课上答疑讨论的自主学习基本理念不谋而合，但国际上还缺乏具体将翻转课堂用于提升学生思辨能力的研究。

二、英语专业学生思辨性思维能力培养的现状及影响

现在我国大多数高校英语课程的功能还停留在灌输知识、训练技术、备战考试层次，而对学生未来发展更重要的公民教育、人格教育和人文精神教育，以及与之密切相关的思辨能力的培养并没得到很好的贯彻和实施。

跟其他文科专业相比，英语专业学生的思辨能力训练更为薄弱。文秋芳等（2010）用自制的思辨能力量具对全国 11 所高校 14 个专业的两千多名文科生开展思辨能力的调查研究，推断出"英语专业课程对大学生思辨能力发展的积极影响至少比不上其他文科专业课程"，并将此归因为英语学

习过程中主要的练习环节是"模仿、记忆、重述",而不是训练跟思辨能力相关的"分析、推理、评价"技能。仲伟合(2014)也指出国内英语类专业对学生人文性培养不足,对提高思考能力不够重视,造成了学生知识结构和人文素养的缺损。

一方面,大学英语课程的一些教学内容久被诟病为是对中小学课程的无谓重复,思辨能力培养缺席,重复的信息内容和基础知识难以激发学生的学习主动性和积极性;另一方面,思辨能力不足的学生在学习过程中主要表现为思维性懒惰(intellectual laziness),如放弃思考、回避话题探讨、议论时仅能列举简单事实信息等。这对他们的未来发展不利,也使他们在一些强调思辨能力的考试中处于劣势——如雅思(IELTS)、托福(TOEFL)、GRE 等,引入思辨能力培养要素将能对此境况做出改善。但采取何种教学法在课堂内外组织和引导英语专业学生发展思辨能力,促进参与式、启发式、探究式、讨论式教学,还欠缺足够的理论和实践性研究。

人们往往误解中国学生英语交流能力差是对英语实践性和操作性不够重视造成的,归咎于英语学习脱离了日常生活,其实更深层次的原因是现行大学英语教育体系缺乏对学生思辨能力的培养。思辨能力和人文素养差的学生往往用母语也无法清楚有效地表达自己的思想和看法,或者仅能随大流,表达庸知俗见。把有利于思辨能力培养的翻转课堂教学模式引入大学英语课堂将有可能对此现状做出积极改变,为社会培养既有英语语言能力,又有思考和判断能力的健全人才。

三、运用翻转课堂培养英语专业学生的思辨性思维

(一)翻转课堂概述

Jonathan Bergmann 和 Aaron Sams 于 2007 年开始在化学课堂中采用翻转课堂教学模式,并推动此模式应用于美国中小学教育。Robert Talbert 教授在很多课程中(如"利用计算机工具解决问题"、"线性代数")应用了翻转课堂教学模式并取得了良好的教学效果。他总结出翻转课堂的实施结构模型,并简要描述了翻转课堂实施过程中的主要环节,然而其应用多偏向于理工类的操作性课程,运用于人文类科目的研究还乏善可陈。见图 1。

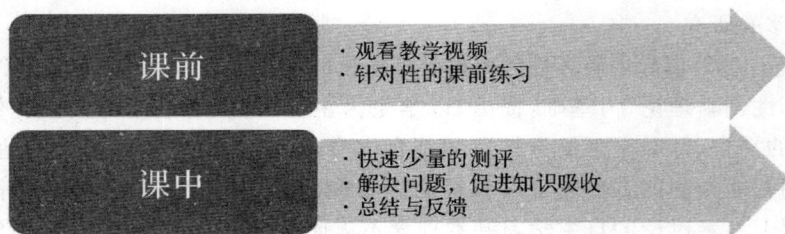

课前
· 观看教学视频
· 针对性的课前练习

课中
· 快速少量的测评
· 解决问题,促进知识吸收
· 总结与反馈

图 1 Robert Talbert 的翻转课堂结构

资料来源:Robert Talbert Inverting the Linear Algebra Classroom.

http://prezi.com/dz0rbkpy6tam/inverting-the-linear-algebra-classroom

翻转课堂意指打破传统课堂里学生上课听讲、课后完成作业练习的学习模式,鼓励有效利用现代科技的便利性和普遍性,由教师在课前录制或推荐与课程内容相关的视频剪辑和网络资源,让学生利用计算机和智能型手机等媒介浏览学习。教师尽量不占用课堂时间传递基本信息和事实,相应的信息采集工作由学生在课前通过看视频、听讲座、浏览网络查阅材料来自主完成,还可以通过社交媒体与其他同学进行讨论。学生遇到困难时也可再次观看视频重复学习或者咨询其他同学。正式课堂时间则采用研讨小组、互动学习等教学策略,让学生总结并展示所掌握的信息,以及进行

对话或其他练习活动,强调师生间和生生间的互动。在此种教学情境下,教师的角色转变成引导者(guide)或顾问(advisor),鼓励学生进行互动合作或独立探索。

翻转课堂是对传统课堂教学结构与教学流程的颠覆,让日常碎片时间的学习利用率更高,学生能够更灵活、更自主地把握学习进度。其实信息传递(授课)仅是最基础层次的学习活动,翻转课堂能把学生从被动信息接收者(passive information consumer)转化为主动学习者(active learner)。

(二)翻转课堂和思辨性思维培养的互促互利关系

翻转课堂近几年被引入国内教学界后,成为当下最受关注的教育改革和教育创新话题之一,但大多数教研都围绕着课前教学视频的编制和其他技术层面,重操作而轻内涵。其实认为翻转课堂就是教师录制教学视频让学生在家里看是一种误解,其精髓在于鼓励和培养学生自主学习、钻研问题、探究创新的兴趣和能力。真正的目的是充分利用课堂时间做更深层次的学习活动,让学生的课堂参与度更强,并提升思辨能力。

很多学者认为思辨性思维的培养应与具体学科的教学内容结合(McPeck,1981;Pithers & Soden,2000),并在此基础上开设专门的思辨性课程或与通识课相结合(Halpern,2002)。一方面,英语专业课程若要致力于提升学生的人文素养和思考能力,就需要引入思辨能力培养的内容;另一方面,翻转课堂能促进更多的课堂讨论和互动,有助于提升学生的学习参与度和热情。

精熟学习理论(mastery learning)认为,传统课堂里,所有的学生都获得同样长度的课堂学习时间,学生无法根据自己的理解和吸收能力来自主安排学习进度。而翻转课堂里,同一个英语教学课题下,可以让精熟程度高的学生探讨更深入的内涵和寻求新的问题视角;精熟程度较低的学生则获得更多的个人辅导,参与力所能及的学习活动,并从同学那里得到启发和帮助。这样的教学模式是最有利于思辨能力培养的。

总而言之,一方面翻转课堂能为思辨能力的培养提供具体有效的实施手段;另一方面,引入对思辨能力的培养又为翻转课堂提供了实质性内容,避免其流于形式主义或唯技术主义(technological determinism)。

(三)运用翻转课堂培养思辨性思维的困难和应对措施

相较于国内中小学,翻转课堂其实更适合于大学:一方面中小学生在独立思考和自主学习方面得到的训练极少,缺乏有效进行翻转课堂的思维能力基础;另一方面大多数中小学生课堂外的时间事实上被各种应试型的作业和补习填满,少有余裕去进行翻转课堂教学所必须的自主摸索和同侪讨论。因此只有在大学校园里,翻转课堂教学模式才能在一定程度上有效开展,但是也会面临许多困难。

1. 引导学生转变既有的学习习惯和思维模式

国内学生经过多年的应试化教育,已经习惯于单方面被动接受信息灌输。翻转课堂鼓励学生主动学习和自主把握学习进度,但教师需要引导学生在课后收集信息并钻研思考,利用碎片时间学习,这样会在一定程度上加重学生的课业负担。翻转课堂还需要学生积极与他人互动并参与讨论和展示等教学活动,国内许多学生已经习惯于个体练习作业。这些现状就要求教师进行更多课堂设计组织方面的说明,以取得学生的支持与配合,逐渐转变他们学习模式。英语专业翻转课堂里,教师作为学生的组织者和引导者,要预先布置教学主题,指导学生在课前获取自己所需的知识,掌握获取知识的工具以及学会根据认知的需求处理各种信息的方法。在课堂上,教师则应退居建议者的地位,让学生更多发言和讨论,鼓励学生用已掌握的英语尽量表达自己的观点,充分发挥学生的主体作用,以实现英语的高效课堂。

2.充分利用网络资源和多媒体技术来丰富教学内容

建构主义理论认为"情景"、"协作"、"会话"和"意义建构"是学习环境中的四大要素或四大属性，而翻转课堂会对这些要素进行重构。教师需要研究翻转课堂一些精品课例来了解其背后的教学设计，并通过大学英语教学实践来设计和反思能激活学生思辨能力的高效课堂。课前课中，教师提供给学生的学习材料要力求新颖多样和富于吸引力，有层次、有梯度、有针对性地激活学生的思考和探索精神，最终达到培养思辨能力的目的。

3.科学分析运用翻转课堂后学生思辨能力提升的效果

教师需要记录和分析运用翻转课堂后，英语专业课堂上产生的新的师生与生生互动模式，及其对思辨能力发展的影响。翻转课堂上生生间和师生间的交流和讨论，都需要教师在细致的观察和反思调整中，真正做到脚手架式的(scaffolding)因材施教，以促进学生对知识文化的思考和消化吸收。此一过程，经过进一步的记录分析后将可以得出更清晰、更有指导意义的结论。

4.转变教师在翻转课堂的角色和功能

创造有利于发展思辨能力的教育环境，需要转变和发展教师在翻转课堂里的角色和功能。翻转课堂的应用，另一个重大阻碍来自教师习惯性的教学理念和思维方式。很多教师在应试化的教育环境中，已经形成了僵化的教学行为模式和思维习惯，而翻转课堂会使教师处于全新的、流动性的、富于变化的教学环境中。教学中会出现教师备课阶段没有涉及的内容，所以翻转课堂也对教师提出了更高层次的要求，需要教师自身具备终身学习、不断提升文化素养的意愿和能力。只有教师自觉自愿地转变自己的角色定位，才能充分发挥翻转课堂的效用。

参考文献：

[1] Alvarez，B. *Flipping the Classroom：Homework in Class，Lessons at Home*. NY：National Education Association，2012.

[2]Christensen，C.，Johnson，J.，& Horn，M. Disrupting class：How disruptive innovation will change the way the world learns. NY：McGrawHill，2008.

[3]Fulton，K. Upside down and inside out：Flip Your Classroom to Improve Student Learning. *Learning & Leading with Technology*，2012，39(8).

[4]Guskey，T. R. Closing Achievement Gaps：Revisiting Benjamin S. Bloom's "Learning for Mastery". *Journal of Advanced Academics*，2007(19).

[5]Halpern，D. F. *Thought and knowledge：An introduction to critical thinking*. Routledge，2002.

[6]Hughes，H. Introduction to flipping the college classroom. In *World Conference on Educational Multimedia，Hypermedia and Telecommunications*，2012(1).

[7] McPeck，J. E. *Critical thinking and education*. Great Britain：Martin Robertson & Company Ltd，1981.

[8]King，A. From sage on the stage to guide on the side. *College teaching*，1993，41(1).

[9]Pithers，R. T.，& Soden，R. Critical thinking in education：A review. *Educational Research*，2000，42(3).

[10]刘荣.翻转课堂：学与教的革命[J].基础教育课程，2012(12).

[11]罗清旭.论大学生批判性思维的培养[J].清华大学教育研究，2000(4).

[12]文秋芳等.我国英语专业与其他文科类大学生思辨能力的对比研究.外语教学与研究[J].2010(5).

[13]仲伟合.英语类专业创新发展探索[J].外语教学与研究：外国语文双月刊，2014(1).

创业教育背景下高校师资队伍建设路径探析

姚亦亚

（浙江财经大学东方学院法政分院）

摘　要：创业教育作为高等教育发展史上一种新的教育理念，是教育改革和发展的必然趋势。随着高校创业教育的深入开展，高素质创业教育师资的短缺，已成为阻碍我国高校创业教育的主要瓶颈。本文阐述了在创业教育的背景下现阶段高校师资队伍存在的问题，并从政府、高校及教师个人三个层面入手提出改进建议，以提高创业教育师资队伍的综合素质和实践能力，从而更好地适应创业教育发展的要求。

关键词：创业教育；师资队伍；问题；路径

一、高校创业教育的演进

1989 年，联合国教科文组织在研讨面向 21 世纪国际教育发展趋势时提出的一个全新的教育理论——创业教育理论。大会提出：21 世纪大众除了具备学历证书、职业技能证书，还需要获得另外一本证书，即创业教育证书。大会还进一步指出要把创业教育"提高到目前学术性和职业性教育护照所享有的同等地位"。

在我国，创业理论的研究及创业教育的开展要滞后于创业实践。早在 20 世纪 80 年代改革开放之初，中国就形成了第一次创业实践的浪潮。我国高校创业教育开始于 20 世纪 90 年代末期，到目前为止可初步分为三个阶段：

第一阶段，创业教育启蒙阶段，雏形是创业计划竞赛。从 1998 年的第一届"清华创业计划"大赛、1999 年的首届"挑战杯"中国大学生创业计划竞赛开始，高校教师对创业计划竞赛的辅导、创业人才的培养日益重视。第二阶段，创业教育的试点阶段。2002 年 4 月教育部启动了创业教育试点工作，清华大学等 9 所高校首批入选创业教育试点院校，国家开始通过创业教育试点的方式，鼓励各个高校探索适合我国国情的创业教育。第三阶段：创业教育全面推广阶段。2012 年 8 月教育部出台印发了《普通本科学校创业教育教学基本要求（试行）》，从教学的角度对普通本科学校的创业教育提出了明确要求，有效地推动了普通高校创业教育的广泛而深入开展。

二、现阶段高校创业教育师资队伍存在的问题

（一）创业教育教师的创新创业意识不强

2014 年，我国应届高校毕业生再创历史新高，达到 727 万。面对如此严峻的就业形势与就业压

力,通过创业带动就业成了一种新的途径。但据人力资源和社会保障部副部长信长星说,目前,我国大学生的创业率只有1‰[1]左右,远远低于发达国家的20%～30%。大学生创业需要理性的同时也需要激情。当前,大学生创新创业意识不强,参与创新创业的积极性不高,这与大学创业教育氛围的营造、与从事创业教育的教师有很大直接关系。创业教育要求创业教师自身应该是具有较强的创新意识,浓郁的创业愿望,但大学教师往往是理性有余,激情不足,自身的创新创业意识愿望不强,这就无形中影响了学生的创业积极性。

(二)创业教育师资力量不足

随着全国上下创业热情的普遍高涨,就业形势的日趋严峻,社会对创新创业人才的强烈需求,越来越多的高校顺应时代走上了全校性的创业教育之路,全校性创业教育覆盖了所有学生。虽然近几年通过创业师资项目的培训,不少高校创业教育师资队伍得到一定充实,但这远不能满足快速增长的需求。以杭州为例,杭城高校从事创业教育的师资主要来自"8＋X"创业实训师培训项目。自2009年6月举办首期师资培训班以来,该项目截至目前已经举办9期,已经为杭城38所高校培训创业教育教师300余名。但据了解,有100多人培训后因为各种原因并未从事相关创业教育教学工作。而2014年,杭州应届毕业生则有10万左右,由此可见,创业教育师资的短缺,已成为阻碍我国高校创业教育的主要瓶颈

(三)创业教育教师知识结构不合理

创业教育是一门综合性学科,由经济学、管理学、会计学、法学、金融学、心理学等相关专业知识复合而成,要求任课老师要具备多元化、复合型的知识结构。但由于创业教育在我国尚处于开创阶段,缺乏专业与学科基础,因此,绝大多数老师都没有接受过系统的创业学理论教育。目前不少高校的创业教育教师大多是团委、学生工作、就业指导等部门老师担任,即使部分创业教育教师是由工商管理类教师担任,他们对创业管理的研究也是有限的,相应的创业专业素质也是不够的,难以胜任创业教育的要求。

(四)创业教育教师普遍缺乏实战经验

实践性是创业教育教学活动的突出特点。原教育部副部长赵沁平曾经指出:"培养具有创业素质的学生,教师就必须有过创业实践,而这种经历正是我们师资队伍所缺少的。"现在高校创业教育师资绝大多数来源于本校教师及行政人员,几乎都没有经历过创业,即使有些高校学校已经开始从校外聘请的成功创业人士,担任客座教授,但总体而言,目前我国高校创业教育尚缺乏有效的校企合作机制,并没有将这种外聘形成制度化,缺乏长期规划和设计,对创业人员的邀请存在很大的随机性。

三、加强高校创业教育师资队伍建设的路径思考

(一)政府层面

推动高校创业教育的首要条件是师资队伍建设,政府要牢牢树立"教师乃兴教之本"的理念,大力加强创业教育的扶持力度,从而为创业教育教师营造良好的工作氛围。这里,可以借鉴其他发达

---

① 　徐博,何雨欣.《中国青年报》,2014年06月01日01版

国家的做法：

1.成立专门的创业教育组织，推动全国创业教育的开展

法国专门成立了创业计划培训中心（CEPAC），英国政府拨款建立了全国大学生创业委员会（NCGE），全面负责国内的创业教育。

2.制定相关政策，加强创业教育资金扶持力度

早在2001年，英国政府就开设了高等教育创新基金，该基金目的设立目的之一是支持大学老师参加创业活动，为从事创业教育的教师积累创业经验。美国政府积极鼓励社会力量支持创业教育，成立多个基金中心，如考夫曼创业流动基金中心，不仅为高校创业大赛提供经费赞助，也为创业教育教师开发创业教育课程提供资金扶持。

3.高度重视创业教育研究，着力构建完整的创业教育教学体系

如澳大利亚政府，要求高校将创业理念融入大学的核心价值体系，将创业整合到大学的其他课程之中，积极实行创业教育课程结构的改革与调整，推动创业教育实现全校性覆盖。

（二）高校层面

1.高度重视创业教育，明确创业教育师资队伍在学校师资建设中的重要性

师资队伍建设是学校的一项基础性、战略性工作。教师水平的高低对学校的办学水平在某种意义上起着决定性作用。但目前不少开展创业教育的学校，尚未充分把创业教育师资与专业师资建设提高到相同高度，在创业教育教师的培养、课时的计算、职称的评定上等未能做到公平的对待。因此，建议高校需要加强上层设计，实施"一把手"工程，将创业教育与学校发展战略相结合，提出明确的长期的师资队伍建设计划。学校应成立创业教育领导小组，领导小组要有校长、教学副校长、教学管理部长和学生工作部门和院系一把手组成。从上到下营造重视创业教育、创业教育教师的良好氛围。

2.重视教师创业实践，构建"专兼结合"高校创业教育师资队伍

学校应多管齐下，通过制度建设、平台搭建与机会创造，校内努力培养与校外积极引进相结合吗，努力建设一支"专兼结合"的"双师型"创业教育师资队伍。具体做法可以是：一是通过产学研结合的人才培养制度，鼓励教师到创业一线去兼职，去体验，或是借助学校资源，鼓励有潜力的教师开展创业实践。二是通过校企合作，聘请具备丰富实践经验的学者型企业家担任创业教育的长期客座教授，为学生上课。三是通过高校国际交流合作项目，选派有潜力的教师出国进修，开阔视野，引进国外先进的创业教育经验，创新人才培养模式。

3.建立健全完善科学的评价机制，激发创业教育教师的主观能动性

创业师资队伍的建设需要建立健全科学的评价体系。一是建立创业教育教学督导检查制度和工作制度，以制度规范教师的工作，强化责任意识。二是建立适合创业教学的学评教体系。建立"学生评教为主、专家评教为次"、"实践教学为主、理论教学为辅"的考评机制，将学生未来一段时期的自主创业率、成功创业历程等指标纳入人才培养评价体系。三是建立创业教育教学激励机制，高校要从职称的评定、培训及科研经费等方面给予倾斜支持，对创业教育实现实际效果的教师要给予物质和精神上的表扬，以充分激发教师的主观能动性和积极性。

（三）教师个人层面

1.正确认识创业教育，树立与时俱进的教育理念

创新创业教育作为一种新型的人才培养模式，是适应经济社会和国家发展战略需要而产生的一种教学理念和模式，是对传统教育模式和教育理念的发展。创业教育教师不能将其简单地理解

为促进就业的手段，或者平庸化为创业的技巧与操作，必须要具有创新精神，创新人才培养理念，树立与时俱进的教育理念。

　　2.树立强烈的创业教育使命感，努力成为复合型高素质师资

　　创业教育教师要具备强烈的职业责任感和使命感，明确的事业心，努力提高自身综合素质。一方面，可以凭借高校优厚的教学资源，通过自学、旁听创业教育相关课程、参加沙龙及继续升学等方式，努力建立适应创业教育的多元化复合型知识结构；另一方面，利用校企合作、校地共建平台，走进企业一线，深入了解企业的管理与运营等，增强体验，以更好地适应创业教育发展的要求。

参考文献：

　　[1]李伟铭,黎春燕,杜晓华.我国高校创业教育十年：演进、问题与体系建设[J].教育研究，2013(6).

　　[2]魏芬,李琴."专兼结合"高校创业教育师资队伍建设体系初探——以上海理工大学为例[J].中国高校教师研究,2012(05).

　　[3]郭丽君,刘强,卢向阳.中外大学生创业教育政策的比较分析[J].高教探索,2008(1).

　　[4]丁养斌,杜宴会.论创业教育环境下如何开展师资队伍建设[J].吉林广播大学学报,2010(3).

　　[5]王红利.高校创业教育实效性缺失及策略思考[J].继续教育,2014(3).

　　[6]朱晓芸,梅伟惠,杨潮.高校创业教育师资队伍建设的困境与策略[J].中国高教研究,2012(9).

翻转课堂:英语教学的伦理价值取向^①

聂素民

（浙江财经大学东方学院外国语分院 ）

摘　要:翻转课堂不仅是教学的翻转,而且是师生伦理身份的翻转。翻转英语教学课堂,就是把学习权利交给学生,使学生从学习者变成讲授者再变成学习者,使教师从讲授者变成引导者、组织者、倾听者。这样被翻转的英语课堂出现了双向的师生互动,双向的师生伦理身份互换,从而建设了课堂教学的民主性、和谐性、合作性和参与性,建立了师生的友谊,习得了英语语言知识,搭建了真实的教学平台。翻转课堂突出了师生之间交往行为的平等性,在平等中见尊重,在平等中亲其师而信其道,突显了教师的道德性。翻转课堂需要教师凭良心、拼责任心,讲敬业,还需要教师具备更多的知识、需要教师精神层面的付出、需要教师无私的奉献、需要他们的敬业精神和耐心,才能适应翻转课堂教学的需要。

关键词:伦理价值；英语教学；翻转课堂

2007 年,翻转课堂在美国兴起,当下流行于华夏大地。翻转课堂不仅是教与学的翻转,而且是师与生伦理身份的翻转。翻转课堂把权力让渡给学生,以学生为中心,使教学具有主动性、开放性、民主性而不是被动性、封闭性、专制性,使教学越来越具有人性、和谐、文明的教学文化元素。其实,我国教学传统文化中就蕴含着翻转课堂的文化元素,像中国古代的教学相长,就体现了翻转课堂的文化精髓。如今,在现实的教学中,很多老师或多或少地实践过翻转课堂教学。尤其是英语语言教学,一直以来以建构主义、交际法、任务学习法、联通主义等理论为教学理念,融入英语专业课堂教学中,也融入《大学英语》的教学中。我国《大学英语》多次实行改革,就是个典例,它已体现了翻转课堂教学理论和实践的模式。

一、英语教学翻转课堂的伦理身份互变

英语是全球化大众语言。在我国,英语教学倍受重视,英语教学改革也一浪高于一浪。英语教学改革从传统英语教学课堂中的语法翻译法教学,转向以学生为中心的交际法教学,到英语网络自主学习的英语教学改革模式,再到当下的翻转课堂。英语的翻转课堂教学,是把学习权利给学生,使学生在真实情景中,感知、认知、理解和内化语言知识,从而习得知识。不仅如此,学生的身份可以从学习者变成讲授者再变成学习者,这一身份的转变看似简单,其实已然把学习过程变得丰富有趣,把学习

① 基金项目:本文系浙江省 2013 年高等教育课堂教学改革项目"元认知策略下的独立学院大学英语任务型课堂教学研究与实践"(项目编号:KG2013582)研究成果。

的结果从学习变成习得。这其中，师生既要当主讲者，又要当倾听者，可实现双重角色的互换。

学生变成老师，老师变成学生。学生课前将需要讲解的内容去努力备课，他们虽然不会像老师那样做到三备（备内容、备教材、备学生），但最起码会去备内容。在备讲课内容的行动中，学生要去查阅资料，要独立自主地解决问题。学生在备课时，可以以团队合作协同备课，形成学生与学生之间、学生与老师之间、老师与学生之间多重身份的合作学习、合作教学，以实现学生全部参与学习任务并圆满完成学习任务。这就不知不觉地把任务学习融入合作学习、合作教学的互动之中。这就让学生不知不觉地在学习中又得到了元认知体验和自主学习习惯的培养。学生当老师时，老师变成倾听者。据此，教师可有针对性地重新以教师的身份，针对学生在充当老师的角色时所做的知识讲解进行总结与提升，努力做好查漏补缺、拓展并延伸知识，讲解重点和难点。这样的良好互动势必能使师生主动建构、重构和再构教学任务。

翻转英语课堂将实现课堂的全方位互动。这种互动，既可以建立课堂教学的民主、和谐、合作、参与的氛围，又可以建立师生的友谊、相互理解，还可以使学生真正习得英语语言知识，搭建学生成才成长的平台，促进学生综合素质的提高。在 21 世纪初期，我们在英语专业的《英语教学法》的课堂教学中，就大胆地尝试过翻转课堂教学。那时，我们的教室还没有电脑，只有一台幻灯机。教师从录像资料中幕课大量的成功的教学案例，制成幻灯片，把英语教学法理论知识变成可操作的活动，一方面，可调动学生做充分的课前准备和课中当老师的积极性；另一方面，可促使教师课前做充分的准备、课中做引导者、评论者、组织者、倾听者；进而实现学生当老师的伦理身份改变。学生充当教学的行动者，让学生体会师者的"传道、授业、解惑"不易，让学生享受师者教权的归属感和使命感，让学生的元认知体验得到激发，使他们的元认知学习的能力得到提高。经过一个学期的课堂翻转教学，原本内向不自信的学生，也能信心满满地站上讲台。

二、英语教学翻转课堂的伦理关系互惠

教师既有师道又有尊严，而学生亦有学道也需要被尊重。师生均享有其自身价值和拥有尊严的满足，在翻转教学中，师生使彼此的伦理关系得到升华。教师要把求索真理、达到卓越、孕育民主作为天职任务之一。为实现这一目标，应保证教与学的自由，让学生享有平等的教育权力。教师还应努力帮助学生提高理解能力和获取知识的能力，鼓励学生独立学习和探索，鼓励学生获得不同的观点。这就是为人师者的责任与伦理选择。

翻转课堂不失为教师最佳的伦理选择之一。该课堂突出师生之间交往行为的平等性，在平等中构建相互尊重，在平等中突显其伦理性。教书育人是教师的天职，这一天职承载着神圣的使命，饱含着和谐的师生关系，蕴含着积极的教学互动意义。翻转课堂的英语教学，不仅呈现了良好的师生伦理关系，而且能够依据教育教学的方向、目标、原则和内容，进行有目的、有针对性的、有组织的再教学，步入一个良性循环的教学学习体验。在这样的体验中，在教师的指导下，学生不断地得到元认知体验，提高元认知的学习能力，积累文化和实践知识，提高自我认识，增长才干，健康成长成才。

良好的师生的关系的建立，可以互相潜移默化，互相取长补短。学生具有无限的创造力和活力，老师具有"学高为师"的师道，师生之间相互培养良好的道德、心理情感。这样的翻转，对于师生的教与学均大有裨益。

我们在本院《大学英语》12 级 C1 起点的教学班中，已经有部分班级做过一年翻转教学的实验。通过实验可知，翻转课堂不仅增加了学生的学习兴趣、提高了学生的学习成绩（主要体现在大学英语四级一次性通过率点数的提高、期末考试挂科率的降低）、提高了学生英语口语交际能力，更重要的是大幅度改善了师生的伦理关系，体现了尊师重教重学的伦理价值和现实意义。现在，我们仍然

有针对性地在 14 级 C1 起点的《大学英语》班级推动翻转课堂教学。这些学生是没有通过大学英语四级而重组的班级,他们对英语学习不太感兴趣,加上英语基础较为薄弱的现实,我们正在着力开展翻转课堂的再实践,旨在激发学生的英语学习兴趣、刺激他们去自主学习做元认知体验,提高他们的英语学习成绩,帮助他们通过大学英语四级,归根到底,我们是为了培养人才而努力的。

三、英语教学翻转课堂的敬业精神体现

翻转课堂教学需要教师课前做大量的教材内容补充,还需要课前大量的备课,设计学习活动内容、设计视频内容、设计通用的学习材料和测试检查学习效果,还需要课堂上的动态备课等等。这要求教师需要利用慕课(MOOCs,Massive Open Online Courses)大量的教学课程资源,需要知识的大量积累,需要做大量的科研来反哺教学,需要凭良心、拼责任心、讲敬业,才能适应翻转课堂教学的需要。

艰辛的慕课。教师需要应用新的教学技术手段、科学的教育理念、良好的课程开发思路,将教学目标、大纲和教学内容相融一体,再将语言知识做可操作性的设计、吸引学生来参与、主动设计课程讲授中详细环节,撰写成一部准电影的脚本。除此之外,还要采集教学素材、录制教学视频,建设慕课课程,这将对我国的高等教育带来较大的教学冲击。高校应从根本上让教师去突破传统,去创新教材建设和课堂教学内容,使高校教育与时代需求相适应,为社会培养创新型人才而努力。

艰难的学习习惯养成。教师需要培养学生的独立学习能力,引导学生摆脱学习的依赖习惯。从一开始时,教师要指导学生逐渐学会独立探究学习,让学生把独立学习贯穿到知识学习的建构中,同时还要培养学生的合作式学习,设计与创建各种适当的合作式学习的任务,在课前分配给学生,让他们带着学习任务,在不知不觉中,使他们的自主学习能力、也是学生的元认知能力得到培养。这些能力的培养,有利于学生学习能力的提高、交际能力的提高、合作能力的提高等。诚然,教师还需要注意学生的学习动态,并及时指导学生开展集体学习活动,适时地作出指导决策,组织生与生之间进行学习交流,小组与小组进行学习交流,教师给出及时的反馈与评价,把这些评价建成学生的学习档案,重视对他们学习过程的真实评价。这些需要教师更多的复合知识结构,良好的师德,才能实现。

艰巨的育人成才任务。翻转课堂不仅需要教师具备更多的知识,而且需要教师精神层面的付出。在翻转课堂的教学中,教师的知识需要量大、知识结构需要立体化、备课的时间需要量大。因而更需要教师的无私的奉献精神、需要他们的敬业精神、他们的耐心等等。譬如,在课前,无限的时间花在教学视频的制作与发布、制定学生自主学习的导学方案、动态的课堂教学过程、师生面对面的交流、合作、反馈、测试、评价、释疑、纠错和总结反思的设计等等。课中翻转课堂的教学模式的设定,学生自主学习的目标实现,元认知能力发展的追求,构建学生真正自主的学习环境等等。帮助学生养成先学后教的习惯,这一习惯的养成,取决于翻转课堂教学的成败,体现教师与学生的伦理关系。促使教师创造新的教学构架,促进学生的成才,推动学生的学习能力发展。

翻转课堂作为一种新兴的教学模式应用于英语教学中,有其独特的伦理价值取向与现实意义。但是,翻转课堂是因时因地因人而言的,因地域经济发展的情况不一样,其课堂教学的开展及需要的资源亦受到限制,贫穷落后偏远地区就变得不太可能。

参考文献:

[1]李青,王涛. MOOC:一种基于连通主义的巨型开放课程模式[J].中国远程教育,2012(3).

[2]聂素民.任务型教学中的元认知体验和教学伦理——以大学英语课堂教学为例[J].世界教育

信息,2015(8).

　　[3]聂素民.论大学英语教学改革的伦理建构[J].中国电力教育,2011(28).

　　[4]汪晓东,张晨婧仔."翻转课堂"在大学教学中的应用研究——以教育技术学专业英语课程为例[J].现代教育技术,2013(8).

　　[5]叶波.翻转课堂颠覆了什么——论翻转课堂的价值与限度[J].课程·教材·教法,2014(10).

学校武术与生命教育疏离的原因分析

胡依心

（浙江财经大学东方学院体育中心）

摘　要：教育是因人类的生命而存在。不管是人类自然生命还是价值生命，教育都是人类生命的存在形式。然而当下，人们仅仅把教育当作一种社会现象，把政治、经济、文化的外在需求作为教育发生的原点，并持续地为社会所需服务的同时，不知不觉教育遮蔽了生命本源。因此，文章借助教育学原理以及走访专家学者并在阅读大量相关文献之后，故以学校武术与生命教育的疏离为研究对象，针对其之间疏离的缘由进行分析。研究认为，他们之间疏离的原因主要有：

1. 科学理性的膨胀，失落了人文教育；
2. 竞技武术的功利，异化了生命的本质；
3. 教育与生活的割裂，脱离了生命的本源；
4. 绝对的知识教育，泯灭了生命的创造；
5. 整齐划一的教学规训，压抑了生命的自由。

关键词：学校武术；生命教育；疏离；人文素养；科学理性

一、前　言

在当今技术宰制一切的社会，进步夹裹着浮躁，文明与喧嚣共生，缤纷华丽的世界固然精彩，却始终掩饰不了人性光芒的日益暗淡和人身物化的日趋加剧。在工具主义教育语境下，阶段时期的社会直接需要取代了人类自身生命的内在需求，教育成了"制器"而非"育人"。人类教育从非形式化教育到形式化教育，进而到制度化教育，划一性的制度阉割了人类生命的完整性，把人捏塑出了许多片面的"工具人"。随着社会高度细化的分工劳作，教育逐渐与生活日益分离而演变为一种相对独立的活动，这种独立化遮蔽了教育与生命的本源，造成了科学与人文的分裂与失衡，从而导致了人性的虚无，人的本体性存在价值被阻遏。纵观国外还是国内的整个教育体系，技术知识教育成为共识，人文科学被边缘化。在"技术偏左，文化偏右"的现代性历史语境下，生命受到戕害的现象屡见不鲜，为了权利、财富、名誉等暗度陈仓草菅人命。种种迹象表明漠视生命，实则是独尊技术知识教育，缺失人文素养教育的后果。

众所周知，对于生命的关注，中国传统文化始终怀着对生命的敬畏和尊重。作为中国传统文化代表的中国武术从自由无序闲散的民间迈入制度化规范化的学堂，从瓦舍勾栏的观赏到世界体坛的竞技，中国武术随着现代化的进程，因其社会、政治、经济、文化等功能遭遇着本真的迷失。中国武术与生命的隔离，使得中国武术所蕴含的生命文化内质愈发彷徨，在"技术偏左，文化偏右"的境遇下，传统的生命内质被搁浅。生命愈发彷徨，教育的生命性被抽离，这不仅是教育本身的误区，更是社会的不幸。于是，"新世纪的教育应该走出'异化的洞穴'，回归生命本身"①的观点应运而生。而在体育界，也提出"生命教育是新时期学校体育改革的取向"②。在诉求生命教育回归的驱动下，笔者在学校武术与生命教育之间内在关联的基础上，旨在找出学校武术与生命教育出现疏离的历史和现实原因，进一步为学校武术教育改革提供重要的理论参考。

二、学校武术与生命教育的内涵释义

"生命教育"最早是由杰·唐纳·化特士（美国）于 1968 年提出，之后经过 30 多年的传播，中国才开始出现"生命教育"一词，并且在当时只是将环境教育和安全教育视为一种生命教育。到了 21 世纪，随着教育改革深度的不断推进，生命教育成为教育本质回归的主题因子。经过多年对"生命教育"的延伸与发展，关于生命教育内涵的研究成果颇丰，学者以不同视角对生命教育作出界定，汇总如下：生命教育是"一种教育理念；一种价值追求；一种生活教育；一种道德教育；一种持续过程；一种全人教育"③。生命教育是由"生命"与"教育"的结合，生命偏重于探讨存在的自然生命与意义的价值生命，教育则是教化生命存在的形式，它重在强调理念与方法。因为生命议题的多元性和教育过程的持续性，所以对于生命教育内涵的理解有不同的界定，但是不管怎么延伸，其在解决问题的本源上却出现了高度的一致性，即："以人为本，尊重生命"，呼吁人文素养的涓涓细流。因此，对于生命教育的理解就是"透过教育的机制去体验生命的意义及价值，以求学生能够发展深化人生观，内化价值观之生命修养，并培养整合'知情意行'，发展多元智慧与潜能"④。

学校武术是中国武术的子概念，是从活动人群角度为出发点划分出来的。它的活动主体是大中小学的学生，其技术简单易学，它主要发挥的是武术的教育功能，通过学习武术增强体魄、培养精神、塑造品质。中国武术虽在古代已经把"射"、"御"等技能作为教育内容，但真正走进学校是在辛亥革命之后。辛亥革命后的中国，依然面临着"国势衰弱、内忧外患、体质羸弱"的局面。武术在起初是作为"欲弱为强必先谋种族强盛"的教育手段向学校挺进，在此阶段，武术被提升为"强国强种"的利器，即所谓的"尚武强国"。在通过 1918 年的"全国中学一律添习武术"的决议之后，武术正式成为学校体育课程的一部分。为此，学校武术兼具着多种属性，它的文化、艺术、体育等属性不断地和学校领域的教育属性相互融合和互补。正是中国武术主张的"生命整体观、形神兼备观、养练结合观、择季择时观"⑤的健身理念，这不仅丰富了学校体育的教学内容，也深化了学校体育的文化内涵。

三、学校武术与生命教育疏离的原因分析

（一）科学理性的膨胀，失落了人文教育

人类利用科学技术征服了大到自然宇宙小到自身生命。它的全方位征服改变了人类生活方式，成为神话造人之后新的"造物主"。人类对科学技术的迷信，甚至出现了唯科学主义的倾向。科

① 冯建军. 生命与教育［M］. 北京：教育科学出版社，2009：13
② 冉学东，王广虎. 生命教育：新时期学校体育改革的取向［J］. 成都体育学院学报，2012，37（1）
③ 李高峰. 国内生命教育研究述评［J］. 河北师范大学学报（教育科学版），2009，11（6）
④ 但艳芳. 体育教育：生命教育的本源回归［J］. 武汉体育学院学报，2008，42（1）
⑤ 李鸿，刘帅兵. 太极拳：一种追求生命教化的文化［J］. 浙江体育科学，2014，36（1）

学教育与人文教育的不对等发展,导致了两者的"分裂"。人类在拼命追求物质享受和感官刺激的同时,各种陈腐流弊的腐败堕落现象也空前泛滥,从而致使人类从文明再次跌入野蛮。在这场人文危机当中,教育更是表现出了功利主义和唯科学主义。随着社会分工的细化和市场经济的功利,人类的教育开始从原本关注自身转变为关注社会的需要。在功利主义的诱因下,人们把技术和技术理性作为获利的手段。而教育也把唯科学教育和唯理性教育当作取向,成为只关注人类存在的形式而抛弃人类存在的意义。科学和人文是物质的矛盾范畴,如同传统哲学中的"阴阳",共生共荣缺一不可,正如学者指出那样"单纯的科学教育与单纯的人文教育一样,都将会造成理性的歪曲"①。

在这场人类的教育危机中,学校武术教育表现出为了学生的社会化急功近利、操之过急,并在应试教育环境下,过度地偏重基本知识、技术、技能的传授,忽视了以自然生命为对象的教学本性,忽略了促进生命生长发育为目标的教学任务。学生参加各类武术比赛对于学校来说,看重的不是武术本身,而是金牌和运动成绩;对于家长来说,参加武术比赛,只是为学习偏差的学生找到升学的捷径和未来的出路,学校武术教育的工具化颠覆了武术的目的和手段之间的关系。

随着经验科学的成熟,实证主义横行、科学理论和技术迅速发展,科学理性极度膨胀,人文素养逐渐式微。以我国中医为例,"一些中医院校完全照搬了西医院校的教学模式,忽视了最基本的整体辩证思维,要求学生像西医学生一样进实验室,搞量化研究"②。一些院校把以"天人合一"与"阴阳五行"的思想认识论为哲学基础的中医,进行量化研究,忽视了最基本的整体辩证思维,还对其进行现代逻辑的梳理,教材不是古文而是经过翻译的白话文。这是对西方科学顶礼膜拜的结果,科学理性的僭越,造成了价值理性的迷失。现代思维在理解东方文化还存在着一定的障碍,学习中医的学生很多掌握不了"望闻问切",面对阴阳五行更是一脸茫然甚至抗拒和抵触,学生学了多年还基本上不会看病。而学校武术同样如此,在西方体育科学的世界霸权下,成为其"殖民"。它的理论基础由原来富有人文气息的阴阳五行八卦、道家学说、兵学文化、中医学、气功等,被现代教育学、运动心理学、运动医学、运动解剖学、运动训练学、运动生理学等西方科学所替代。从最初鸦片战争后期"师夷长技以制夷"的"以西变中"到"土洋体育之争"的"以体变武"再到"越是民族越是世界"的"以奥变武"的历史驱使下,由于对其文化不自觉而把具有深邃的人文气息和民族传统内质的中国武术变得"薄小而俗浅",促使它正在疏离着本身固有艺术、身体和文化以及哲学空间,形成了"技术偏左,文化偏右"的格局。

(二)竞技武术的功利,异化了生命的本质

中国武术的体育化为其提供了生存的契机,但在体育化的路径上避免不了中国武术的竞技化。中国武术竞技化仅仅从中国武术的整体表达中抽离出了外在的身体片面表达。众所周知,"在竞技体育方面,体育体制的不健全、生命教育的缺乏、道德教化的不足等众多因素催生了各种问题及矛盾,导致了竞技体育的异化"③。中国武术的竞技之路也同样回避不了这些棘手的问题。

从生命视角来审视竞技武术,其有悖于武术本身、有悖于其生命本质的异化现象很多。因为竞技武术的出发点不在于身体或身心的发展,而是为了外在于身心的利益。今天竞技武术越来越肩负着外在生命的重任,为国家的政治、经济、为他人的观赏,为个人的金钱、利益,置身心于不顾。政治化的武术、经济化的武术越来越偏离武术的真义,竞技武术外在于生命,使身心对立,摧残生命。一直以来,在"举国体制"的大格局下,学校武术发展也以竞技武术为取向,教材延续了竞技武术的

① 杜时忠.人文教育论[M].江苏教育出版社,1999:31
② 王君平.中医别丢了自信[N].人民日报,2013-08-16
③ 于文谦.回归生命教育语境下的体育[J].首都体育学院学报,2013,25(4)

内容，并与竞技武术的三级训练体系相挂钩。学校成为竞技武术后备人才的培训基地，在学校武术教学中，其内容与学生的生理和生长规律相违背，"女生教学男性化，儿童教学成人化，教材竞技化和标准化"①。这些无疑是违背了学校武术的精神性追求，更背离了中国武术的精神属性。

从民国时期到现在，学校武术都是沿用西方竞技体育的教学模式。不管从教学内容选择、教学方法与手段的改进、师资力量的配置等都以竞技模式为准则。随着竞技武术"高、难、美、新"的发展，在学校武术中也逐渐出现了"职业化"武术队，他们为了竞相夺金摘银，追逐名利，不愧余力地挑战自然生命，超越生态极限。所以说，学校武术的竞技化，不仅使学校武术失去了体悟生命的内在需求，而且学校武术在发展的过程中偏离了敬畏生命、提升生命的本真教化。

（三）教育与生活的割裂，脱离了生命的本源

众所周知，生活是一种体验生命存在的状态，它的根本内涵就是流动生命的展现，其核心和主体是生命。生活承担着生命展现的空间，换句话讲，生命不息就是生活。美国哲学家、教育家约翰·杜威曾提出"教育即生活"。教育从生活来中，又回归于生活。然而，杜威又批判现代教育，他指出"现代教育把学校作为一个传授某些知识、学习某些课业或养成某些习惯的场所"。纵观国内整个的教育体系，技术理性的培养远远高出了人文素养的补给，科学技术成为现代教育的先锋。

生活就是生命的亲历性和实践性。如今，学校武术越来越摒弃日常的、完整的生活，仅仅停留在技术和书本层面，脱离了武术固有的亲历性和实践性。原本维系中国人生活方式的中国武术，一走进学校就受到分科教育制度的牵扯，其专业口径被规定得很窄。博大精深的中国武术在学校只能展现其专业技能和专业知识，多元的武术功能、庞杂的拳种体系、迥异的演练风格、参差的技术技理、多维的价值目标等等，都被框定到了封闭的制度化体系当中。在这制度化的体现中，学校武术教育忽视了武术人固有的生活习性，远离了习武之人的真实生活。所谓学校武术教育脱离生活，就是把教育当教育，把生活当生活。在传授武术技术和知识的过程中，似乎没有建立起同内心世界、理想、信念以及人生体验的内在关联度。学生在学习的过程中，主要是掌握武术技术和知识，这些技术和知识的掌握仅仅放在课堂上完成，在娱乐为主的校园文化、科技之上的业余生活与武术毫不相干。于是在武术课中，学生面对的是枯燥的练习，学习武术纯粹是为了获得课程学分。在他们的生活当中，虽以教育为轴心，却围绕着"竞赛—名次—升学"旋转，武术文化很难得到重视和发挥。学校武术教育缺乏生活气息，使其丧失了生命的活力。因为生活是补给教育的本源性的营养。

（四）绝对的知识教育，泯灭了生命的创造

虽然任何一种教育形式都离不开以知识，尤其是间接知识为媒介来促进学生发展。但是，"从根本上说，知识教育是一种以知识为本的教育，其理论基础是狭隘的知识论的教育观和科学观"②。

对于学校武术教育而言，受到科学理性的实证主义影响以及学习时间和武术师资的限制，在教学的过程，教与学是不能主观臆造，而是有计划、有目的、有教材、有考核等客观硬性条件所统筹。加之在"应试教育"的模式下，从武术文化中不得不抽离出绝对的、唯一的，能够书写在教科书的死记硬背的教条。博大精深的武术文化被简化为客观、绝对的武术知识。而武术知识更多地表现为武术技术训练、手法技巧等通过人们长期实践总结出来的带有规律性的理论创造。当然武术知识和知识教育自身没有错，它自始至终是整个武术文化和文化教育不可或缺的一部分。但是如果以

---

① 何劲鹏，姜立嘉.生命化：体育课程修订的逻辑起点探究[J].体育学刊，2008，15（8）
② 孟建伟.从知识教育到文化教育——论教育观的转变[J].教育研究，2007（1）：14-19

武术知识和知识教育取代武术文化和文化教育,这就使得传承千年的武术文化教育仅仅残余到了武术知识教育。而这对于学校武术教育来说,是一种"有知的教育",它把传递文化的功能完全蜕变成了搬运功能,它仅仅热衷于把知识从书本搬运到学生的头脑中成为盲目的占有知识。对于学校武术考试来说,它用的是标准化的知识和答案,这些标准化的知识和答案不是启发学生思考的原料,而是让学生记住大量的标准知识。

　　"诚然,知识是文化的组成部分,但是很多人把文化素养误会成了知识积累,余秋雨曾对此说过'再多的知识也堆垒不出人文精神'"①。由于人们认识的错位和模糊,学校武术被异化为简单的"知识技能"传授。这种知识技能的"搬运",代思武术文化,止思武术的文化内质,压抑学生的创造性。把武术知识、技能、分数、赛事等作为教育诉求的同时,学校武术教育也越来越偏离生命的自由化和幸福化,而是与生命的本性和敬畏生命背道而驰。

(五)整齐划一的教学规训,压抑了生命的自由

　　中国武术从农耕文明的师徒制传承到工业社会的班级授课制,传承方式的变迁不仅扩大了武术受益人群,而且保证了武术传授过程的渐进性。但是,工业时代的教育,已不再是农耕的个体生产,而是像工业生产一样,以统一的要求、统一的标准、统一的内容、统一的教育方法,进行着批量的生产。学分制的采用,更是塑造着统一规格的武术人才,并在学校教育中成长为一名合格"产品"。在划一性的教育制度和刚性的规训下,成就了教育形式的技术化、教育方法的操作化、教育过程的程序化、教育评价的统一化以及教师的权利主义、严格的课堂管理。学者对此指出,"鲜活的生命在这里被异化为了一个安静的环境和井井有条的秩序。在掌握知识、技术与技能的重压下很少为学生的创造力、想象力等方面的发展留有空间,代价就是使学生逐渐地丧失了自我思考的积极性,逐渐使学生的生命存在变得麻木"。②班级授课制这种集体教育形式,按照班级把学生集体作为教育对象。这种模式虽然提高了教育效率,但集体授课制,从根本上排斥了个性化的要求。在武术套路学习中,武术教师一个人要带领几十号学生,只好把具有"礼乐人生、内外双修"的套路简单地分解示范。"教师示范,学生模仿,最后'科学'评价,教师示范追求的是完美、精确,学生学习追求的掌握、达标。整个教学过程中展现的是示范、模仿、练习的反复。"③这种技术化、程式化的教学方式,规避不了对客观化、标准化的追求,如此,这不仅束缚了学生的想象力和创造力,而且更是遮蔽了学生生命的灵动性和创造性。

　　生命的完整性不仅是自然生命与价值生命的相辅相成,更在于能够支配生命的自主性来凸显生命的独特性。划一性的制度和规范化的管理,阉割了学生生命的独特性,是有悖于现代社会所提倡的"以人为本"的个性化教育。虽然教育需要一定的制度和规范,但任何制度都不应以抹杀人的能动性和创造为动机。

四、结　论

　　随着教育本质的回归,生命教育备受人们注视。不管是人类自然生命的发育完善,还是精神生命的内在塑造,抑或是社会生命的社会存在等,它们之间存在着内在递进的顺承关系。所以教育须以生命关怀为基点来满足人类三维生命的完整性。虽然学校武术目前还处在边缘学科,但它的确

① 王岗,刘帅兵.学校武术的教育担当和实施路径研究[J].体育成人教育学刊,2013,29(3)
② 王羽.生命教育视域下对学校体育目的的反思[J].东北师范大学(哲学社会科学版),2008(6)
③ 徐武,罗建萍.儒家生命思想解析及其观照下的体育教学[J].武汉体育学院学报,2008,42(1)

能调动身心参与,并通过自然实体的肉身,来触及生命的本质,将其内隐的、非显性的素质激发出来,并迁移到社会生活之中。

尽管学校武术被现今的客观因素所外控,但是如果这种教育持续地偏离生命的发展轨迹,直到引起不了人们灵魂深处的激荡,就会成为毫无意义的教育。至此,学校武术也要担起生命的教育事业,在教育中要体现出生命的完整性、自由性和独特性。因此,学校武术改革应走出"异化的洞穴、回归生命本身",并致力于为生命的完整性、自由性、独特性为改革取向,最终让生命在学校武术中诗意地栖息着。

Y市小微企业增值税税收遵从度研究

邵明彦　郁　晓

（浙江财经大学；浙江财经大学东方学院）

摘　要：中国小微企业数量多，分布广泛，相对于大中型企业，存在税收征管难度大、税收流失严重、企业主税收遵从度不高等问题，令税务机关感到十分棘手。本文将理论研究与实证分析相结合，根据前人总结的影响企业税收遵从度的 8 个因素设计调查问卷，测算 Y 市小微企业总体增值税税收遵从度并对重点影响指标分解分析，结合当地小微企业特征，分年销售额、分经营模式探究小微企业增值税遵从度特点，最后针对存在问题提出可行性建议。

关键词：小微企业；增值税税收遵从度；税收负担；税收遵从成本；税收不遵从成本

一、研究背景

我国是以间接税为主体税种的国家，其中又以增值税为主，据国家统计局税务年鉴显示，2014 年度我国税收总额为 119158.05 亿元，增值税总额 30849.78 亿元，占比位居各个税种之首，达 25.89％，同比上涨 1.85％。2015 年 3 月 5 日上午 9 时，十二届全国人大三次会议开幕会中，李克强总理在部署 2015 年工作重点时，他表示："2015 年力争全面完成'营改增'。"随着未来"营改增"的深入推进，增值税占税收总额的比重会进一步加大。因此若增值税纳税人产生拖延纳税申报、虚假纳税申报、未按时缴纳税款的税收不遵从行为，就会导致国家税款大量流失，严重影响国家的财政收入，制约政府经济职能的发挥，加剧诚信纳税人和逃税者间的税负不公平，破坏市场竞争环境。同时，增值税具有征收范围广，计算简单的特点，便于取得样本数据及进行实证分析。

截至 2014 年，中国的小微企业已超过 5000 万家，占全部注册企业数的 90％，影响着 2 亿人的就业。不仅在促进就业、稳定社会、活跃经济、推动创新、增加税收等方面发挥着重要作用，对税收征管影响也逐步加强。但小微企业自身实力弱、规模小、财务混乱等特点，使其税收遵从度一直低于大中型企业，受到许多不良因素制约，如何提升小微企业税收遵从问题长期困扰着我国税务机关。

本文研究时间点选在"营改增"的改革背景下，以增值税为调查税种，既有助于发现小微企业增值税税收遵从中存在的问题，也有助于发现小微企业在"营改增"中存在的问题。

二、研究过程

(一)方案设计

通过 Y 市国税局办税大厅针对小微企业纳税人发放问卷,问卷格式严格按照李克特 5 点量表法设计,问卷内容根据已被国内外经济学家论证表明对税收遵从有影响的 8 个指标设计,对每个指标对应的问卷问题的各备选答案赋值,再根据问卷数据统计分析,计算出每个指标的得分值,汇总得出 Y 市的税收遵从度。各指标赋值情况如表 1 所示,调查结果如表 2 所示。

表 1 影响税收遵从度 8 个指标的赋值情况

设计指标	税收制度与政策 A		税收公平 B			税收负担 C	税收道德 D		税收遵从成本 E			税收不遵从成本 F			纳税满意度 G		政府信用与支出结构 H
问题	A_1	A_2	B_1	B_2	B_3	C_1	D_1	D_2	E_1	E_2	E_3	F_1	F_2	F_3	G_1	G_2	H_1
A	5	5	5	5	5	5	1	5	1	5	1	5	5	5	5	5	5
B	4	4	4	4	4	4	2	4	2	4	2	4	4	4	4	4	4
C	3	3	3	3	3	3	3	3	3	3	3	3	3	3	3	3	3
D	2	2	2	2	2	2	4	2	4	2	4	2	2	2	2	2	2
E	1	1	1	1	1	1	5	1	5	1	5	1	1	1	1	1	1

增值税税收遵从度测算用公式表示为:

$$\text{VAT tax compliance} = \left(\sum_{i=1}^{5} A_{1_i} a_{1_i} + \sum_{i=1}^{5} A_{2_i} a_{2_i}\right)/2 + \left(\sum_{i=1}^{5} B_{1_i} b_{1_i} + \sum_{i=1}^{5} B_{2_i} b_{2_i} + \sum_{i=1}^{5} B_{3_i} b_{3_i}\right)/3$$

$$+ \sum_{i=1}^{5} C_{1_i} c_{1_i} + \left(\sum_{i=1}^{5} D_{1_i} d_{1_i} + \sum_{i=1}^{5} D_{2_i} d_{2_i}\right)/2 + \left(\sum_{i=1}^{5} E_{1_i} e_{1_i} + \sum_{i=1}^{5} E_{2_i} e_{2_i} + \sum_{i=1}^{5} E_{3_i} e_{3_i}\right)/3 +$$

$$\left(\sum_{i=1}^{5} F_{1_i} f_{1_i} + \sum_{i=1}^{5} F_{2_i} f_{2_i} + \sum_{i=1}^{5} F_{3_i} f_{3_i}\right)/3 + \left(\sum_{i=1}^{5} G_{1_i} g_{1_i} + \sum_{i=1}^{5} G_{2_i} g_{2_i}\right)/2 + \sum_{i=1}^{5} H_{1_i} h_{1_i}$$

表 2 Y 市税收遵从度的调查结果

税收制度与政策 A	税收公平 B	税收负担 C	税收道德 D	税收遵从成本 E	税收不遵从成本 F	纳税满意度 G	政府信用与支出结构 H	VAT tax compliance
3.69	3.67	2.7	4.34	3.53	4.15	4.46	3.5	30.04

其中:

VAT tax compliance—— 表示增值税税收遵从度

$A \sim H$—— 分别表示选取的 8 个指标

$A_1 \sim H_1$—— 分别表示每个指标所对应问卷问题

$A_{1_i} \sim H_{1_i}$—— 分别表示每个问题各个备选答案的得分值

$a_{1_i} \sim h_{1_i}$—— 分别表示样本中选中各个备选答案的比例

$\left(\sum_{i=1}^{5} A_{1_i} a_{1_i} + \sum_{i=1}^{5} A_{2_i} a_{2_i}\right)/2 \sim \sum_{i=1}^{5} H_{1_i} h_{1_i}$—— 分别表示各项设计指标的最终得分

(二)样本选取

本次调研选择连续的两个月（6月、7月），于每个月中上旬增值税征期内，在办税大厅采取随机抽样的形式向小微企业纳税人发放问卷。共分两个时间段进行：第一个时间段为6月1日至15日，在Y市市国税局发放问卷100份，回收85份，因纳税人漏填、错填导致的无效问卷5份，实际可用问卷80份；第二个时间段为7月1日至15日，在Y市某国税局分局追加问卷50份，回收50份，无效问卷0份，实际可用问卷50份。调研发放问卷总数150份，回收问卷总数135份，有效问卷总数130份，总体回收率90%，有效回收率86.67%。

此次调研选择在小微企业纳税人集中的增值税征期内，以减少取得样本的难度；匿名填写，可以涉及敏感性话题；采用随机抽样的方式，保证了选取样本的公平性和真实性，有效降低样本同质性过高带来的弊端；在办税大厅直接发放并当场回收问卷，以减少其遗失、损毁的可能性，因此问卷总体回收率较高。

三、研究分析

(一)样本总体增值税税收遵从度

根据回收问卷数据测算，以130家小微企业为样本，推测出Y市小微企业总体增值税税收遵从度得分为30.04，得分区间为8～40。为更直观，换算成百分制，则总体得分为75.1，满分为100。可以看出Y市小微企业总体增值税税收遵从度较高，但仍有可提升空间。具体到各项指标来看，一方面，税收道德、税收不遵从成本、纳税满意度三个指标得分均超过4分，明显高于其他指标，另一方面，剩余5个指标均低于平均分3.755，尤其是税收负担指标，只有2.7分，不仅低于平均分，还远远低于其他各项指标。8个指标综合排序为：纳税满意度＞税收道德＞税收不遵从成本＞税收制度与政策＞税收公平＞税收遵从成本＞政府信用与支出结构＞税收负担。下面对税收负担、税收遵从成本、税收不遵从成本、政府信用与支出结构四个指标具体分析：

1. 税收负担指标分析

Y市小微企业增值税税负主要集中在2%～5%之间，其中，在2%～3%之间的企业占32.31%，在3%～5%之间的企业占43.08%。Y市小微企业以制造业为主，制造业又多为劳动密集型企业，人工成本所占比例大，而人工成本不能作为进项税额抵扣，但销项里包含这项成本，导致增值税税负偏重，影响税收遵从度。再者，因样本多为一般纳税人，小规模纳税人比重低，造成税收负担指标得分偏低。

Y市营改增后，虽然样本企业大多数都不在改革范围之内，但仍有53.85%的纳税人表示企业增值税税负或多或少有所降低，33.84%表示税负不变，12.31%的少量企业表示税负增加。这是因为对于制造业来说，需要频繁买进原材料，输出商品，营改增后物流运输成本上下家可以抵扣，使得税负减轻，部分运输成本占比很小的企业，可能效果并不明显。而新纳入增值税范围的交通运输业、现代服务业，因进项抵扣不足可能反而出现税负增加的现象，如：汽车运输企业在外地临时添加汽油、柴油或修理车辆时，很难取得增值税发票；软件企业固定资产少，人力资本多，人力资本无法抵扣等因素都会加重税负，因此有12.31%企业税负上升了，但是笔者相信随着营改增深入推行，增值税制不断完善，这些问题最终都会得到解决。

2. 税收遵从成本指标分析

税收遵从成本指标中得分由高到低依次为时间成本＞非劳务成本＞心理成本。在纳税申报中,81.54%的纳税人认为花费的时间成本较低或很低,40%的纳税人认为花费的非劳务成本较低或很低,只有29.23%的纳税人认为花费的心理成本较低或很低。时间成本最低,说明绝大多数纳税人认可税务机关的办税效率。非劳务成本相对较高,说明纳税人为了缴纳增值税支付了较高的额外非必要经济成本,这在无形中加重了纳税人的负担,易造成其对税收征纳的不满情绪,诱使不遵从行为发生,因遵从成本具有累退性,这一点反映在小微企业纳税人上尤其明显。心理成本最高,说明小微企业纳税人较为关注自身内心感受,认为在申报中产生的焦躁、不满等负面情绪引起的心理波动较大。小微企业由于自身规模小,管理不规范,利润较大中企业低的特点,极少进行税务咨询或选择税务代理的方式办税,心理成本无法转化为货币成本,因此,心理成本较大。

3.税收不遵从成本指标分析

税收不遵从成本的得分较高,在各项指标中排名第三。其中,76.92%的纳税人认为对偷漏逃骗抗税的打击处罚力度"比较大"或"非常大";86.93%的纳税人认为税务机关稽查水平"比较高"或"非常高";88.46%的纳税人"比较害怕"或"非常害怕"因偷逃增值税税而被税务局列入诚信"黑名单"或被媒体曝光。这代表Y市小微企业增值税税收遵从度较高一定程度上依赖税务机关的威慑力,即纳税人选择防卫性税收遵从。严厉的处罚,使小微企业偷逃税款取得收益的成本增加,当成本增加到大于等于收益的时候,任何一个理性的纳税人都不会选择不遵从行为。同时,还可看出,偷逃税款对小微企业自身信誉的损害及产生的心理负担,也无形地对纳税人的行为产生极大制约,对于看重企业诚信的企业主,也许名誉处罚会比经济处罚更有成效。

4.政府信用与支出结构指标分析

有超过半数的纳税人对"政府税收支出透明度高且支出结构合理"选择了"一般"、"基本不同意"和"完全不同意",略高于选择赞同数量。可见政府支出透明度与支出结构有待优化,还未满足大多数小微企业纳税人的期待。由于增值税的征收本身就是为了保证政府公共财政职能的实现,根据契约论,若纳税人认为政府支出不符合他们的利益,获得的公共服务与所缴纳的增值税款数额不匹配,就会破坏对政府的信任感,导致情感性的税收不遵从,即对政府支出使用方式不满,为发泄自身情绪,有意识逃避纳税。

(二)分年销售额测算增值税税收遵从度

从图1可以看出,虽然同属小微企业,但不同年销售收入的企业增值税税收遵从度仍存在一定的差异性和规律性。与以往年销售额越低遵从度越低的认知不同,Y市小微企业呈现出完全相反的特征,年销售收入在50万元以下的企业遵从度最高,随着年销售收入的提高遵从度呈递减的趋势发展。将各项指标具体分值相比较,可作出如下分析:

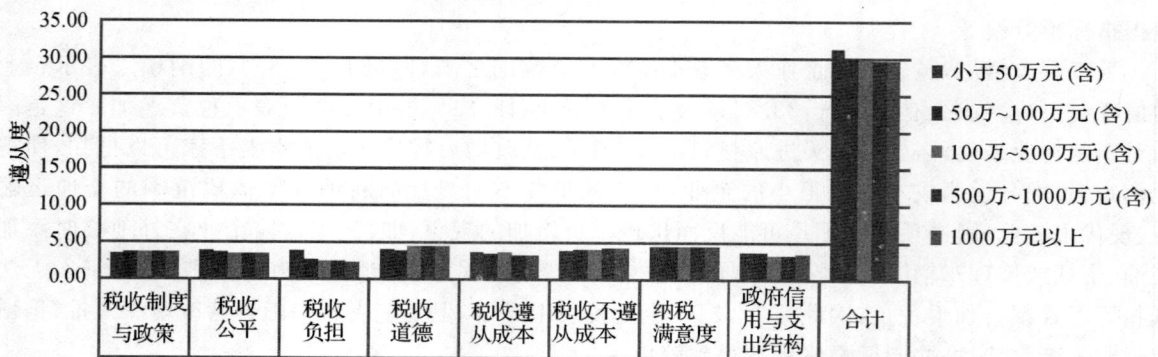

图1　不同年销售收入企业增值税遵从度比较

税收制度与政策指标得分大致上随企业年销售收入的提高而增加,将指标分解来看,年销售额由低到高的企业对获取政策信息渠道的评价依次为 4.06、4.20、4.06、4.09、3.95,差别微小,对增值增值税税制与政策的了解程度的评价依次为 3.13、3.17、3.24、3.35、3.49,递增趋势明显 。可见在信息畅通的前提下,年销售收入高的企业对增值税税制与政策更为关心,学习相关知识的主动性更强,对政策变化的敏感度更高。

年销售收入小于 50 万元的企业税收负担指标得分明显高于其他各项,对税收公平和政府支出结构的认可度也偏高。说明我国对利润较低的小微企业实行增值税税收优惠政策收效明显,极大减轻了增值税税负,提升了税收公平感,为这些企业的进一步发展提供良好的生存环境。

年销售额越高的企业税收不遵从成本的得分就越高,表明税务机关稽查水平、处罚力度对销售收入高的企业更有威慑力,销售收入高的企业也更看重企业信誉,销售收入较低的企业相对更易打"擦边球"。

税收遵从成本递减的特性在样本中反映并不明显,销售额低的企业反而遵从成本指标的得分高,这得益于 Y 市实行的小规模纳税人按季申报制,申报次数从原本的 12 次减少到 4 次,直接减少了纳税人的办税成本,对于需要购买发票的小规模纳税人,还减少了往返税务部门购买发票的次数,有效降低税收遵从成本的支出。

税收道德指标从总体上看年销售额高的企业得分高于年销售额低的企业,盈利低的企业纳税人偷逃税款的倾向更明显,更应加强道德教育。纳税满意度指标得分比较平均,且均在 4.4 分以上,说明 Y 市纳税服务优良,值得借鉴,税务机关对不同销售规模的纳税人能够一视同仁,不存在歧视和差别待遇。

(三)分经营模式测算增值税税收遵从度

从总体上看,三种经营模式企业的增值税税收遵从度由高到低为:批发零售型企业＞生产型企业＞服务型企业。遵从度虽有差别但差别很小且均与样本总体增值税税收遵从度 30.04 接近,可见 Y 市小微企业增值税税收遵从度的经营模式差别并不明显。如图 2 所示。

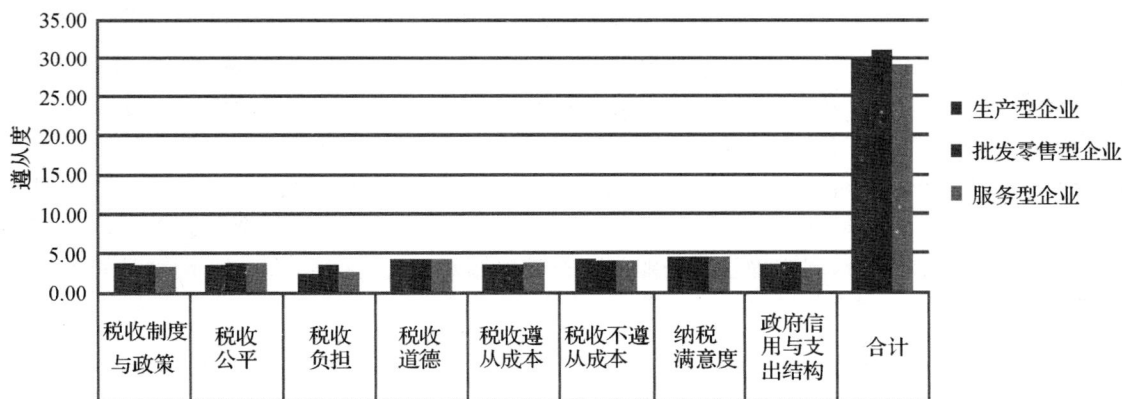

图 2　不同经营模式企业增值税遵从度比较

从具体指标看,批发零售型企业税收负担指标得分,明显高于生产型企业与批发零售型企业,同时其政府信用与支出结构指标得分也高于其他两类企业。56.52％批发零售型企业纳税人认为企业承担的税负较轻,而其他两类企业此比重均不超过 10％,这是由于 Y 市生产型企业主要涉及塑料、模具、不锈钢等行业,这些行业的税负率本身就高于批发零售业,部分服务型企业在营改增范围内,可能由于各种因素出现税负上升的现象,加之样本选择企业数较少,反映不全面,导致税负偏重;还可推断,政府信用与支出结构指标会在一定程度上影响纳税人对税负轻重的感知,若纳税人认为政府信誉良好,税收收入支出合理,提供的公共服务能够满足自身需要,就会自愿承担相应税负。反之,纳税人只能选择用私人资金补足缺失的公共服务与社会福利,加剧税收负担,产生不公平感。

四、政策建议

(一)税收征管激励与处罚并存

我国税务机关长期受严厉打击的征管模式的束缚,没有对激励方式做系统的研究,不良纳税人会受到严厉的处罚,但诚信纳税人却没有奖励,这显然是不合适的。特别对于易纳税不遵从的小微企业,一般采用严管重罚的征管方式,这样做固然树立了征税机关的权力权威,减少税收流失,提升不遵从成本。但若打击面过广,执法过严,处罚过高,也会造成社会资源的浪费,使得部分小微企业不堪重负而倒闭,挑起纳税人对征税机关的对立情绪,反而成为纳税人形成主动纳税遵从行为的障碍。

笔者认为,在激励政策方面,应在纳税信用评级制基础上增设"红榜",对纳税信用好,遵从度高的 A 级纳税人企业通报表扬,并给予一定的办税优惠政策,如:红榜上的企业可一次性领用最长期限(3 个月)的增值税发票用量、在税务机关专设的快捷窗口办理涉税事宜、拥有办理出口退税的优先权等优惠。实实在在地降低纳税人的税收遵从成本,利用小微企业趋利与从众心理,树立良好的榜样,实现共赢。在处罚政策方面,建议处罚体系向"轻罪更轻,重罪更重"的方向优化,即下调滞纳金征收比例且限定滞纳金征收上限最高不得超过滞纳税款本身,罚款幅度放窄,由 50%以上 5 倍以下修改为 50%以上 3 倍以下,更利于税务机关执法。在具体实施中应根据小微企业不遵从行为性质的恶劣程度制定不同的处罚方针:对在税务检查前主动自查补税小微企业,可以适当放宽处罚政策,正常收取应缴纳的欠税滞纳金,但赦免罚款;对被税务机关约谈后被动自查补税的小微企业,缴欠税滞纳金并从轻处一定的罚金;对经税务稽查,明确偷逃税等行为的小微企业,要加重处罚措施,除追缴税款和滞纳金外,再处较高额的罚金,其中态度恶劣,屡教不改的,直接处以 3 倍罚金,登上信用"黑榜",构成犯罪的,追究刑事责任,以此起到威慑作用,维护公平竞争的税收环境。

此外,处罚方式的选择应随当地文化环境进行调整。对于主观税收遵从度低,社会诚信缺失,小微企业纳税人税收观念落后,普遍抱有"国家的税收不偷白不偷"的思想,应以经济处罚和刑事处罚为主,辅以税收道德教育;对于主观税收遵从度高,纳税风气良好,诚信观念深入人心,经济发达、竞争激烈的地区比如 Y 市,则应加强对企业的信誉处罚和对纳税人的名誉处罚,酌情减轻性质较轻的税收不遵从行为的经济处罚和刑事处罚。

(二)提供优质纳税服务,降低税收遵从成本

1.拓展网上办税业务及涉税查询功能

"网上税务局"的业务范围由现有的申报纳税、开具发票逐步扩大到网上登记、网上认定、网上审批等在线办事服务及纳税人状态、企业纳税信用等级、重大税收违法案件等涉税查询,由实体办税向互联网办税转化,缓解纳税人日益增长的办税需求与税务机关固定的办税资源之间的矛盾,为纳税人提供全方位、全时段便捷高效的纳税体验。

2.简化办理程序,提供舒适纳税环境

Y 市小微企业纳税人纳税服务满意度极高,表明 Y 市税收遵从度偏高与纳税人享有优质的纳

税服务之间有直接的联系,以下措施对其他地区加强小微企业纳税服务,降低遵从成本,具有积极的借鉴意义。

在借鉴银行窗口服务经验的基础上推出"免填单"服务,范围涵盖纳税登记、一般纳税人资格认定、出口退(免)税认定、小规模纳税人纳税申报等多个环节,使原本应由纳税人手工填写的内容改为由工作人员依托 CTAIS 系统,从原有的档案数据中调取和电脑录入相关信息,纳税人只需对表格内容核对后签字即可,摒弃原有复杂的表单,降低填写差错率,减少纳税人的心理成本与时间成本。

为解决"营改增"试点过程中出现的代开发票等待时间长问题,积极组织相关人员,自主开发出网厅申请代开发票软件。纳税人只要事先通过网厅进行申请,办税服务大厅人员经过审核后可提前开好发票,并通知纳税人领取发票。试点纳税人平均开票时间由原来的 15 分钟缩短到 1 分钟,大幅度节省纳税人时间成本。

结合当地小微企业经营模式特点,实行生产型企业出口退税复审权限前移,为生产型企业开辟专业化绿色快速通道,退税提速明显,加快了小微型出口企业资金运转。简化当地小规模纳税人申报次数,由按月申报调整为按季申报,减少申报工作量及小规模纳税人往返税务部门购买发票的次数,缓解其资金压力,扩大免交增值税的企业范围,使更多企业享受税收优惠政策。

3. 以小微企业纳税人需求为导向提供个性化服务

迎合"营改增"政策的提速扩围,税务部门应充分发挥监督职能,从短信摸底、电话深入、专项整改、及时反馈四步入手,为小微企业纳税人搭建涉税技术服务领域的"消费者协会"。定期从涉税技术服务单位采集派工单数据,依据派工单向纳税人发送短信,邀请纳税人对服务质量和服务水平进行评价。在分析评价结果的基础上,国税部门对纳税人回复的"一般"及"不满意"两种情况进一步从响应速度、服务态度、工作程序、技术水平等方面进行电话回访,深入了解情况,并在梳理回访情况后,将"不满意"事项归纳为不同的专项,针对每一专项提出整改意见转交给技术服务单位,同时再向纳税人进行结果反馈和后续的满意度调查。将纳税服务评价监督由部门本身扩展到涉税技术服务单位,为纳税人构建起全面的涉税服务评价体系。

(三)打造诚信政府,强化遵从动机

1. 转变政府职能,规范财政支出结构

我国政府支出结构中用于固定资产投资、行政管理、三公消费等经济性支出比重大,而用于公共服务和社会福利的公共性支出比重小。说明政府支出还不能完全满足公众偏好,契约履行度不够,从而激发纳税人的违约动机,影响税收遵从度。政府应精简机构,裁减冗员,压缩行政管理支出,提高行政经费使用效率,降低税收无效消耗。建立绩效评价机制,以是否符合纳税人利益为唯一评判标准,根据不同部门、不同工作量制定不同经费支出标准,将三公经费控制在合理的范围。建设服务型政府,调整公共财政支出结构,更多向教育、医疗、卫生等民生项目倾斜,合理配置社会资源,提高公共服务支出比例,扩大公共服务覆盖面,加快建立全民社会福利体系。

2. 完善财政支出监督机制

政府应充分尊重纳税人的知情权、建议权、参与权、选择权,建立有效的权力监督机制,推行公共财政透明化。为尽可能的压缩官员的权力寻租的空间,财政透明不应仅限于公共预算环节,还应包括资金使用的前期决策、中期执行与后期绩效评价,让纳税人对支出来源、支出方向、支出数额、支出过程和支出效果了若指掌,既清楚钱花在哪,又清楚钱怎么花,避免监督的滞后性,提高财政资金的运营效率。

发挥新闻媒体的外部监督作用,监督政府公开平台是否高效畅通,公开内容是否全面细致,帮助政府听取民意调整资金流向,约束公共权力行使,让公共权力在阳光下运行。

在各地设立小微企业纳税人协会,广泛涵盖当地不同行业与经济类型的小微企业,代表小微企业纳税人利益,反映合理诉求,激励政府部门效率,限制税负,防止征税机关给予不公正待遇,提供政府支出明细信息,特别是三公经费等敏感性支出明细账,为小微企业纳税人与政府之间搭架起信任的桥梁。

3.加强对小微企业财政扶持力度

政府应降低小微企业创业补贴的申请门槛,提高创业补贴标准,设立专项发展基金,给予其资金支持,引导其产业结构优化与升级,同时,积极与商业银行及担保公司合作,通过给予金融机构财政补贴的形式,让小微企业在融资中享受优惠的贷款利率及担保费用,缓解融资瓶颈,并允许对拥有核心自主知识产权或专有核心技术的小微企业优先贷款,引导金融机构加大对科技创新产业的信贷投放,解决小微企业的资金问题;开辟废旧场地、工业库房等闲置土地资源,以低廉的价格租给小微企业,解决小微企业的土地问题;设立小微企业就业专项资金,对小微企业员工职业技能培训费用给予补贴,并鼓励高等院校、科研院所等专业技术人才到小微企业兼职,解决小微企业用工难的问题;为小微企业搭建多元化的综合服务平台,提升小型企业创业园、微型企业孵化园、科技孵化器等创业基地的服务能力,为小微企业提供投资咨询、财务培训、融资政策、法律维权等方面的帮助,解决小微企业生存环境不佳的问题。

参考文献:

[1]李胜良.纳税人行为解析[M].大连:东北财经大学出版社,2001.

[2]梁朋.税收流失经济分析[M].北京:中国人民大学出版社,2000.

[3]麻勇爱.纳税人遵从理论及其借鉴意义——关注纳税人的"个性"特征及个体利益[J].涉外税务,2002(4).

[4]孙玉霞.税收遵从:理论与实证[M].北京:社会科学文献出版社,2008.

[5]王锐.税收不遵从的识别研究[M].北京:中国税务出版社,2009.

[6]薛菁.企业税收遵从成本:理论与实证[M].北京:经济出版社,2011.

[7]杨得前.税收遵从的理论研究及其在税收管理中的应用[M].北京:中国财政经济出版社,2007.

[8]伍云峰.税收遵从度的衡量与我国税收遵从度的提高[J].科技广场,2008(11).

[9]王玮.纳税遵从意识调查分析及建议[J].财税纵横,2010(11).

[10]薛菁.税收遵从成本对企业纳税遵从的影响分析——基于企业逃税模型的视角[J].经济与管理,2011,25(2).

徐志摩和《留别日本》

吴蓉斌

（浙江财经大学东方学院）

摘　要：中国近代历史上的著名欧美留学派诗人徐志摩身前曾留下很多关于离别的诗词，不仅有西欧为题材的诗，也有以东洋为背景的作品。本文选取了徐志摩创作的《留别日本》一诗，旨在分析徐志摩《留别日本》的创作背景，解析诗词中所包含的思想，从中窥探这位资产阶级文人的创作意图和其独特的日本观。

关键词：博爱；艺术；徐志摩；留别日本

一、徐志摩和《留别日本》

著名的诗人徐志摩出生于浙江海宁，他是新月派诗人的代表。这位资产阶级绅士文人一直以来被称为欧美留学派的诗人，创作作品很多以欧美求学和游历为时代背景。徐志摩的作品中也有关于东洋的诗作，相对而言数量较少，《留别日本》就是其中一篇，但一直埋没于其他诗作之中，甚至比同期的以日本为题材的《沙扬娜拉》来的还要无名，并不为人所熟悉。

诗歌共六联，原文如下：

　　我惭愧我来自古文明的乡国，
　　我惭愧我脉管中有古先民的遗血，
　　我惭愧扬子江的流波如今混浊，
　　我惭愧——我面对着富士山的清越！

　　古唐时的壮健常萦我的梦想：
　　那时洛邑的月色，那时长安的阳光；
　　那时蜀道的啼猿，那时巫峡的涛响；
　　更有那哀怨的琵琶，在深夜的浔阳！

　　但这千余年的痿痹，千余年的懵懂：
　　更无从辨认——当初华族的优美，从容！
　　摧残这生命的艺术，是何处来的狂风？——
　　缅念那遍中原的白骨，我不能无恸！

　　　　我是一枚漂泊的黄叶,在旋风里漂泊,

　　　　回想所从来的巨干,如今枯秃;

　　　　我是一颗不幸的水滴,在泥潭里匍匐——

　　　　这干涸了的涧身,亦曾有水流活泼。

　　　　我欲化一阵春风,一阵吹嘘生命的春风,

　　　　催促那寂寞的大木,惊破他深长的迷梦;

　　　　我要一把倔强的铁锄,铲除淤塞与臃肿,

　　　　开放那伟大的潜流,又一度在宇宙间汹涌。

　　　　为此我美慕这岛民依旧保持着往古的风尚,

　　　　在朴素的乡间想见古社会的雅驯,清洁,壮旷;

　　　　我不敢不祈祷古家邦的重光,但同时我愿望——

　　　　愿东方的朝霞永葆扶桑的优美,优美的扶桑!

　　这首诗的整体基调是,诗人对扶桑国日本的羡慕和对盛唐的怀念,体现了对国家前途的忧虑和强烈的个人抱负。其中第一联,第六联描绘了徐志摩对日本的异国情调和文化的倾倒,四个"我惭愧"和一个"我羡慕",很直白地表露了作者的憧憬之情,对日本的称呼也使用了中国古汉语中具有神话色彩的海外仙境"扶桑"一词,将日本作为一个理想的国度想象,充满了浪漫主义的色彩。此外第二联、第三联则是通过"古唐时的壮健"、"洛邑月色"、"长安的阳光"对盛唐古典文化的追忆,吐露出对当时中国社会的不满,以至于作者认为"千余年的痿痹,千余年的懵懂:更无从辨认——当初华族的优美,从容!"第四联诗人把自己比作"一枚漂泊的黄叶"、"一颗不幸的水滴"发出了悲哀的感叹。但同时,第六联却表示自己"欲化一阵春风"、"惊破他深长的迷梦"、"铲除淤塞与臃肿"、"开放那伟大的潜流",吐露了他个人的抱负,强国的梦想。诗歌文采华丽,整体情绪高昂,情感真挚,惆怅但不失希望。

二、《留别日本》的创作年代

　　徐志摩和日本的交集很少,且时间短暂。他在一生中曾经有三次作为游客在日本的短期滞留,第一次是1918年8月,徐志摩乘坐南京号前往美国留学。途中经过东京曾做过短暂停留。徐志摩在《落叶》一文中曾这样回忆:"早七年我过太平洋时曾经到东京去玩过几个钟头,我记得到上野公园去,上一座小山去下望东京的市场,只见连绵的高楼大厦,一派富盛繁华的景象。"第二次是1924年5月,徐志摩随大诗人泰戈尔访日,受到了日本方面的接待。《落叶》中他曾回忆说:"这回我又到上野去了,我又登山去望东京城了,那分别可太大了。房子,不错,原是有的;但从前是几层楼的高房,还有不少有名的建筑,比如帝国剧场、帝国大学等等,这次看见的,说也可怜,只是薄皮松板暂时支着应用的鱼鳞似的屋子,白松松的像一个烂发的花头,再没有从前那样富盛与繁华的气象。十九座的城子都是叫那大地震吞了去烧了去的。"徐志摩第三次到日本是1928年6月,他经美国前往欧洲旅行途中来到日本,经过神户、横滨抵达东京。《神户又新日报》1928年6月20日的新闻上发表了《南京政府の或る使命を带びて(带着南京政府使命)》一文,记载了徐志摩一行抵达日本的时间、途径等消息。

　　《留别日本》一诗写于1924年夏,是徐志摩作为泰戈尔的陪同人员访日归国时的作品。20世纪20年代的中日关系正处于一种相当紧张的情况之下。但徐志摩的这首诗中丝毫没有任何对日本的敌对情感,充满了对日本的纯粹的赞美和憧憬。这当然和徐志摩独特的身份、思想以及徐在日本的经历都有关系。

　　诗人泰戈尔 1924 年访问日本。朝日新闻邀请其在大阪、东京等地做演讲,为泰戈尔支出在日本访问期间的费用。作为泰戈尔随同人员的徐志摩也得到了日本方面相当的经济上的援助,受到了贵宾一般的待遇。这和其他从事中日之间事务的普通中国人的感受完全不同。徐志摩在游历日本的时候,正是 1923 年关东大地震后的一年。他在目睹了地震衰败景象的同时,也目睹了日本民众在地震之后努力重建家园的样子,因而对日本人产生了好感。这也激发了他反思当时中国国民性格和存在的社会问题。诗歌对日本民众的这种重建家园的勤勉充满了赞许之意,对自我则体现出批判和审视。这也与诗人在《落叶》中的描述可以得到佐证:"我们勇敢的邻居们已经交了他们的考卷;他们回答了一个干脆的干字,我们不能不佩服。我们不能不尊敬他们精神的人格。不等那大震灾的火焰缓和下去,我们的邻居们第二次的奋斗已经庄严地开始了。不等命运的残酷的手臂放松,他们已经宣言他们以积极的态度对命运宣战。这是精神的胜利,这是伟大,这是证明他们有不可动摇的信心,不可动摇的自信力;证明他们是有道德的与精神的准备的,有最坚强的毅力与忍耐力的,有内心潜藏着的精力的,有充分的后备军的。""再看日本人天灾后的勇猛与毅力。我们就不由得不惭愧我们的穷,我们的乏,我们的寒伧。这精神的穷乏才是真可耻的,不是物质的穷乏。我们所受的苦难都还不是我们应有的试验的本身,那还差得远着哪;但是我们的丑态已经恰好与人家的从容成一个对照。"

三、《留别日本》的博爱思想

　　徐志摩的《留别日本》是一篇能够体现出徐志摩博爱思想的诗作。徐是深受泰戈尔的影响的人物,他自己也承认自己深受泰戈尔博爱思想的影响。徐志摩在《诗人太(泰)戈尔》中曾这样说:"我们实在不配说太(泰)戈尔的诗,因为我们读了他的诗,只是深深感到他的伟大的人格,热烈的爱情,超越的思想,和小孩子一般的纯洁精神。"徐志摩的好友胡适曾这样评论他:"他的人生观是一种'单纯信仰',这里面有三个大字:一个是爱,一个是自由,一个是美。"徐志摩在给陆小曼的《爱眉小札》中曾这样写:"我没有别的方法,我就有爱;没有别的天才,就是爱;没有别的能力,只是爱;没有别的动力,只是爱。"因为徐志摩是一个很有爱的人,他的诗歌中并没有掺杂过多的历史政治因素,徐志摩的思想,他认为世界人人平等,种族和政治偏见应该抛弃。人们不应该对日本的地震幸灾乐祸,而要同情。他的这种思想在当初的年代是非常罕见的。徐志摩感动于日本民众一心一意重建家园的努力,认为这是东洋精神的胜利。他的诗歌《留别日本》最后一句,"我不敢不祈祷古家邦的重光,但同时我愿望——愿东方的朝霞永葆扶桑的优美,优美的扶桑!",既饱含了对中国强盛的期望,同时也流露出对地震后日本的祈祷,博爱思想明显。

四、《留别日本》中的艺术与生活观

　　1922 年,从英国归国的徐志摩曾经在清华大学用英语做了 ART AND LIFE 的演讲。徐志摩结合对希腊文化和文艺复兴精神的分析,对艺术和生活得出如下结论:"我们没有艺术正因为我们没有生活……我们中国人虽然是一个有善德有品行的种族,但是我们却从来没有完全认识自己、表达自己……艺术就是对生活的觉悟","一切伟大的艺术作品都必须包含生活"。

　　《留别日本》作品较为明显地体现了诗人关于艺术和生活关系的视角。作品中第二联描绘了对盛唐文化的追忆,"古唐时的壮健常萦我的梦想:那时洛邑的月色,那时长安的阳光;那时蜀道的啼

猿,那时巫峡的涛响;更有那哀怨的琵琶,在深夜的浔阳!"而这些内容恰恰是徐志摩在他短暂的日本体验中感受到的,诗歌讴歌了日本文化并不是单纯的日本文化,而是深受唐代文化熏陶,存有唐朝遗风的日本文化,而这些东西,却是中国曾经拥有,但在实际的中国社会缺失的东西。因此,徐志摩在第三联发出了"摧残这生命的艺术,是何处来的狂风?"的感慨,这和徐志摩"我们没有艺术正因为我们没有生活"的以往的观点一致。也正因为如此,诗人在诗歌的最后第六联直白地再次表露了对日本的羡慕,"为此我羡慕这岛民依旧保持着往古的风尚,在朴素的乡间想见古社会的雅驯,清洁,壮旷。"这是对日本生活中保留的唐朝古风的一种认可,用艺术的视角领略了东洋生活的美,他认为东洋的日本是一个艺术和生活成功结合的国家。

五、《留别日本》的局限性

徐志摩的留别日本创作于对日本的赞美主要来自两部分,对唐朝遗风的眷恋,对日本国民地震后重建家园的努力的赞许。尽管徐志摩被地震灾害后的日本人深深地感动了,但徐却忽略了关东大地震时候日本人残害中国人的事件,1923年关东地震爆发时候,日本人日本散布"朝鲜人要举行暴乱"的流言,军队、警察和市民杀害了数千名朝鲜人和数百名中国人。当然,这种个体的事件也许徐志摩并不知情。但徐志摩作为一个国人不会不知道收回旅大(旅顺,大连)的运动。徐志摩对于日本的印象可以说是片面的、单纯的,某种程度上来说是过于天真。诗歌本身尽管唯美动人,但赞美日本民族的诗歌在当时是难以为国人所接受的,这或许就是这首诗歌相对无名的原因。

六、结　语

徐志摩的《留别日本》是徐志摩第二次出访日本归国时的创作,诗歌流露出对有着唐朝遗风的日本的羡慕,充满了赞美。诗歌唯美,博爱,体现了他对艺术和生活观的看法。虽然徐志摩被地震灾害后的日本人深深地感动了,但同时也忽略了日本带给中国的民族阵痛。徐志摩对于日本的印象可以说是片面的、单纯的,某种程度上来说是非常天真。这和他资产阶级知识文人的身份有关,也和他向往的泰戈尔超越性的思想相一致。《留别日本》是一首唯美的诗,但也是单纯的诗、片面的诗,反映了中国近代知识分子中存在的一种单纯美好的日本观。

参考文献:
[1] 裴亮.「雲遊詩人」徐志摩の目に見る日本 [J].中国文学論集,2010.
[2] 胡适.追悼志摩[J].新月月刊,1932(4).
[3] 黄立安.生活就是艺术——论徐志摩的诗化生活艺术观[J].福建农林大学学报,2012(15).
[4] 徐志摩.徐志摩文集上[M].北京:长城出版社,2010.
[5] 徐志摩.徐志摩文集中[M].北京:长城出版社,2010.
[6] 徐志摩.徐志摩文集下[M].北京:长城出版社,2010.

清华半知交:吴宓与温源宁的交往

易永谊

（浙江财经大学东方学院人文艺术分院）

摘　要:吴宓与温源宁的关系,历来被定格于因"人物剪影"而起的交恶说,其实背后充满误读与偏见。作为否定性的他者,吴宓被置于新文学的对立面,温源宁则基本被忽略。本文以吴宓日记为主,梳理吴宓与温源宁在北大与清华共事时期的交往,同时厘清二者学生钱钟书跟他们的关系,真实地还原这些知识分子之间的师友关系。

关键词:吴宓;温源宁;钱钟书;清华大学;知识分子交往

在近代学人里,吴宓是一位特立独行的人物。季羡林曾精辟地概括其师奇特而矛盾之处:"他古貌古心,同其他教授不一样,所以奇特。他言行一致,表里如一,同其他教授不一样,所以奇特。别人写白话文,写新诗;他偏爱写古文,写旧诗,所以奇特。他反对白话文,但又十分推崇白话写成的《红楼梦》,所以矛盾。他看似严肃、古板,但又颇有些恋爱的浪漫史,所以矛盾。"[1]但是,后世坊间文人喜欢写吴宓先生的婚恋故事,而不去探究他复杂的思想观念的实质。所以,20世纪90年代,董乃斌先生就指出,必须重新审视吴宓先生及其他被误解和忽略的,且在现代文学史上多少有所贡献的作家学者,厘清历史事实,并给以适当评价。由此,深陷误解之中的吴宓与温源宁的交往,也是值得探究的。[2]

一

在那个年代,温源宁给人印象也是一位特立独行的教授,"确实是英国化了的 gentleman,用中文说难免带有些许的嘲讽意味,是洋绅士。身材中等,不很瘦,穿整洁而考究的西服,年岁虽然不很大,却因为态度严肃而显得成熟老练。永远用英语讲话,语调顿挫而典雅,说是上层味也许还不够,是带有古典味。中国人,英语学得这样好,使人惊讶。"[3]温源宁在任教于北京大学期间(1924—1933),并不涉及北京知识界的新旧两派(胡适、吴宓)之争。然而,他奉行英国剑桥知识分子的自由主义,在北京也广泛结交与趣味相近的喜欢读书的知识分子。他曾经想组织类似布鲁姆斯伯里的知识分子集会,以资谈论学术交换知识。[4]

温源宁与吴宓的交往,主要集中在1928年到1930年这三年。从吴宓日记中,可以发现温源宁

① 季羡林:《始终在忆念着他》,《追忆吴宓》,李继凯、刘瑞春选编,北京:社会科学文献出版社,2001年,第10页。
② 董乃斌:《世纪之交的学术话题》,《解析吴宓》,李继凯、刘瑞春选编,北京:社会科学文献出版社,2001年,第21页。
③ 张中行:《负暄琐话》,哈尔滨:黑龙江人民出版社,1986年,第51-54页。
④ 吴学昭编:《吴宓日记》第4册(1928—1929),北京:生活·读书·新知三联书店,1998年,第66页。

到清华大学兼课,常到美籍教授温德(Robert Winter,1887—1987)处落脚,所以吴宓总是到温德处与温源宁晤谈。吴、温二人首次见面被记录是 1928 年 3 月 22 日,①此时也是温源宁前往清华兼课之伊始。当时温源宁为清华学生讲"现代诗歌的形式与精神"(Form & Spirit of Modern Poetry),吴宓曾前往听课,为其学养所折服,并自叹不如。② 他觉得,虽温源宁主张与他不尽相同,但是非常佩服温读书极多。③ 所以,吴宓主动与王文显商谈温源宁兼任清华大学的聘约,此举也算是两个文人之间的惺惺相惜。④

在两人交往中,第一件事就是吴宓托温源宁为他的朋友毛彦文女士谋求教学职位。此时温源宁恰好为了北大英文系复课,游说清华校长允许清华教员赴北大兼课,同时也特请吴宓前往任教。⑤ 最终,吴宓表示愿意赴北平大学北大学院(北大被改组后的名称)兼任二课(浪漫运动史、翻译术)。促使吴宓改变主意的,主要是为了请温源宁为毛彦文安排工作,因为后者答应聘毛彦文为英文系秘书。⑥ 在当时北平高校人才急缺的情况下,温源宁被好几个学校争先聘为学长,所以对各校的功课钟点及教员人事安排,都有支配的权力。⑦ 事实上,温源宁确实为吴宓的事情颇为用心,为毛彦文提供两种机会:"(一)协和医院之宣传员(英文),月薪百二十元。虽狭隘而薪金可靠。(二)北平大学英文系秘书(月薪六十元)兼女大英文教员(八十元或百元)方面较广,而一二月内,或不能领得薪金。"⑧温源宁对协和方面没有更多话语权,但可安排毛彦文在女大(北平大学女子学院)及师大(国立北平师范大学)教授英文。⑨ 虽然温源宁在积极筹备英文系教学工作,但是由于政治时局的关系,北大开学一时无期而安排工作也不确定。此后,温源宁就任女子学院教务长职位,答应吴宓"为毛彦文在女大预科派定英文作文及翻译课,凡七小时,每时薪金四元。聘书日内可发。又女师大亦可给毛彦文钟点,约四小时,须毛彦文速来。"⑩但是,此番努力最终因毛没有到任而夭折。到了 1929 年,吴宓仍然希望温源宁能够帮他为毛彦文找工作。温源宁答应等二月下旬北大开学,女大师大等处得力之教员,或将改调至北大,若是则在女大等处当可为毛彦文安插,但不能定。⑪ 但是,最终还是因为毛未到北平,吴宓的努力终归付之东流。

第二件事就是,吴宓与英商中国图书公司(China Booksellers Ltd.)之间关于一本书的纠葛。吴宓本为爱书之人,甚至购《兰姆文集》(The Works of Charles Lamb)一册,送陈源及凌叔华为婚礼。⑫ 在当时,时常光顾西文书店,了解与购买国外新书,成为吴宓等留学归国的知识分子获得西方学术资讯的重要渠道。同时,吴宓也因为爱书之切,多次在自己主持的《大公报·文学副刊》上介绍德国人斯宾格勒(Spengler,1880—1936)《西土沉沦论》(今译《西方的没落》),并明告读者可去天津法文图书馆购买该书英译本。这样造成中国图书公司老板犹太人瑞金(Leo Samuel Regine)与另一个外文书店法文图书馆(The French Bookstore)老板魏智(Henri Vetch,1898—1978)的争讼。前者认为吴宓特地为魏智刊载广告,"疑为 Vetch 所指使,将讼 Vetch 并讼《大公报》以破坏名誉之

①　吴学昭编:《吴宓日记》第 4 册(1928—1929),第 38 页。
②　吴学昭编:《吴宓日记》第 4 册(1928—1929),第 59 页。
③　吴学昭编:《吴宓日记》第 4 册(1928—1929),第 66 页。
④　吴学昭编:《吴宓日记》第 4 册(1928—1929),第 146 页。
⑤　吴学昭编:《吴宓日记》第 4 册(1928—1929),第 159 页。
⑥　吴学昭编:《吴宓日记》第 4 册(1928—1929),第 166-167 页。
⑦　吴学昭编:《吴宓日记》第 4 册(1928—1929),第 169 页。
⑧　吴学昭编:《吴宓日记》第 4 册(1928—1929),第 171 页。
⑨　吴学昭编:《吴宓日记》第 4 册(1928—1929),第 173 页。
⑩　吴学昭编:《吴宓日记》第 4 册(1928—1929),第 174 页。
⑪　吴学昭编:《吴宓日记》第 4 册(1928—1929),第 193-194 页。
⑫　吴学昭编:《吴宓日记》第 3 册(1925—1927),北京:生活·读书·新知三联书店,1998 年,第 188 页。

罪。"(1929年1月26日)①面对瑞金的诉讼威胁,吴宓很后悔自己多事,一方面写信给魏智道歉,另一方面请温源宁居中调停。虽然,温源宁因担心自己被视为魏智的说客而没有答应,但是这件事可能此后也自然平息。

二

书籍广告的风波,并没影响到吴宓与温源宁之间的交往。1929年2月2日,吴宓在清华大学代替温源宁考试二年级英文。2月5日,吴宓拜访温源宁于其宅,并答应温源宁的邀请,前往女大任教《英国浪漫诗人》课二小时,同时取回上一年年12月北平大学致毛彦文的聘书。② 3月6日,温源宁又邀吴宓到北平大学北大学院兼课,每星期任《古代文学史》及《翻译术》各二小时,共四小时,为讲师,月薪一百元。③ 在此期间,温源宁与吴宓应该说非常密切。吴宓经常到温德教授处找温源宁与温德聊天,或者温源宁到吴宓住处拜访。他们之间的谈话不止于学问,而且还谈到如何对待女学生,以及聊到美国女学生写情书给温德的话题。④ 4月6日,吴宓赴南长街东河沿十五号温源宁宅中赴宴,客人是温源宁的外国友人瑞典学者喜龙士(Osvald Sirén,1879—1966)及清华同事温德等。⑤ 可见,吴宓由此也涉足于温源宁的交际圈子。

在吴宓日记之中,温源宁是经常出现的人物,或与之谈话散步、或邀约会友,不一而足,多达数十处。其中,吴宓也对温源宁的言论观点有所记录,例如1929年4月22日,"温述今世新派知识阶级中人理性与情感冲突之苦。大率极端看透一切,欲爱之信之而不能,于是悲痛莫解,此吾侪所心历身受者也。"⑥此话对于婚姻和恋爱都不顺利的吴宓而言,让他印象深刻。同时,此话也表明温源宁了解吴宓的矛盾心境。所以,在吴宓离婚之后,温源宁跟吴宓又谈人生问题。他认为吴宓与陈心一并不般配。"又谓彼亦深信男性之男子应配女性之女子,女性之男子应配男性之女子之说。"⑦而吴宓的理想佳偶是一个善于办事能出主意,又赞许他的文学兴趣及工作的女子。温源宁表示认可吴宓的想法,并劝他出洋游玩,既可忘掉烦恼,又可以获得某些新观点。事实上,吴宓采纳了温源宁的建议,于1930年9月至1931年9月赴欧游学。

一时间,温源宁与吴宓两人交往甚好。1930年4月28日,温源宁在吴宓处写稿;29日吴宓翻译温源宁《现代诗人》演说稿,并拟将该译文刊登于他负责的《大公报·文学副刊》;30日温源宁要求吴宓在译文中删去"妓妻"等字。吴宓由此感慨"甚矣,人之伪善而畏俗也"。⑧ 然而,吴温两人的疏远似乎不是因此而起。温源宁于1930年5月8日在北平中西人士所组织的万国美术所(Peking Institute of Fine Arts),以英语发表演讲《现代诗人》。随即,先前由吴宓翻译的演讲稿刊发于5月20日的《大公报·文学副刊》,译文完整标题为《现代诗人:对现代生活的态度》,并概括其主旨为论述现代西方诗人对于现代生活之态度,并将四位诗人译为劳伦斯(D. H. Lawrence,1885—1930)、戴拉美(Walter de la Mare,1873—1956)、散保(Carl Sandburg,1878—1967)与伊略脱(T. S. Eliot,1888—1965)。"兹撮记温君演讲大意如下。至所引诵(以为例证)之诗多篇。因传译不易。故并其

① 吴学昭编:《吴宓日记》第4册(1928—1929),第201页。
② 吴学昭编:《吴宓日记》第4册(1928—1929),第206-208页。
③ 吴学昭编:《吴宓日记》第4册(1928—1929),第225页。
④ 吴学昭编:《吴宓日记》第4册(1928—1929),第228、230-233、236页
⑤ 吴学昭编:《吴宓日记》第4册(1928—1929),第238页。
⑥ 吴学昭编:《吴宓日记》第4册(1928—1929),1998年,第244页。
⑦ 吴学昭编:《吴宓日记》第5册(1930—1933),北京:生活·读书·新知三联书店,1998年,第6页。
⑧ 吴学昭编:《吴宓日记》第5册(1930—1933),第64-65页。

篇名并从略。"①事实上,吴宓并没有完整地翻译出温源宁的演讲稿,而后在 1932 年 9 月才有顾绥昌译出的完整版演讲稿《现代英美四大诗人》。② 即使如此,这个由吴宓节录的译稿,也堪称吴宓与温源宁的文字之谊。

　　吴宓与温源宁关系的疏远,应该是起因于温源宁与王文显之间的矛盾。在 1929 年 12 月 30 日,吴宓称温源宁在清华试图挑战外文系主任王文显,结果事情泄露于外。温源宁怀疑是吴宓将此事告诉了陈逵,所以陈逵劝告吴宓不要承认此事,以免陷入纠纷而受危害。吴宓虽然对陈逵表示无足轻重,但是他也感叹"人情之复杂。处世之困难"。③ 1930 年 9 月 4 日,吴宓拜访王文显。"王又谓温源宁近曾荐陈逵到清华任教授云云。宓始知逵不受清华聘,乃由王素仇视温,以温荐逵,故拒之耳。旋宓谓逵已赴南开,王乃甚怒温。因之,述其不满于温之处。"④按照吴宓所述,王文显与温源宁的矛盾,致使陈逵无法入聘清华,远赴南开任教。但是,吴宓在此扮演角色,并非他自以为的那样光明磊落。实际上他是有意倾向于王文显,甚至拒绝承认自己是温源宁的好友。

　　9 月 5 日,吴宓就写信给王文显表明自己的忠心:"略谓宓在本系,愿极力拥护王为主任,宓无意争此职位。但若他人来,则宓亦不让,出而自为。又述宓与温之关系,盖恐王疑宓谓温之好友,而对宓敌视,故为此函解释之。"⑤看来,历史的事实是,吴宓为了自己在清华外文系的地位,背弃了一向交好的温源宁。可是,等到第二天,吴宓就为自己的行为而心生悔意,想索回给王文显的效忠信而遭拒绝,只好找理由安慰自己:"以温固无道德,而王亦不讲信义也。"⑥最终,王文显认可了吴宓对他的忠心,表示他对吴宓非常信任,两人利害攸关,可以互相帮助。由此,吴宓与王文显结成同盟,那么疏远温源宁是必然的。在吴宓出国后,王文显甚至去信告知他,温源宁等人在背后轻笑吴宓。⑦

　　以上钩沉皆出自吴宓的个人记录,私人书写的历史未必全部真实。例如,温源宁对王文显未必有小人之心。日后在《王文显先生》一文中,温源宁高度赞扬王文显对于清华的贡献,"他是固定的设备。没有人,清华就不是清华了",赞赏其能力与威望,并认为他是一位理想的系主任,在动乱期间维持清华外文系的稳定。⑧

三

　　吴宓与温源宁之间的"交恶说",大抵源于温源宁于 1934 年 1 月 25 日在《中国评论周报》(*The China Critic*)的"知交剪影"(Imperfect Sympathies)栏目里,发表过一篇《吴宓先生》,后收入于《一知半解》(*Imperfect Understanding*,1935),并以首篇文章出现。对于这篇写吴宓的中文版,当时中国人最早读的是林语堂 1934 年的译文,其中对吴宓的肖像画描述为:"但是雨生的脸倒是一种天生禀赋,恢奇的像一幅讽刺画。脑袋形似一颗炸弹,而一样的有爆发性,面是瘦黄,胡须几有蔓延全局之势。"⑨可能由此,旁观好事者就想当然地归罪温源宁在嘲笑讽刺吴宓了。同为清华同事的毕树棠,在后来写道:"30 年代,有一位北大英文教师,写了一本散文集《不完全的了解》,第一篇写的

①　温源宁:《现代诗人》,吴宓译,天津《大公报·文学副刊》,1930 年 5 月 20 日,第 22 期。

②　温源宁:《现代英美四大诗人》,顾绥昌译,1932 年 9 月《青年界》第 2 卷第 2 期。

③　吴学昭编:《吴宓日记》第 4 册(1928—1929),第 313 页。

④　吴学昭编:《吴宓日记》第 5 册(1930—1933),第 112 页。

⑤　吴学昭编:《吴宓日记》第 5 册(1930—1933),第 113 页。

⑥　吴学昭编:《吴宓日记》第 5 册(1930—1933),第 113 页。

⑦　吴学昭编:《吴宓日记》第 5 册(1930—1933),第 146 页。

⑧　温源宁:《我的朋友胡适之……:现代文化名人印象记》,沈阳:辽宁教育出版社,2006 年,第 31-32 页。

⑨　温源宁:《吴宓》,林语堂译,上海《人间世》,1934 年 4 月 20 日,第 2 期。

就是吴宓。我记得有一天在吴公屋里有好几个人，有一位当面问吴对于那篇文章的意见，同时大家也都注意倾听，可吴只是微笑着摇头不止，大家都很失望，最后也都满足于不言不笑之中了。"①其实，温源宁的原题目是 Mr. Wu Mi, a Scholar and a Gentleman，此文在 1937 年还有倪受民的译本《吴宓：学者而兼绅士》，②1946 年又有李幸草的译本《吴宓：一个学者和一个君子》。③ 可见，温源宁这篇关于吴宓肖像的刻画，深得读者的认可。

事实上，温源宁具备非凡的洞察力与见识，才能将吴宓肖像写得真实而深刻。后世学者也赞赏温源宁不但对吴宓性格特征有准确分析，而且揭示出吴宓先生人生悲剧的缘由。④ 在钱钟书看来，温源宁效仿英国作家赫兹里特（William Hazlitt, 1778—1830）的《时代精神》（*The Spirit of the Age*），同样地从侧面来写人物，同样地若嘲若讽，同样地在讥讽中不失公平。他指出："又如被好多人误解的吴宓先生，惟有温先生在此地为他讲比较公平的话。"⑤作为曾就读于北大中文系的学生，张中行评价温源宁的这些短文是英国传统风格的文学散文，"这种英国风格的散文的特点，熟悉英国文学的人都能体会到。体会是意会，言传却不容易……严正的意思而常以幽默的笔调出之。"⑥然而，正是这种幽默写作，在当时的中国陷入了一种跨文化的解读困境。

当年，温源宁发表英文作品的《中国评论周报》，是一份中国归国留学生自己创办的英文杂志，其中温源宁与林语堂、全增嘏等人，努力提倡幽默小品文的写作。同时，林语堂先后创办《论语》、《人间世》、《宇宙风》等刊物，也在中文语境中上提倡幽默，但是这种风格跨越语境后的效果不尽理想。正如叶兆言所言，吴宓不是一个豪爽的人，而且毫无幽默感。⑦ 当然，后面也有人认为，温源宁只是写出吴宓的绅士的一面，"但另外在吴先生永是包涵着一胸热情、真实、偏重乐观，而又杂着人生的感伤的另一方面，却是缺如了。"⑧可想而知，吴宓读到温源宁的文章后他的接受效果如何。到了 1937 年，看到倪受民的重译本，吴宓大骂温源宁，"呜呼，温源宁一刻薄小人耳，纵多读书，少为正论。"然而，吴宓的门下弟子贺麟也认为温文系诙谐，非恶意。⑨

对于吴宓而言，这种英国风格的幽默是行不通的。类似的例子也发生在钱钟书与吴宓的交往之中。1934 年，温源宁发表吴宓小传时并没有署名，当时有人曾经误会为钱钟书所写。钱钟书曾写诗解嘲："褚先生莫误司迁，大作家原在那边。文苑儒林公分有，淋漓难得笔如椽。"他表示自己赶不上温的才能，同时在诗后附言向吴宓解释："或有谓余为雨僧师作英文传者，师知其非。聊引卢氏杂记王维语解嘲。"⑩当然，钱钟书佩服温的英文写作，赞扬那些名人小传富有春秋笔法。同时，他也非常熟悉温的写作风格，"可是我们看过温先生作品的人，那枝生龙活虎之笔到处都辨认得出来。"⑪由此，景仰老师的学生能有如此辨认才能，甚至于自己的写作风格都趋于跟老师类似。在当时，温源宁是钱钟书崇敬的老师中最亲近的一位。当钱钟书结婚的时候，温源宁还特别宴请过他们新夫妇，甚至当钱钟书夫妇出国留学英国时，温源宁还去送行，还登上渡船，直送上海轮。⑫ 钱钟书

① 毕树棠：《琐忆吴宓》，李继凯、刘瑞春选编，北京：社会科学文献出版社，2001 年，第 123 页。
② 温源宁：《吴宓：学者而兼绅士》，倪受民译，上海《逸经》，1937 年 2 月 20 日，第 24 期。
③ 温源宁：《吴宓：一个学者和一个君子》，李幸草译，《世界与中国》，1946 年第 1 卷。
④ 高益荣：《论吴宓先生的人格特征及其成因》，《解析吴宓》，李继凯、刘瑞春选编，北京：社会科学文献出版社，2001 年，第 612 页。
⑤ 温源宁：《我的朋友胡适之……：现代文化名人印象记》，第 156-157 页。
⑥ 温源宁：《我的朋友胡适之……：现代文化名人印象记》，第 161 页。
⑦ 叶兆言：《阅读吴宓》，《解析吴宓》，李继凯、刘瑞春选编，北京：社会科学文献出版社，2001 年，第 63 页。
⑧ 春风：《忆吴宓先生》，《申报》（香港版），1938 年 12 月 22 日。
⑨ 吴学昭编：《吴宓日记》第 6 册（1936—1938），北京：生活·读书·新知三联书店，1998 年，第 81-82 页。
⑩ 吴宓：《吴宓诗集》，吴学昭整理，北京：商务印书馆，2004 年，第 277 页。
⑪ 温源宁：《我的朋友胡适之……：现代文化名人印象记》，第 155 页。
⑫ 杨绛：《吴宓先生与钱钟书》，《读书》，1998 年第 6 期。

还在《国风半月刊》发表一首诗《与源宁师夜饮归来，不寐听雨申旦》。① 此时，温源宁与钱钟书之间的师生关系非同寻常。

温源宁也非常看重钱钟书的才华。在 1935 年《天下月刊》的创刊号上，钱钟书发表研究论文《中国古代戏曲中的悲剧》(*Tragedy in Old Chinese Drama*)。该文有脚注："在该文写作过程中，作者获益于跟他先前的老师温源宁教授和朋友 Dr. W. F. Wang 的讨论。"②1937 年 4 月，钱钟书又在该刊以书信形式发表对《吴宓诗集》的评论。他因为当时没时间写长文评述，暂以书信代替，旨在纠正该诗集受到不公正的批评。同时，他在该文结尾声称，想要全面公正地评价吴宓的缺点，就得像才华横溢的温源宁那样，细数这位特别人物身上的每一寸。③ 之后，钱钟书把原稿修订成那第二稿《吴宓先生及其诗》(*A Note on Mr. Wu Mi and His Poetry*)，一心要博得温源宁的赞赏。这个第二稿是通过吴宓转寄给温源宁的，结果温源宁认为与刊出文章有重复之嫌，不便再登。"可是温先生只命他写书评，并没请他发挥高见，还丑诋吴先生爱重的人——讥诮比恶骂更伤人啊，还对吴先生出言不逊。那不是温先生的本意。"④正是这篇未刊稿，导致当时吴宓与钱钟书的关系产生隔阂。

四

吴宓与温源宁的交往始于对学问的共同追求，始于知识分子之间的互相赏识，而其友情不幸终于不同性格的碰撞。概而论之，两人在清华园的交往，无论从学问知识或者人生观念而言，他们正如杨绛所言："温先生和吴先生虽然'不够知己'，究竟还是朋友。"⑤在 20 世纪二三十年代的北平，温源宁与吴宓曾分别主导北大和清华两校的英国文学系，影响着两校英文人才的培养方向，甚至于两个人互相到对方学校兼课。这些铭记于学人交游的教学实践，对于现代中国学术的意义，不仅体现在学系的课程规划与教师的共享，而且也体现在对于学生的培养上。在这些学术教育的实践背后，吴宓与温源宁两人，还以日常互动往还的情谊，凝聚某种学术趣味的共识，以及他们与外籍教师的交往，共同营造出一种学术建制意义上的知识分子公共空间。

在那个学术人才极其匮乏与制度不完善的时代，学者之间的人际关系网络往往起着决定性的作用。对如吴宓与温源宁这样又重要影响力的学者之间的关系梳理，或许可以为考察民国时期大学的知识场域的建构有所裨益。在法国思想家布迪厄(Pierre Bourdieu)那里，某个特定时间和空间的知识场域，是由占据不同知识位置的众多行动者所构成的。而在这个场域中，知识分子之间彼此有知识或思想的竞争。⑥ 所以，对于吴宓与温源宁交往的考察，可以为研究吴宓或温源宁的学术实践与思想演进，提供一种基于知识分子公共空间的历史视角。

---

① 钱钟书：《与源宁师夜饮归来，不寐听雨申旦》，《国风半月刊》第 6 卷第 5、6 合期，1935 年 3 月 1 日。
② Ch'ien Chung-shu(钱钟书)，'Tragedy in Old Chinese Drama', *T'ien Hsia Monthly*, Vol. I No. 1 August 1935, p. 37.
③ Ch'ien Chung-shu(钱钟书)，'Correspondence：To the Editor-in-Chief of T'ien Hsia', *T'ien Hsia Monthly*, Vol. IV. No. 4 April 1937, pp. 424-427.
④ 杨绛：《吴宓先生与钱钟书》，《读书》，1998 年第 6 期。
⑤ 杨绛：《吴宓先生与钱钟书》，《读书》，1998 年第 6 期。
⑥ 潘光哲：《何妨是书生：一个现代学术社群的故事》，桂林：广西师范大学出版社，2010 年，第 31 页。

浙江省城乡居民家庭金融状况调查报告[*]

李 忠 翟慎霄

（浙江财经大学东方学院）

摘 要：家庭金融是金融研究领域的一个新热点。2015 年暑假研究团队组织大学生在社会调查实践中开展了"浙江省城乡居民家庭金融状况"问卷调查，获得有效问卷 1632 份，以此形成调查报告。报告从家庭年收入、私家车拥有状况、家庭住房资产、家庭土地资产等四个方面介绍了浙江省城乡居民家庭资产结构分布状况；从家庭银行存款、银行贷款、闲置资金使用、股市投资状况等方面介绍了浙江省城乡居民家庭正规金融的基本信息；从民间借贷的对象、资金使用、借贷金额与期限等方面介绍了浙江省城乡居民家庭民间借贷的基本信息。

关键词：家庭资产；正规金融；民间借贷

一、引 言

家庭金融（household finance）是近年来金融研究领域的一个新热点，受到不少金融学者的广泛关注与重点研究。2006 年 1 月，美国金融学会主席 John Campbell 在发表就任时的主题演讲中提出应将家庭金融作为一个新的独立的金融研究方向，认为家庭金融是与资产定价、公司金融两个传统研究同样重要的前沿研究领域。

家庭金融是研究家庭怎样运用金融工具达到其目标，具体来说，指家庭如何利用金融工具（如股票、债券、基金等）实现资源跨期优化配置，达到家庭长期消费效用最大化。Campbell（2006）指出，家庭金融正逐渐成为经济学、金融学中的一个重要领域，但是家庭金融问题有许多不同于其他研究领域的特点：家庭必须在长期却有限的期限范围内制定金融计划；家庭有重要的不可交易资产，最显著的是人力资本；家庭会面临借款约束；家庭要面对复杂的税赋及避税目标；等等。随着家庭持有的金融资产份额不断上升，家庭金融资产的选择对资产定价以及资本市场的发展将愈发重要。

然而，家庭金融研究面临的一个最主要问题是数据的缺乏。目前，关于家庭金融与消费的研究结果只在少数国家可以获得。由于国家之间制度背景和国情的差异，在一个经济体的研究结论很难直接照搬到其他经济体，因此，可使用数据的缺乏是阻碍家庭金融研究的关键瓶颈。国内关于家庭金融有影响力的系统研究始于西南财经大学与中国人民银行研究局合作的自 2009 年开始实施

---

* 本文是杭州市哲学社会科学规划课题"普惠金融视角下农户家庭金融行为研究（课题编号：Z15JC059）"阶段性成果。

的中国家庭金融调查项目,项目组于 2012 年 11 月发布了首份中国家庭金融调查报告,引发了国内经济金融研究领域的热议与广泛关注。

2015 年 7 月《浙江省金融产业发展规划》提出"要构建适应经济新常态的新金融体系……力争把金融产业培育成我省战略性支柱产业和万亿级现代产业,把我省打造成金融改革示范省、金融创新集聚地和金融生态安全区"。浙江作为中国经济发展最富活力的地区之一,"藏富于民"是浙江社会经济长期快速发展的显著特征之一。深入了解、把握浙江省城乡居民家庭金融的基本现状对于实现上述《浙江省金融产业发展规划》提出的目标要求十分必要且重要。然而,从公开的信息数据来看,针对浙江省城乡居民家庭金融状况开展的有关调查,目前还没有。浙江财经大学东方学院区域金融研究所对此进行了尝试,自 2013 年以来连续三年组织大学生在城乡社会调查实践中开展"浙江省城乡居民家庭金融状况"问卷现场调查,以下是 2015 年调查情况的报告。

二、调查问卷设计说明

为做好此次社会调查,研究团队前期做了充分的准备工作。根据前两年调查反馈的信息,重新调整了问卷结构和内容,精心设计了"2015 年浙江省城乡居民家庭金融状况"调查问卷。在问卷设计出来以后,我们组织参与问卷调查的学生召开专场培训讲座,聘请社会调查实践经验丰富的老师向学生传授社会调查的沟通技巧与注意事项。

调查问卷共包含 37 个问题,分为四个部分:一是受访家庭人员的信息,目的在于获取受访者的生物学和社会特征,包括性别、户籍、是否党员、年龄、婚姻状况、职业、职务、家庭人数、文化程度等;二是家庭资产结构信息,包括个人年收入、家庭的年收入、是否经历过拆迁、房屋情况、土地承包情况;三是家庭正规金融信息,包括家庭存款、银行贷款、闲置资金的使用、股市投资状况;四是家庭民间借贷信息,包括民间借贷的用途、金额(包括借入款和借出款)、期限、月息、互联网借贷的情况。

三、调查问卷统计结果

此次调查安排在 2015 年暑假期间,时间从 7 月 10 至 9 月 10 日。参与调查的 198 名学生来自浙江省各个地区,所有学生回生源地进行调查,受访对象包括学生的家长、亲友或者邻居等。我们发放问卷 1980 分,回收问卷 1681 份,其中有效问卷 1632 份。受访者中,男性与女性各占 50%;城镇户籍 763 份,农村户籍 869 份。

受访者的教育程度情况如下:本科教育学历占 40%;高中、中专或职高学历占 25%;初中学历占 18%;其余为小学及以下的学历。图 1 为受访者的文化程度分布图。

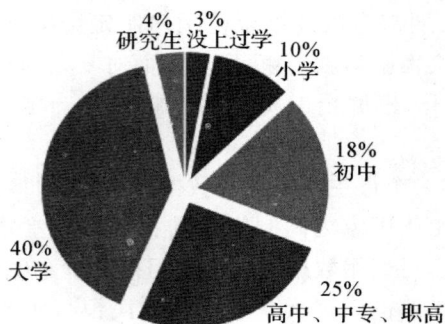

图 1　受访者文化程度分布

(一)家庭资产信息

1. 家庭年收入分布情况

根据我们的问卷调查数据统计显示,年收入在 100 万元以上的家庭占 3%;50 万～100 万元的家庭占 36%;20 万～50 万元的家庭占 16%;10 万～20 万元的家庭占 20%;5 万～10 万元的家庭占 16%;1 万～5 万元的家庭占 8%。其分布如图 2 所示。

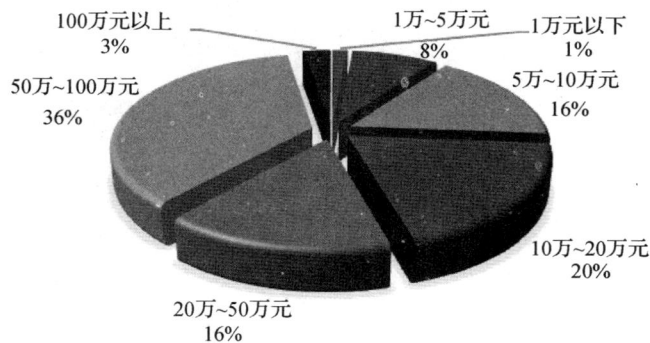

图 2 家庭收入分布情况

2. 家庭私家车拥有情况

我们的调查结果显示,浙江省城乡居民拥有汽车的家庭占 66%(如图 3 所示)。其中,拥有 1 辆私家车的家庭占 68%,拥有 2 辆私家车的家庭占 27%,拥有 3 辆及以上私家车的家庭约占 5%(如图 4 所示)。

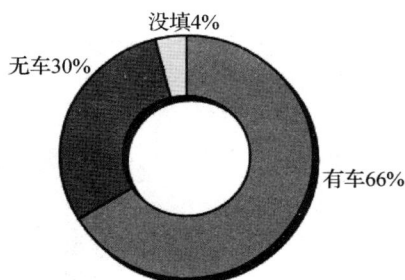

图 3 是否拥有私家车

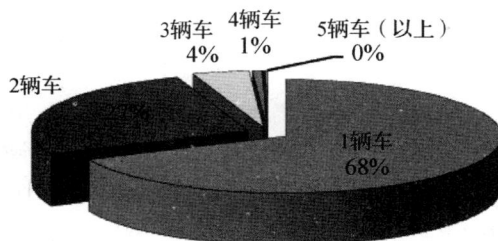

图 4 家庭私家车拥有量

3. 家庭住房资产情况

房产是占比最大的家庭资产,调查显示,87.5%受访者拥有至少一套自有房。在拥有住房的受访者中,58.8%拥有一套住房,22.5%拥有两套住房,6.2%拥有两套以上住房(如图 5 所示)。其中,房屋市值在 100 万~500 万元的占 43.03％;50 万~100 万元的占 18.85％;小于 50 万元的占 13.36％;如图 6 所示。

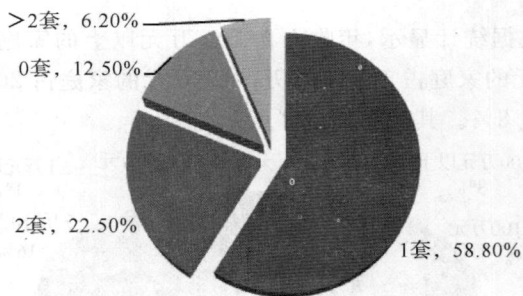

图 5   家庭自有房产数量

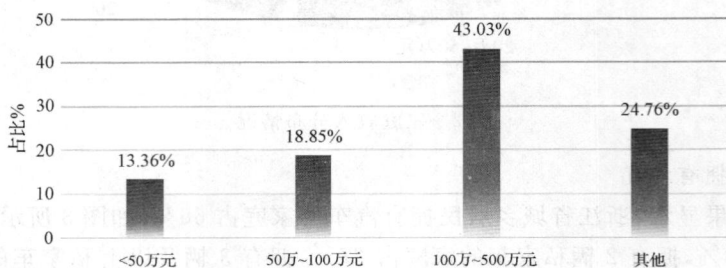

图 6   家庭房产市值

关于房屋出租情况,调查显示,24.41％的房屋拥有者选择将房产出租,如图 7 所示。房屋年租金收入在 5 万元以上的占 32％,房屋年租金收入在 5 万元以下的占 68％(如图 8 所示)。

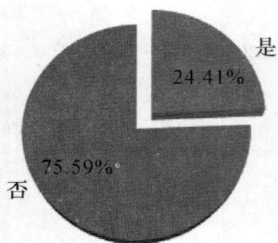

图 7   房屋是否出租

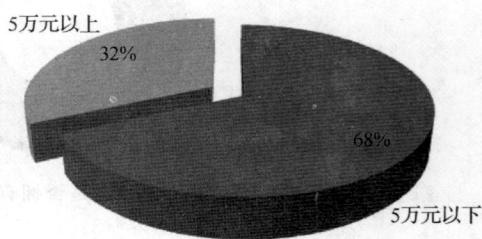

图 8   出租房屋的年租金

4.家庭土地资产情况

对于户籍所在地是农村的受访者而言,土地也是一项很重要的家庭资产。在我们的调查对象中,68％的受访者不拥有土地。在拥有土地资产的受访者中,21％拥有 1~3 亩土地,7％拥有 3~5 亩土地,4％拥有 5 亩以上土地(如图 9 所示)。调查还显示 87.3％土地拥有者"自己没有耕作土地",仅有 12.7％的人群耕作自己的土地(如图 10 所示)。而且,仅有 14.35％的人将自己未耕种的土地转租给别人(如图 11 所示)。

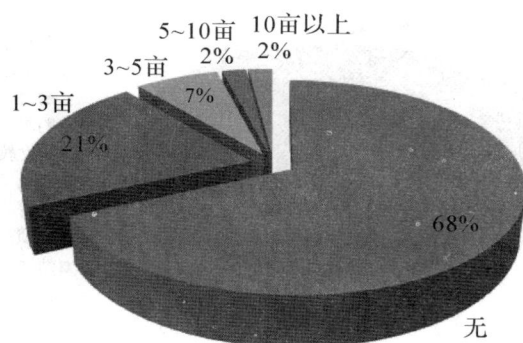

图 9　家庭土地资产面积

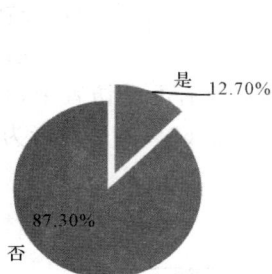

图10　家庭土地是否自己耕作

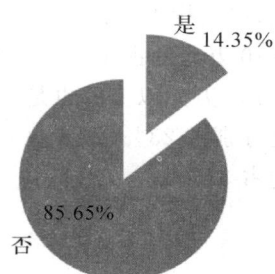

图11　家庭土地是否转包给别人

（二）家庭正规金融信息

1. 家庭闲置资金的使用情况

在调查家庭闲置资金的用途时，我们提供给受访者的选项是多选，包括活期储蓄、定期储蓄、国债、股票以及第三方账户（如支付宝，余额宝）等。据调查结果显示（如图 12 所示），54.72％的受访者（893 人）愿意把手头闲置不用的钱存入银行活期账户；37.87％（618 人）选择定期存款；18.08％（295 人）选择股票投资；11.15％（182 人）购买银行理财产品，19.06％（311 人）拥有第三方账户（支付宝或余额宝）。而且，选择银行定期存款的受访者中有 26％是出于"安全性"的考虑，24％是为了获得"高利息"，17％是用于子女教育（如图 13 所示）。

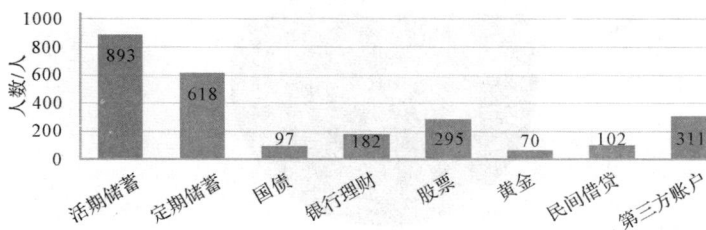

图 12　闲散资金用途

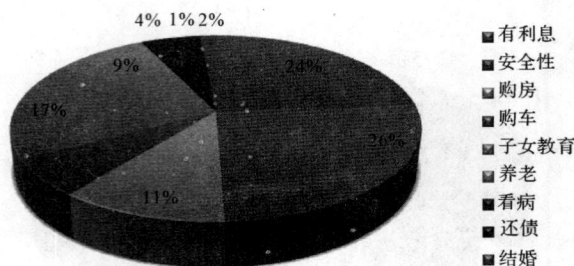

图 13　定期存款目的

2. 股市投资情况

如图 14 所示,在投资股市的受访者当中,26％的受访者投入股市的资金在 5000 元以下;20％投入 5000～1 万元;21％投入 1 万～5 万元;合计 67％的炒股者投入股市的资金在 5 万以下。投入股市资金在 5 万～10 万元的占 16％,10 万～50 万元的占 10％,50 万～100 万元的占 3％,100 万～200 万元的占 2％,200 万元以上的也是 2％。如图 15 所示,在所有的受访者中,有一年、两年、三年和四年炒股经历的分别占 23％、24％、16％和 6％,这也就意味着 69％的炒股者为新股民;拥有 5 年及以上炒股经历的占 31％。

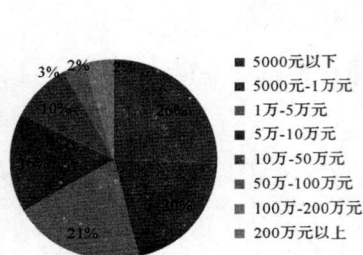

图 14　居民股市投资分布

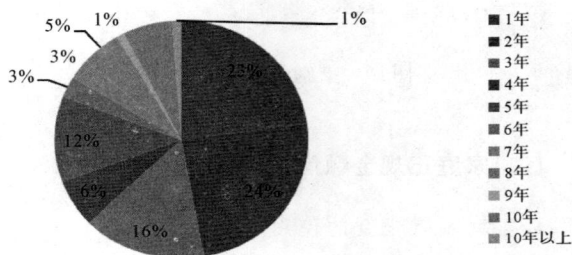

图 15　居民炒股年数

如图 16 所示,当被问及炒股收益如何时,39％的股民表示盈亏平衡;37％的股民从中盈利;24％的股民是亏损。

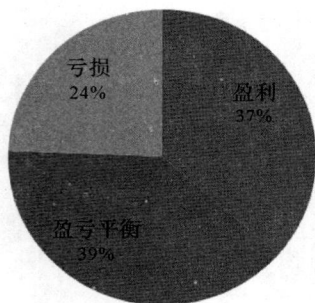

图 16　炒股盈亏状况

如图 17 所示,在不炒股的受访者之中,有 53％的人表示其不参与股市的原因是没有相关知识;18％的受访者表示股市行情不好,所以不愿意将资金投入股市;将炒股视为赌博的受访者占 16％;9％的人是由于将资金投向了其他地方。

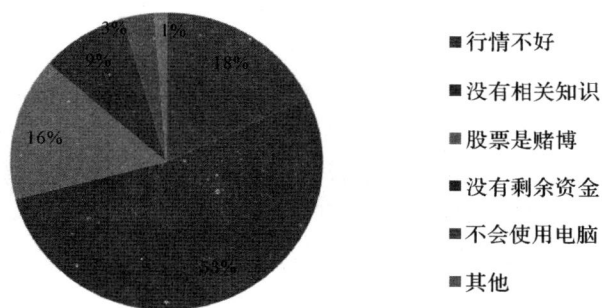

图 17 不炒股的原因

3.家庭从银行贷款情况

如图 18 所示,在从银行获得过贷款的受访者之中,37％的人(450 人)表示从银行贷款是为了盖房、买房以及装修,20％的人(249 人)选择银行贷款是出于购买大件耐用品的需要。

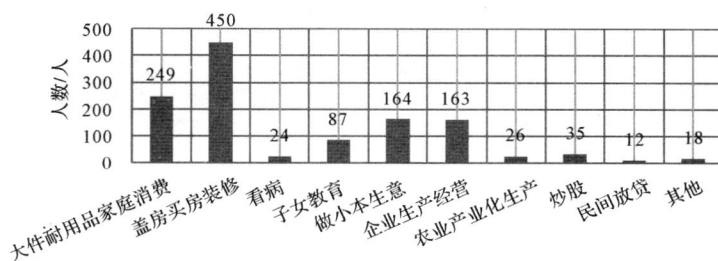

图 18 银行贷款主要用途

如图 19 所示,在没有获得过银行贷款的受访者中,绝大多数人(占 92％)表示不需要贷款;另外 8％的人是想贷款,但是被银行拒绝了。如图 20 所示,这 8％的人在回答为什么没有申请到银行贷款时,有 28 人(占比 35％)表示是由于银行认为其收入太低;23％的人表示是因为当时没有抵押物给银行;14％的人表示是由于自己没有固定工作;其余人表示是因为银行没有熟人、找不到担保人等。

图 19 家庭无银行贷款的原因

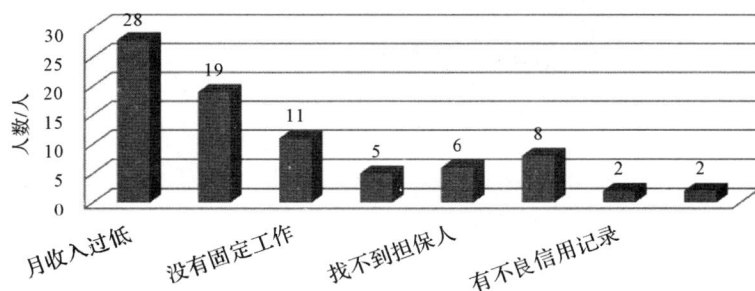

图 20 申请银行贷款遭拒的原因

(三)家庭民间借贷情况

浙江城乡居民之间的民间借贷历来盛行,此次问卷调查也涉及家庭民间借贷问题。

1. 受访者向他人借款的情况

如图 21 所示,87%受访者表示曾向他人借款,他们选择借款的对象大多是父母和兄弟姐妹,分别占 28%和 29%;选择向同学、朋友或同事借款的比例占 20%;其余是选择向其他亲属、生意伙伴以及民间金融组织贷款,分别占了 14%、6%和 3%。在调查选择向对方借款的原因时,28%的受访者回答是因为方便;27%的受访者回答是因为与对方关系好;23%的受访者则回答是因为对方不会向他们收利息;15%的人回答是因为利息或费用较低;7%的人回答则是因为曾经也借钱给对方(如图 22 所示)。

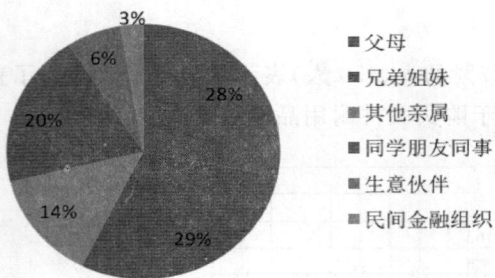

图 21 民间借款对象

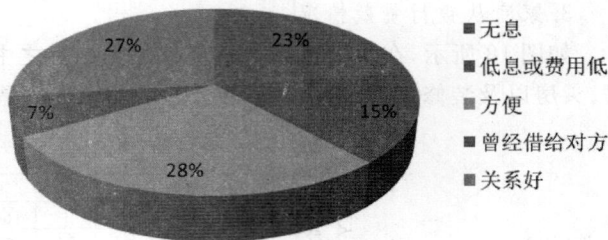

图 22 选择借款对象的原因

2. 民间借贷的资金用途

为了更好地了解浙江省城乡居民的民间借贷原因,我们向受访者调查了民间借贷的资金使用情况。在参与过民间借贷的受访者中,30%的受访者表示民间借入的资金投向了自己的生意;27%是将资金用于房屋的购买、盖建和装修;21%是将借款用于购买居家的大件耐用品;剩余 22%的人则将资金用来看病、子女教育、企业生产、农业经营、炒股和民间放贷等(如图 23 所示)。

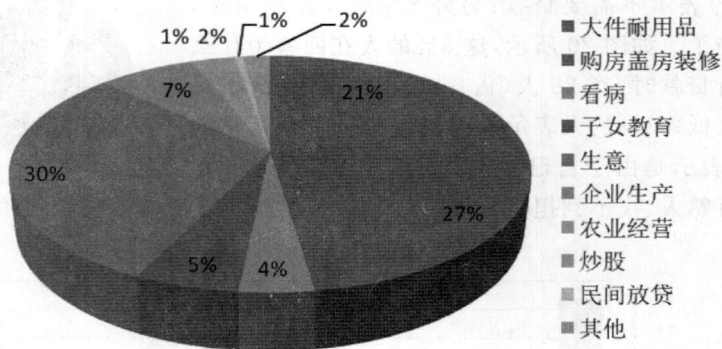

图 23 民间借贷资金用途

3. 民间借贷的资金额与期限

调查显示,在 1254 位有过民间借贷经历的受访者中,借款金额在 1000 元以下的有 229 人(占比 18.26%),1000~5000 元的有 237 人(占比 18.9%),5000~10000 元的有 247 人(占比 19.7%)。关于民间借贷的还款期限,受访者之中有 290 人(占比 23.13%)选择在 1 个月内还款,427 人(占比 34.05%)选择在 1 至 6 个月还款,343 人(占比 27.35%)选择 6 至 12 个月内还款,178 人(占比 14.19%)选择 1 年至 5 年内还款,16 人(占比 1.28%)选择 5 年以后还款。

参考文献：

[1]Agnew，Balduzzi and Sunden，Portfolio Choiceand Trading in Large 401（k）Plan［J］. American Economic Review，2003，（93）：193- 215.

[2]Aizcorbe，Kennickell and Moore. Recent. Changes in U. S. Family Finances：Evidencefrom 1998 and 2001 Survey of Consumer Finances［J］. Federal Reserve Bulletin，2003（89）：1-32.

[3]Bartiloro，L. ，M. Coletta，R. De Bonis，and A. Mercatanti，2012，"Household Wealth in a Cross-Country Perspective"，Financial Systems of Industrial Countries：Evidence from Financial Accounts，Edited by R. De Bonis and A. Pozzolo，Springer Press.

[4]Campbell JY. Household finance［J］. Journal ofFinance，2006（61）：1553-1604.

[5]Guiso，M. Haliassos and T Jappellieds. Household Portfolios［M］. MIT Press，2002.

[6]Patrick Honohan. Household Financial Assets in the Process of Development［J］. Research Paper，2006，91.

[7]史代敏，宋艳.居民家庭金融资产选择的实证研究［J］.统计研究，2005.10.

[8]王聪，张海云.中美家庭金融资产选择行为的差异及其原因分析［J］.国际金融研究，2010(6).

[9]肖作平，张欣哲.制度和人力资本对家庭金融市场参与的影响研究——来自中国民营企业家的调查数据［J］.经济研究，2012(S1).

[10]高明，刘玉珍.跨国家庭金融比较：理论与政策意涵［J］.经济研究，2013(2).

[11]中国家庭金融调查与研究中心.中国家庭金融调查报告［R］.西南财经大学，2012.

[12]马双，谭继军，尹志超.中国家庭金融研究的最新进展［J］.经济研究，2014(9).

基于翻转课堂的课程群建设研究

陈晓阳

（浙江财经大学东方学院科技合作部）

摘　要：目前，现代高等教育改革呈现出许多新的发展趋势，以慕课和翻转课堂为代表的新型教学模式对传统的教学模式不断提出新的挑战。本文以东方学院管理学课程群建设为例，把翻转课堂理念和思路，导入到课程群建设中，重构优化课程群建设的思路，为教师提供了相互交流与探讨平台，有利于实现课程教学改革与创新。

关键词：课程群；翻转课堂；慕课；课堂

一、引　言

课程群是围绕同一专业或不同专业的人才培养目标要求，以学生的培养为主线、以课程的逻辑联系为纽带、以教师团队合作为支撑、以质量效益为抓手、以深化教学改革为动力，将相应专业培养方案中的知识、方法、问题等方面具有逻辑联系的若干课程重新规划、整合构建而成有机的课程系统，具有建设的集约化、系统的开放性、成员团队化及师生互动连环性等特点，它顺应了高校教学改革的要求，也反映了课程教学改革的新趋势。因此，课程群建设目前已成为高校课程教学改革的一种有效途径。

目前，现代高等教育改革呈现出许多新的发展趋势，云计算、大数据、智能化等数字化手段在高等教育领域被广泛应用，以慕课和翻转课堂为代表的新型教学模式对传统的教学模式不断提出新的挑战，新的教学理念和基于网络技术的教学方法，使得未来的教学模式的主体将发生根本性的转变，学生自主学习将加强，学生对教师的依赖将降低。因此，课程群建设必须重视其资源的网络化与信息化建设，在教学模式的设计方面要为学生留有广阔的自主学习空间，课堂教学要从传统的讲授转变为指导型和互动型，全面提升学生的综合素质和解决实际问题的能力。因此，利用慕课和翻转课堂的理念和方法，对课程群的设计和建设会带来很好的借鉴和推动作用。

二、翻转课堂导入课程群建设的意义

翻转课堂的核心思想就是翻转传统的教学模式，将传统的"教—学"模式翻转为"学—教"模式，以提升学生应用能力为目标，充分激发学生的学习积极性，让学生成为学习的主体。将翻转课堂导入课程群建设，具有以下几个方面的意义。

（一）提升课程群资源的利用效率

将翻转课堂教学法的理念和方法运用到课程群建设中，对课程群内的相关课程资源，根据翻转课堂教学模式，采用微课和微视频的方式对课程群的内容进行模块化、信息化和标准化的整合。通过对群内各课程资源的有效整合，教师在教学的时候，可以根据不同专业和不同学生需求，进行灵活有效地组合，从而提高课程资源的利用效率。

（二）实现课程群教学方式的根本转变

把翻转课堂导入课程群课程的教学，可以实现"教—学"模式向"学—教"模式的根本转变。翻转课堂突出了学生在学习中的主体地位，通过以培养和提高学生的应用能力和创新能力为导向，对课堂教学模式进行翻转式的转变，不仅能满足学生个性化学习的需求，而且能让教师把更多的时间用于指导学生进行创新性的思考和问题的解决，从而提升学生解决问题应用能力。

（三）增加学生团队交互和同伴学习的机会

翻转课堂可以让师生之间、生生之间有充分的时间开展师生交互和同伴学习，让学生体验到团队合作的魅力。学生通过课前的事先学习，会发现一些问题，带着这些问题回到课堂。教师可以针对学生的一些共性问题展开讲解，也可以针对学生个别问题进行具体指导。学生可以通过采用视频讨论板、小组讨论、同伴互评等方式，开展同伴协作学习，培养团队合作精神。

（四）实现课程群课堂标准化和个性化相统一

教师在设计翻转课堂课前视频的时候，可以采用合理的分工，实现教师的群体集智，形成标准化的课前课堂资源。在具体实施翻转课堂的时候，通过了解学生在学习过程中产生的疑问，针对学生在学习中的共性问题进行集体讲解，对学生的特殊问题，可以提供一对一的个性化指导，促进学生的理解和思考。教师角色从讲台上的传道者变为学生身边的指导者，教师与学生的联系更加密切。

三、东方学院课程群建设现状和问题分析

（一）课程群建设的概况

东方学院于2012年年底启动课程群建设，学院对课程群建设非常重视，作为现阶段学院教学建设与教学改革的重点工作之一，第一批课程群建设共立项19项，一期投入资金近200万元，第二批课程群立项工作也已启动。从2014年教务部进行的中期检查情况来看，在课程群的整体规划、课程群源的整合、课程群教学团队建设、课程群的课堂教学手段和方法都进行了有益的探索，取得了一定的成效，但在课程资源的整合、课堂教学的改革和创新、教师团队的建设方面还有很多可以改进的地方。

（二）课程群建设主要问题分析

1.缺少课程群整体建设规划

对课程群建设的内涵理解得不够准确，把课程群的建设目标与课程群的教学目标，课程群建设与专业建设的内涵相互混淆。对课程群各门课程的逻辑关系没有进行清晰的分析，在建设内容、教学方法、课程之间的衔接方面缺少一个整体的规划。

2.缺少课程内容资源的整合

对课程群的教学内容、实践教学、教材选用、考核方式等方面缺少系统性的分析。课程群内的课程之间无论在内容，还是在知识、能力、素质培养方面的衔接、融合、提升、拓展等方面缺乏系统梳理，对课程群的教学目标和教学效果的评价方法缺少整体设计。

3.缺少课堂教学方法的创新

课程群及课程的课堂教学方法缺少创新，大部分课程依旧沿用传统的以教为主的教学方式和手段，以课堂教学为主，缺乏向课内外结合转变方法的尝试，互动式、讨论式和实践教学方式只是作为补充和点缀，课堂教学评价方法依然以终结性评价为主，缺少形成性评价机制。

4.缺少教学团队的教学能力提升和沟通机制

大部分项目的教学团队没有组织成员参加校外学习与交流活动，对现代教学技术缺乏认知和掌握，没有系统地组织课程群成员参加诸如翻转课堂、慕课、微课等新型教学方法的培训，课程团队缺乏有针对性的教学研讨活动，项目负责人与项目成员之间还未形成有效的沟通机制，主题教研活动非常少。

利用翻转课堂教学法的思路，有利于解决我院课程群建设中存在的问题，对有效解决各课程之间相互隔离、教学内容重复、课时膨胀、实践教学低水平重复设计等问题，推进课程体系重构和教学方式的改革，建设面向学生的学习支持体系，提升学生的实践应用能力都具有重要的意义。

四、翻转课堂教学法用于课程群建设方法分析

（一）总体思路

把翻转课堂教学法的理念和方法，导入课程群建设的总体思路，可以表述为：以学生应用能力提升为目标，运用翻转课堂的设计思路，对课程群建设目标、任务和内容、课堂教学方法以及师资团队建设等方面进行重组，实现从传统的"教—学"模式向"学—教"模式的转变。

具体而言，以学生为中心，把翻转课堂教学法的理念和方法，运用到课程群建设中，对课程群资源的建设、课堂教学方法和教学效果评价、师资团队建设等进行重构，设计出一套基于互联网、慕课和翻转课堂的课程群建设新模式；对课程群教学内容进行信息化、模块化和标准化的整合，优化教学内容体系；搭建教师相互交流与探讨平台，在教师之间建立一种互帮互利的机制，增强课程群教师成员的团队意识、协作意识，实现传授知识和提升应用能力的有效结合。

（二）具体操作方法

基于翻转课堂教学法的理念和方法，围绕建立以"教师引导、学生为主"的"学—教"模式，对课程群建设的主要流程进行优化和整合，切实达到提升学生综合素质和应用能力的目标。具体路径分为以下几个步骤。

1.重构课程群建设的目标和任务

运用慕课和翻转课堂所依托的掌握学习理论和过程学习理论等理论依据，对课程群建设的目标，达成目标的任务和具体的实施方法进行规划和组织；利用翻转课堂的理念和方法，对课程群建设的目标、任务和主要内容进行整合和梳理。

确定项目研究的思路，以培养学生多层次能力为核心，综合研究国内外课程群建设及翻转课堂教学法的相关理论和成果，建立课程群建设的理论基础，搜集相关的成功案例，为基于翻转课堂的课程群建设新模式提供理论依据。通过实地调研、访谈和网络查询，了解国内外高校现有慕课及翻

转课堂平台的先进经验,调查在校学生对翻转课堂实施的要求和期望,形成基于翻转课堂的课程群建设实施方案。

2.对课程群课程内容进行规划和设计

对课程群内容的设计和梳理,首先是基于对课程群总体优化的原则,并不是仅仅针对课程群中的某门具体的课程。要以呈现课程群整体教学效果为重心,从课程群的建设目标、课程组织与整合、教学设计和评价方法等方面进行系统的规划和设计。

以管理学核心课程群为例,由管理学、战略管理、生产管理和质量管理四门课程组成。四门课程既各有侧重,又互有关联,围绕培养工商管理专业学生的专业技能和概念技能为目标,在此基础上构建以提升学生能力为目标的教学内容体系,完善教学大纲建设,探索设计适合课程群的翻转课堂教学模式和教学团队的沟通和分享机制。

3.课程群内各课程的模块化和信息化建设

翻转课堂的翻转环节,是建设适合学生课前自学的,以微课和微视频为主要形式的课程视频库,内容包括教师讲解、案例分析、专家访谈、教师指导等环节,搭建学生课外自学的资源体系。

可以通过查询相关网络资源,借鉴相关的研究成果,通过观摩和学习目前国内外已有知名慕课平台,如 Coursera、Udacity、Edx 和可汗学院,以及国内目前流行的清华慕课、北大慕课、中国大学慕课网、学堂在线等慕课平台,结合已有翻转课堂及课程群教学改革的经验及实践成果,对课程群的教学内容梳理和整合,进行模块化、信息化改造,拍摄制作微课视频,进行翻转课堂的实施,探索课堂改革的效果,并在项目团队成员之间进行共享,共同学习和提高运用翻转课堂的能力。

4.课程群各课程的课堂任务设计和分析

在学生课前学习基础上,设计课堂学习目标、学习环境和学习策略以及学习评价方法,最大限度地激发学生参与课堂学习的热情,在课堂学习中提升思考问题和解决问题的能力。以问题和项目为核心,设计学生的课堂内容学习目标、任务、学习环境和评价方法,使学生在课堂上就能充分完成知识的内化和思考与提升解决问题的能力。

以管理学核心课程群为例,通过对管理学、战略管理、生产管理、质量管理等群内各课程内容的梳理和整合,进行课前任务的设计和视频的制作发布、课堂讨论环节的设计和实施、学生课堂活动的评价和成绩的评定,全面探索并完善课程群的翻转课堂教学实施方法。

5.翻转课堂和慕课教学法的培训

要运用翻转课堂与慕课的理念和方法进行课程群的建设,必须掌握相关的理念和方法。这就需要强化课程群前期学习,掌握相关的技能。例如可以参加中国大学慕课网举行的《翻转课堂教学法》和《如何做慕课》两门课程的培训,掌握翻转课堂的教学方法和技能。

在掌握了翻转课堂的教学方法以后,课程群建设团队可以开展课程群建设的教学改革和教学研究活动,相互观摩和交流运用翻转课堂在课程群建设和课堂教学环节的实践经验,运用案例分析和讨论、视频模拟等多样化的教学方法,推动课程群各课程的教学改革和教学研究。

6.完善支撑课程群建设改革的环境和平台

学院相关部门要营造提高教学业务与能力的良好环境和氛围,引导并激励教师立足岗位,潜心钻研,努力提高教学质量和水平;建立青年教师教学技能培训、说课比赛、教学沙龙等机制,提高教师的教学素质和教学能力,进一步激发教师教学研究和实践的积极性。

学院教育技术中心要为翻转课堂的实施搭建技术平台,完善网络课堂的相关功能,对网络课堂平台进行适当的页面更新设置,开发适合翻转课堂微视频学习平台及课前学习的功能。基本满足拍摄微课和小班化的翻转课堂实施的要求的课程可以尝试 SPOC 模式,充分利用知名的慕课平台搭建基于慕课的翻转课堂教学平台。

参考文献：

[1][美]萨尔曼·可汗著.翻转课堂的可汗学院[M].刘婧译.杭州:浙江人民出版社,2014.

[2]龙春阳.课程群建设:高校课程教学改革的路径选择[J].现代教育科学,2010(3).

[3]何朝阳等.美国大学翻转课堂教学模式的启示[J].高等工程教育研究,2014(3).

[4]张德成.高校翻转课堂教学与课程设置的重构研究[J].现代教育技术,2014(12).

吴世昌时论杂文的现实价值研究

蒋 丹

（浙江财经大学东方学院， 浙江海宁 314408）

摘 要：吴世昌先生收录在《吴世昌全集》第十三卷《中国文化与现代化问题》中的时论杂文，新世纪之后研究虽还不多，但先生对中国现代化、学术道德、科学精神的推崇及教育制度的建设有独特的思考。这些思考即使放在当今社会，也对现代大学人才培养，学术创新，科学研究的推动及形成现代国家理智的道德观及社会价值观有很大的启示作用。

关键词：吴世昌；时论杂文；现实价值

吴世昌先生（1908—1986）是海宁籍的著名红学家、词学家、文史学家。他一生著作等身，在红楼梦研究、训诂学、文史、诗学、敦煌学等方面都有独特的个人研究成果。1945 年至 1947 年，他发表了一系列的时论杂文，对当时社会抗战胜利后的思想复员、中国现代化问题、现代国家的道德基础、学术道德、教育制度等提出了自己的思考观点。这些文章无不流露出吴先生当时忧国忧民之思，振聋发聩，发人深省。如今已过去 70 年，当代中国已不再是当时百废待兴、满目疮痍的战后社会，经济、社会、思想、技术条件等已跟过去有天壤之别，但吴先生当时提出的关于思想复员、学术道德、教育政策及留学政策的观点，对现代大学学术精神的创建、学术道德的培养以及现代化人才的培养仍然极具借鉴作用，具有很大的现代价值。

一、时论杂文中关于文化与现代化的主要观点

（一）思想复员论：自由思想是现代科学的原动力

吴先生创作的这系列时论杂文，可说是这位铮铮爱国学者在目睹国家民族历经八年抗战后，面对百废待兴的祖国，作为一位文化工作者，发表了关于如何重建整个社会思想及文化制度，从而使中国这辆已运行了五千年的列车赶上世界现代化的潮流，不至于脱轨脱节。在《思想复员论》中先生大声疾呼，"中国要建成现代国家，没有自由思想，如何能研究科学，发展文化，变成现代国家"[①]。五四运动本已为中国社会打下自由思想之基础，但之后的军阀割据，八年抗战已把中国五四以来得之不易的自由思想之局面耗费殆尽。观西方科技昌明之英美，社会开放，思想自由之沃土才孕育了不断发展的现代科学。而现代科学的不断发展进步才推动了西方发达国家在科学技术、经济发展，环境保护、个人福利及社会成员沟通交流上的巨大变革。

---

① 吴世昌著，吴令华编：《吴世昌全集》，河北教育出版社，第 11 页。

(二)现代国家的建设:具有现代观念的人才是关键

吴先生认为现在国家已趋于安定,民生之事应摆上最重要的位置,建设现代化国家,没有人才是不可行的。但今日之中国,政治观念落伍,文化学术凋敝,"中学为体,西学为用"的论调仍占据不少社会精英的思想。以儒教为标准的教育观念,极大地限制了自然科学在中国的发展,也极大地框制了现代化人才的培养。"儒家思想只注重人,而不注重物。"①而自然科学的起点,正是要研究"物",研究"玩物"的方式与方法。我国传统文化对于自然界的现象,最多只想要利用而不肯研究。有了这样传统文化的限制,能指望我们产生牛顿、富兰克林或巴斯德这样的科学家吗?

吴先生还分析了科学与文化道德的关系。他认为:"科学的基础是哲学,尤其是哲学中的逻辑与认识论部分。中国虽然号称颇有哲学,可以写成很厚的哲学史,但按之实际,中国哲学史中百分之九十是哲学中最不重要的部分——人生哲学、伦理学。"②受了儒学训练的中国传统文人,历来不喜欢纯粹的哲学,只喜欢如何"修身治国齐天下"的功利哲学。如果不耐烦思考身外的哲学,思考可能与你的一生都不会产生金钱或权力利益的抽象理论,那么他就不具备追求真理的热诚和习惯。在儒家思想的熏陶之下,我们的学者不爱真理,为了取得功利,在统治者的要求之下,不惜大量的"造伪",我们如何能培养出热爱真理探求真理的学术风气?如何能发展与带动社会现代化的自然科学?

吴先生提出:"要现代化,必须从社会道德到政治制度,从文化观念到治学方法,从待人接物到世故人情,从生产工具到分配原则,彻头彻尾的改造重建。"③如果我们还在儒家文化的浸淫之下,只看见西方国家的飞机,大炮,原子弹,只依旧在"致用"方面下功夫,提倡实用科学,而忽视纯粹科学,舍本逐末,将真是一个笑话。

(三)学术道德:现代国家必须建立在现代学术之上

现代国家的建设,现在只能寄托在担负国家建设重任的青年之上。而这些青年目前在学校接受教育,校内教师学术道德的影响,科学精神校园文化的熏陶,对于培养合格的现代化人才具有重要的意义。

吴先生认为:"现代化的国家必须从现代学术上建立其基础,而现代学术的基础则是客观的真理信仰,尤其是现代自然科学,其发展过程,可说是一部客观真理的奋斗史"④。西方伽利略,达尔文这些科学巨人无不在追求真理的道路上坚持不懈,不畏个人生死,从而极大地推动了西方现代科学文明的发展。较之我国,虽然历史上"威武不能屈"的大丈夫比比皆是,但他们只把个人生死用在为人处世的道德之上,却没有用在探求真理这方面。我们来谈现代化,不能老是等别国发明新的科技,我们只买来用现成的,不能只教育青年学些实用科学,制作一些实用工具。如果我们没有学习到西方文明追求真理的科学精神,那么即使我们暂时买到了最新的科技成果,也是不会"用"和"用不长久"的。

---

① 吴世昌著,吴令华编:《吴世昌全集》,河北教育出版社,第35页。
② 吴世昌著,吴令华编:《吴世昌全集》,河北教育出版社,第36页。
③ 吴世昌著,吴令华编:《吴世昌全集》,河北教育出版社,第39页。
④ 吴世昌著,吴令华编:《吴世昌全集》,河北教育出版社,第47页。

二、时论杂文对当代大学人才培养和社会价值观形成启示

(一)提倡学术自由,鼓励学生培养创新精神

中共教育部党组在《关于教育系统深入学习贯彻习近平总书记系列讲话精神的意见》(教党〔2013〕34号)文件中引述习近平总书记的话指出:青年的素质和本领直接影响着实现中国梦的进程。……要教育引导青年学生既扎实打牢基础知识又及时更新知识,既刻苦钻研理论又积极掌握技能,不断提高与时代发展和事业要求相适应的素质和能力。要找准专业优势和社会发展的结合点,找准先进知识和我国实际的结合点,真正使创新创造落地生根、开花结果①。学生创新精神的培养一直是教育部门所大力倡导的,教育部近几年来无论是在高考作文题中做文章,激发学生的创新精神,还是在学生进入大学后,通过资助数种有影响力的大学生竞赛,不遗余力培养学生的团队协作能力和创新精神。各种办法措施的出台,固然可喜,但正如吴先生所说的,现代国家,现代科学进步的原动力为自由思想。各种办法措施为"表",真正营造大学校园内甚至社会上自由独立思考的氛围才为"本"。大学生为将来我国社会发展的中坚人才,从基础教育开始,着重在高等教育中营造自由思考的氛围,培养具有独立思辨能力的建设者。大学生思维活跃,特别是互联网一代,接受新知识新事物的能力普遍快速,在四年培养期间,学校应对学生在专业选择,课外学术活动方向选择,课余活动的选择上给予最大可能的协助,在不危害社会整体利益及学生健康成才的原则下,不干预学生在校内的发展,他们的自由选择权应得到最大可能的尊重。

(二)纠正"重实用轻基础"的现象,关注基础学科发展

所谓基础学科,在学术文献中的解释为:"指研究社会基本发展规律,提供人类生存与发展基本知识的学科,一般多为传统学科,如数学、物理、化学、哲学、社会科学、历史、文学等。基础学科,特别是其中的人文学科,很难具备直接创造经济效益的条件。"根据教育部网站近几年各学科毕业学生数的数据,2012年基础学科哲学当年的毕业生为2038人,历史学为15588人;2011年哲学当年的毕业生为2167,历史学为14309人;2010年哲学当年的毕业生为1952,历史学为13713人。而与之形成鲜明对比的是目前社会上"火爆"专业的学科,例如管理学,工学每年动辄四十余万及八十余万的毕业生。2012年这两个学科的毕业生更是达到了528357人及964583人。虽然其中也有大学扩招的因素,但是基础学科和应用学科的招生数量的差距可见一斑。《中国经济时报》2013年5月13日报道:目前就业工作中存在的主要三大难点为:女生、非重点高校及基础学科。基础学科就业难的现状比较突出,也导致了高考学生在家长或社会的影响下选择容易就业的应用型学科就读。但正如吴先生指出的,科学的基础是哲学,如果没有在基础学科上面的广泛投入,反而过多投入"应用型"学科,大量的培养只知追求快速功名利禄的建设者和接班人,不能孕育出一批在漫漫人生中只追求真理,不能孕育出一批具有思辨精神,笃信真理,以研究认识自然现象、揭示自然规律,获取新知识、新原理、新方法等为基本使命的现代人才,那么我们现今社会又和百年前深受儒家传统浸淫而导致我国现代科学无法破土而出,长期落后于西方国家的封建社会又有何不同? 对基础学科的投入,虽然不能在短时间内看到显著的经济和社会效益,虽然从事这些方面工作的专家和学者,大多数默默无闻,一生在自己的"陋室"中耕耘,但凡在基础学科上的一点点小突破就必然给社会带来革命性的影响。最简单的例子就是被誉为继牛顿后世界上最伟大的理论物理学家爱因斯坦最著

---

① http://www.moe.gov.cn/publicfiles/business/htmlfiles/moe/s7830/201312/xxgk_160333.html

名的方程式 $E=MC^2$。理论物理上的突破带来人类在武器发展、能源供应上的巨大进步。

(三)倡导严谨的治学态度,培养学生的理智价值观

大学教师在大学生的学术品格及道德的形成上起着非常重要的作用。提升教师的个人基本素质,倡导严谨科学的治学态度,从而影响学生塑造健康的学术品德。我们的青年学生将来进入社会后,展现什么样的为人处世之道,与他们在大学生活中受到怎样的学术道德的熏陶有很大的联系。如果一个人已经培养出对客观的真理有不懈追求的信仰,对研究学术有严格的道德自律,那么他的人格品德早已经奠定了基础。通过教师的言传身教,培养学生尊重客观规律,摒弃一切主观成见,只追求真理的精神;培养学生在研究学问时,不讲势利,不讲情面,切忌取巧的态度;培养学生具有对与他学术有异人的包容之心,研究学术虽不讲情面,但也要有风度与雅量,切勿由事及人,睚眦必报。

吴世昌先生所撰写的时论杂文虽不多,但其中对我国抗战后社会的观察及思考对今日之中国仍有很大的借鉴作用。虽然客观环境已有很大的变化,但今日的中国仍是深受儒家思想影响的中国,今日的中国仍处在追赶西方发达国家科技水平的路上,今日的中国仍是处于建成屹立于世界民族之林先进中国的进程中;七十年前吴老对培养现代人才,倡导自由思想,提倡学术道德等的大声疾呼,对于我国目前现代大学人才培养工作,现代大学形成自由开放的治学精神及笃行真理的精神,从而从青年学生开始塑造现代国家的理智道德观仍具有极大的借鉴作用。

参考文献:

[1]吴世昌.吴世昌全集[M].吴令华编.石家庄:河北教育出版社,2003.

[2]何瑙.女生、非重点高校、基础学科三大群体就业问题突出[N].中国经济时报,2013.

[3]陶文鹏,张剑.论吴世昌先生对中国文化与现代化问题的思考[J].绍兴文理学院学报,2008,28(6).

[4]施议对.吴世昌传略[J].晋阳学刊,1985(5).

应用型高校服务区域经济社会发展路径研究

罗乐平

摘　要:应用型高校服务地方经济社会对于应用型高校的发展意义重大,但现实情况往往是双方有合作的意愿,但实际合作过程中却存在着众多的问题,使得校企合作流于形式。作为应用型高校,应该转变传统思维方式,推进内涵发展,主动走出去,服务于地方经济社会,形成应用型高校自身的特色与品牌,拓展校企合作的模式,使得校企两方各发所长,各取所需,构建可持续的合作和发展。

关键词:应用型;高校;服务社会;校企合作

一、前　言

应用型高校是指以培养应用型人才为办学定位的本科高等院校,应用型高校多为省属和地方高校。《国家中长期教育改革与发展规划纲要》(2010—2020 年)中明确指出要增强社会服务能力。高校要牢固树立主动为社会服务的意识,全方位开展服务。推进产学研用结合,加快科技成果转化;开展科学普及工作,提高公众科学素质和人文素质;积极推进文化传播,弘扬优秀传统文化,发展先进文化;积极参与决策咨询,充分发挥智囊团、思想库作用。鼓励师生开展志愿服务。加快现代职业教育体系建设,提高服务区域经济社会发展的能力水平,加强校企合作成为应用型高校的发展战略。[1]应用型高校的发展要立足于地方,紧密联系地方经济社会,高度重视与地方、企业合作,为区域经济社会发展提供人才、技术、文化等多种资源的支撑。

二、当前应用型高校校企合作存在的问题

应用型高校要在新的高等教育形势下构建满足和适应经济与社会发展需要的新的学科方向、专业结构、课程体系等,要全面提高教学质量和水平,培养具有较强社会适应能力和竞争能力的高素质应用型人才。应用型高校表面上要培养适应市场需要的复合型应用技术人才,但实际上并没就市场对人才的实际需求进行研究调查,毕业生的知识结构、应用能力并不能达到市场的要求,企业在招聘毕业生后,还需要花很多的时间、精力、金钱来培养适合自己需要的人才,应用型高校在培养过程中造成了资源的浪费,而企业又加大了人才培养的成本。校企合作无疑是解决此种问题的最佳路径,也是应用型高校发展的必然趋势,但在具体校企合作的过程中,却存在着众多的问题。

(一)校企合作办学定义认识不够

校企合作是校企双方贯彻落实科学发展观和培养应用型高技能人才的重要举措,是实现政府、学校、企业各方利益共享的一种先进办学模式。[2]而当前多数应用型高校在校企合作过程中,热情很高,意愿很强,但大多都停留在与企业签签合作协议,挂个实习基地的牌子等面子工程上,校企合作都停留在学生就业阶段的合作,应用型高校校企合作的层次难以深入,校企合作的主观认识还不到位,全面校企合作的办学理念认识还不够。

就当前应用型高校开展校企合作来看,校企合作的渠道比较单一,学生的实习实践是最常见、最主要的合作形式,校企合作停留在浅层次、低水平的合作,教育资源难以实现优化组合,无法发挥高校和企业各自的优势,合作效率低下,与校企合作的实质意义相差甚远。

从企业方面看,校企合作的成本投入较大。企业是以盈利为目的,追求利润最大化的社会经济组织。因此企业不愿意付出额外的财力和物力来参与校企合作。多数企业对校企合作缺乏战略思考和实践经验,在校企合作中处于消极与被动状态,使校企合作最终成为企业对学校的公益支持或功利性的投资,使校企合作陷于有无合作的状态。这部分企业没有意识到校企合作的必要性,对校企合作热情不足,只是学校单方面的"一头热"。企业对校企合作认识不足,再加上尚未尝到合作带来的收益,把校企合作视为额外负担,忽视了人才培养方面的合作。

(二)校企合作政策和制度缺失

《国家中长期教育改革与发展规划纲要》(2010—2020 年)提出要扩大社会合作。探索建立高等学校理事会或董事会,健全社会支持和监督学校发展的长效机制。探索高等学校与行业、企业密切合作共建的模式,推进高等学校与科研院所、社会团体的资源共享,形成协调合作的有效机制,提高服务经济建设和社会发展的能力。推进高校后勤社会化改革。[3]然而国家和各级政府教育部门没有真正建立起校企合作的运行机制和模式,也没有出台相应的校企合作、工学结合、定岗实习的政策和制度。这样校企合作各方的权益界限模糊,具体实践中缺乏操作性。霍丽娟等学者在对河北省 96 家企业进行了校企合作意愿的调查,结果显示:影响企业参与职业教育积极性的因素依次是企业的利益得不到实现,缺乏合作机制,政府缺少相关政策引导以及缺乏系统的保障机制。[4]

(三)校企合作在具体实践中存在诸多局限

第一,确乏全员参与意识。深度校企合作需要应用型高校的领导有高度的重视,需要教师和学生的积极参与,与企业构建良性、长久的战略合作关系。但教师对于社会服务、校企合作的参与度不够、积极性不高,主动走出去的意愿不强。由于许多教师承担着相对较重的教学科研任务,繁重的教学任务也使教师没有足够的时间和精力投入到校企合作、社会服务工作。

第二,应用型高校开展校企合作办学的思路不够开阔,教师的实践能力和水平有待提高,目前应用型高校的实践条件尚不完备,缺乏"双师型"教师,教师的科研能力和水平有待提高。

第三,校企合作的成本投入较大。企业是以盈利为目的,追求利润最大化的社会经济组织。因此在校企合作中,企业不愿意付出额外的财力和物力,这样应用型高校就相应承担了更大的成本。参与校企合作的人员所产生的差旅费、住宿费、项目经费等,还包括学生参与校企合作过程中所带来的安全、食宿等相关的费用。

第四,校企合作办学的制度设计有待改进和完善。当前,应用型高校校企呈现出"各自为政"的局面,合作单位的洽谈、签约,人员的派出,经费的使用,效果评估和验收等仍由各个教学单位自己负责为主,缺乏学校层面的顶层制度设计和安排。开展校企合作,必然会涉及教师的工作量考核、福利保障、经费标准、职称评审等方面的问题,这些问题亟待学校层面的统一解决。

第五,校企合作的模式有限。现在还没有形成有效的校企合作模式,也没有很好的经验借鉴,应用型高校也只能"瞎子摸象,边走边看"。更多的应用型高校都是在简单模仿,没有科学的管理机制,使得校企合作流于形式。校企合作由学校单方面推进成效甚微,多数是短期的、不规范的、靠感情和人脉关系来维系的低层次的合作,尚未形成统一协调的、自愿的整体行动,校企合作的有效机制模式没有形成。

三、应用型高校校企合作发展路径

校企合作模式是基于市场和社会需求为目标导向的高校和企业双方共同培养人才的范式,它指的是职业教育为满足企业人才需要而进行的可复制的实践办学的一种发展样式,是在培养技能型人才的目标下,开展的职业院校与企业、行业、服务部门等校外机构之间合作的样式。通过这些样式,将理论学习与实践操作或训练紧密结合,以培养学生的全面素质、综合能力和就业创业能力为重点,为社会输送高素质的应用性专门人才。应用型高校不能简单地去企业座谈,签个协议,带几个学生去实习实践了事,而是必须就校企合作的具体模式和方式进行严密的调研,真正去了解地方、企业的需求以及对人才的实际需求,根据实际情况来开展合作。在合作过程中还要不断地进行总结和改进,及时地修正校企合作的模式和内容。应用型高校校企合作的发展路径大体可以概括为以下几种。

(一)校企合作联合办学

校企合作联合办学是应用型高校转型发展的最有效途径,企业在人才的培养过程中必须投入相应的资金和场地,配备合格的人力、物力及生产设备,这样企业有机会长期考察参与人才的培养,便于根据企业自身的特点吸收特定的人才;高校充分发挥自身的师资资源、场地资源和学生资源,参与到企业的发展,同时要利用企业的资源来制定培养方案、课程体系,提升学生的应用能力和技术,缓解学生的就业压力。

校企合作联合办学的模式大体可以分为全面合作办学和阶段合作办学。全面的合作办学要求校企双方在充分调研的基础上制定全面、细致的人才培养方案,确保培养方案的整体性、连贯性和有效性;同时还要求校企双方能够建立期长期战略合作关系,培养进程要包括更多领域,如项目研发、员工培训、企业文化等。阶段性的合作办学模式是基于应用型人才培养计划的某个特定阶段的培养特点和教育需要,有针对性地循序渐进地进行校企联合培养活动。

校企双方坚持的合作办学模式,便于校企建立长期的战略合作伙伴关系,使得培养进程涉及更多领域,包括项目研发、技术革新以及产品创新等。这对高等人才的各方面素质得到相应的提高有一定的推动作用。

(二)校企合办实训中心

校企合办实训中心是高校和企业双方共同建立学生实训中心,充分利用高校和企业两种不同的教育环境和资源,实现了课堂教学与生产一线、校园文化与企业文化、专业教育与职业培训的有机结合。高校依托企业建立高校与企业共用的生产性实训中心,由企业或高校提供实训场地、管理人员和实训条件,校企共同投入,按照符合企业生产要求建设生产性实训中心,由企业和学校共同设计学生的人才培养模式、课程体系、教学内容、教学方法等一系列工作。借助校企合办实训中心这个平台,教师到企业、园区实践,能提升科研能力、增加实践经验;企业人员到校任教,能提升自身的创新能力,推广企业文化;学生参与实训能提升应用能力、专业能力、职业能力。

(三)顶岗实习合作办学

顶岗实习合作办学是高校组织学生进入合作企业的具体工作岗位上工作,一边学习理论一边进行实践的合作模式。顶岗实习是应用型高校有效推进工学结合人才培养模式的最重要的形式,也是培养高技能人才的重要途径。学校和企业遵循平等互利的原则,制定订单式人才培养的方案。将学校的教育资源和企业的各种资源整合,学校把课堂设置到企业,让学生在企业生产经营过程中进行学习,企业把学生视为正式员工使用,按企业要求进行管理和考核。在学生实习实践过程中,高校和企业按需对学生进行特定的培训,高校校企双方共同管理,让学生能把就业与社会的要求无缝接轨,实现对学生的技术、应用能力、实践能力的提升。顶岗实习合作办学模式能够帮助参与学生在稳定的岗位上,接触到工程经验丰富的技术人员,面对实际问题,接受高校教师和一线工程师的指导,从而积累经验,掌握技术。学生在实际岗位中,在企业的安排下,像企业员工一样完成实践活动,承担企业生产责任,锻炼实践操作能力。

(四)校企结对,加强师资队伍建设

应用型高校培养的是应用型技术人才,这就需要具备双师素质的教师队伍,这是提高学生实践技能的直接保证。所谓双师素质,是指既有教师任职资格,又有职业技术资格证书的教师。

应用型高校与合作企业结对,建立高校教师到企业学习、工作和培训以及企业人员到高校学习和进修的机制;建立对教师和企业人员进行考核的制度。根据教师的自身专业、授课的特点,安排教师与合作企业的对应工作岗位的人员进行结对,以提高教师的实践能力和企业工作经验,同时也能提高企业人员的管理能力和理论能力。通过校企结对,专业教师与企业人员结对,能解决"双师型"教师队伍建设问题,提高教育教学水平和企业生产效率。

校企双方建设一支具有丰富理论知识和实践知识的师资队伍是校企合作办学、培养各类人才的保证。高校教师与企业人员进行一对一的结对,双方进行双向沟通。鼓励专职教师到企业锻炼,参与企业的技术一线工作,参与企业的技术革新、设备改造和项目的研发,学习生产性专业技能,改变传统教育理念和方式,提高实践教学能力。鼓励企业人员进高校进修和理论培训,提高自身的实践能力和技术创新能力,促进企业人员的实践经验与理论知识的高效融合,企业人员还可以到高校开设课堂及讲座,把实际工作知识及经验传授给高校的学生,让学生接受到工作一线的信息。学生毕业论文可以学校和实习单位结合起来实行"双导师"制。

(五)面向企业开展咨询、培训

应用型高校可以结合区域经济特点,整合地方资源,发挥师资特点,面向企业开展管理咨询,员工培训等服务。高校教师根据自己的专业特点,积极地开展社会服务,担任企业的顾问,提供各项咨询,同时还可以面向企业开展财务知识、销售管理、礼仪等等各类培训。

四、结　语

企业能够在校企合作中获取人力资源、获取技术资源、获得廉价劳动力、提升企业文化等;高校能够在校企合作中获取企业资源,完善学生培养模式,提升教师实践能力,改变传统教学模式等。对于校企双方而言校企合作是双赢的结果,未来校企合作的发展,还需要创新合作模式,引进最新企业的管理理念和管理方法。高校与企业还需关注行业发展变化,不断学习新技能,才能确保校企

的正常运作与良性发展。

　　高校作为人才培养中心应完善自身办学质量,加强与地方政府和企业的沟通,建立校企合作的长效机制。企业作为技术和岗位支持中心,应该从长远利益出发,提升参与校企合作的层次和深度,实现互利共赢。[5]校企合作问题涉及社会、政府、高校、行业和企业等多重主体的利益,校企合作不单单是学校和企业的合作,还需要政府、社会等多方的共同参与。

参考文献:

[1]国家中长期教育改革和发展规划纲要(2010—2020年)[Z].人民日报,2010-03-01(005):9.

[2]贞银.高等职业教育校企深度合作的若干问题及其思考[J].民办与职业高等教育,2010(3).

[3]国家中长期教育改革和发展规划纲要(2010—2020年)[Z].人民日报,2010-03-01(005):13.

[4]霍丽娟等.企业参与校企合作的意愿调查与分析——以河北省企业为例[J].职业技术教育,2009(34).

[5]张斌.多重制度逻辑下的校企合作治理问题研究[J].教育发展研究,2014(19).

翻转课堂教学法在高校管理学教学中的应用

胡佳应

（浙江财经大学东方学院工商管理分院）

摘　要：翻转课堂教学法是近几年在美国兴起的一种新颖的教学手段，其模式从传统的"以老师为主"转换成"以学生为中心"，这样的教学方法能够有效地激发学生学习的兴趣以及带动学生的主观能动性，广受好评。管理学目前是东方学院的公共基础性课程，学习该课程的学生数量很大，因此研究翻转课堂教学法在课程中的应用具有较强现实意义的。本文探讨了翻转课堂教学法在管理学课程教学中的应用方法，评价了翻转课堂教学法的使用效果，并探讨了实施翻转课堂教学法的保障措施。

关键词：翻转课堂；管理学；应用

一、前　言

管理学是系统研究管理活动基本规律和一般方法的科学。管理学是适应现代社会化大生产的需要产生的，是一门综合性的交叉学科。作为一门基础性课程，管理学中的很多理论知识、商业理论模型、商业分析方法等对大学本科阶段后期的专业课程来说也是一种基础能力的培养。此外，该课程不仅要求学生掌握一定理论知识，同时也非常注重考查学生的实践能力，重点考察学生是否能够将理论知识和实践运用有机结合。传统教学手段和方法往往会令学生在学习理论知识时，不能够完全调动学生的主观能动性和学习积极性。特别对于不同学者基于不同人性假设提出不同管理学派观点等需要大量记忆的章节，学生普遍反映这些知识点容易混淆甚至出现根本记不住的情况。为了能让学生学到知识、学好知识，充分调动主观能动性，确保充分利用课时效率，在有限时间和空间产生良好的师生互动并高质量地完成教学任务，在管理学课程的部分章节引入翻转课堂教学法是一件尝鼎一脔的事情。

翻转课堂教学法（flipped classroom）是由于现代信息技术的发展和科技的进步，随着便携式移动设备和互联网技术的普及而诞生的，缘起于美国（美国学者更注重将技术手段与教学过程相结合）。其基本思路和做法是：借助于现代发达的网络信息技术环境，将传统"课堂教师讲授知识，课后学生复习、完成作业"的教学过程彻底翻转过来。到了2007年有学者在课堂上尝试使用翻转课堂教学法的手段，让学生先在家中观看由老师自己制作的关于课堂内容的视频，接着在老师的课堂指导下由学生自行完成老师布置的作业。随即发现，这样的课堂更受学生欢迎，能够让学生充分发挥主观能动性，积极地参与到课前预习程序课中学习和课后复习的每一个环节中，同时，让课堂不再单纯局限于学校规定的时间与空间内，让学习变得更加灵活。

2014年,教育部年度工作要点中提出:研究制定关于地方本科高校转型发展的指导意见,启动实施国家和省级改革试点,引导一批本科高等学校向应用技术类型高等学校转型。2015年7月,浙江省教育厅、省发展和改革委员会、省财政厅印发了《关于积极促进更多本科高校加强应用型建设的指导意见》,其中提到浙江省目前有41所高等院校面临改革。2015年9月至11月,浙江财经大学东方学院开展了为期两个月的转型大讨论活动。在这样的背景与要求下,笔者结合管理学课程的学科特点,对其中部分章节进行了翻转课堂教学法这一新颖教学手段的探索。

二、翻转课堂教学法在管理学课程中的构建方法

(一)管理学翻转课堂的设计

1. 课前准备环节

对于翻转课堂教学法来说,课前的视频录制与准备和学习材料的准备是很重要的,因为学生课前需要去观看视频来完成自主学习的过程。一个高质量的课前学习视频不仅可以帮助学生在课前理清思路,明确重点,同时也可以激发学生学习兴趣,引发思考。学生自主观看视频,阅读相关模块材料,课前观看的视频可以随时暂停、倒退,遇到不懂或者难以理解的地方可以多看几遍加深理解以及记忆,学生可以完全自行掌握学习的进度,也可以将学习视频中的感受记录下来,在课堂上与师生共享。爱因斯坦曾经说过"兴趣是最好的老师",激发学生兴趣往往可以达到事半功倍的效果,特别是面对枯燥的章节更需要利用有趣、新颖的教学手段和教学方法来激发和增强学生学习的兴趣。

2. 课堂内容环节

课上设计信息是翻转课堂的关键环节,知识的内化在课上完成。在教学策略设计上,应采用灵活多样、多种策略组合的方式,注重培养学生独立思考和协作学习的能力。在课堂中非常强调学生的参与,需要学生与老师的互动来增强翻转课堂的效果。可以让学生自行组成讨论小组对于一些课前布置的作业可以进行交流和讨论,让学生互相学习,通过这个过程可以检查学生在课前准备的情况。

3. 课后反馈环节

课后设计主要包括意见反馈、课程完善和评价考核三个方面。意见反馈可以对学生进行一些采访,从第一手资源得到学生对于该堂课的反馈情况,同时听取学生意见来完善课前设计。其次,可采取一定的测验形式,去考察学生在这堂翻转课堂里面究竟掌握了多少知识,并且与期末成绩挂钩,这样可以引起学生足够的重视。

(二)管理学翻转课堂实际操作及学生评价

1. 管理学翻转课堂的实际操作方法

《管理学》课程中的"管理思想的演变"一章,由于学生普遍反映知识点难以记忆,故笔者采用了翻转课堂教学法。该章节中出现大量管理理论以及不同理论的观点、特点、背景、人物等等,学生经常在考试答题的时候出现记忆混淆的情况。课前,笔者先制作了相关幻灯片,配上大量人物图片并且标记了重点,利用图片和多彩的字体可以加深学生印象。再利用科技手段对该视频进行配音。由于翻转课堂教学法手段的特性,课前视频与教学内容不宜太长,于是笔者将视频时间控制在10分钟内,并且对幻灯片中标记的重点反复强调。在视频最后布置相应作业,请学生自行归纳出古典管理理论三个代表人物韦伯、泰勒、法约尔他们各自的理论及理论特点和发展过程,需要在课

堂上进行反馈。在课堂上,让学生自行组成学习小组对于三位管理学者的观点精心讨论,并选出一位代表进行发言,让学生自行总结归纳,最后由老师进行点评。

2. 学生的评价

学生对于课前的视频普遍反应很好,笔者采用访谈法随机对三名学生进行调查,以下是学生的反馈。

学生 A:第一次听到翻转课堂教学法的时候感觉到非常新奇,在大学课程中还没有尝试过这样的教学形式。让我们不再觉得课堂是单一的形式,不再是只有老师一个人在讲堂上授课的过程。翻转课堂让我们可以更好地学习,也能够更加灵活地支配自己的学习时间。

学生 B:自己对于比较冗长和复杂的理论比较反感和抵触,更谈不上学习兴趣,原本是抱着应付考试的心态去硬性记忆的。但是接触和利用了翻转课堂之后发现,其实在我们自行支配学习时间和通过自主学习归纳总结的情况下,可以增强自身学习兴趣。

学生 C:翻转课堂教学法可以让我们自主选择课前预习时间,不受时间空间限制,也从侧面提高了学习效率。

根据访谈内容可总结,大多数学生对于翻转课堂教学法还是非常喜欢和推崇的。笔者在阅读大量文献后和与学生沟通中得出结论:传统教学方法在实际运用中采取"填鸭式"的教学手段,只在课堂上以老师为主进行授课过程,学生往往处于被动接受的状态。相比翻转课堂教学法,传统教学手段更难调动学生学习兴趣和主观能动性,也不利于师生互动提高课堂时间利用率。采取翻转课堂教学法之后,学生更愿意参与到课堂中来,并且对于繁琐和难以记忆的知识点可以更快更好地掌握。

三、翻转课堂教学法目前面临的问题

(一)需要学生的积极参与和准备

由于翻转课堂教学法是需要学生充分发挥主观能动性的,因此如果学生在课前没有足够准备,就不能在课堂上将预期效果展现出来。这样的课堂可能反而相对于传统课堂来说更低效率。所以,如何确保学生在课前能够真正做好准备工作是目前翻转课堂实施所面临的一个重要问题,这不仅需要老师在平时不断强化翻转课堂的要求,并且也依赖于学生之间互相监督。只有将课前准备的工作充分做足做好,才能够达到翻转课堂预期的效果。

(二)需要有网络等硬件措施加以保障

翻转课堂教学法是依托于现代科学技术发展和便携式移动设备普及而得到充足发展空间。在翻转课堂的发源地美国,其能充分得到发展和快速传播是因为美国科学技术发展水平在世界首屈一指,同时美国无线网络技术等客观条件都要比中国现有状况完善。因此,对于中国很多高校来说,客观条件的限制往往成了阻碍推进该教学法的一个最大障碍。此外,部分学生可能由于缺少完成观看课前视频的必要设备而没有办法及时完成课前布置的各项任务,从而影响教学的整体进度以及效果。对于很多高校来说,如果要在学生中或者选定的课程中推行翻转课堂,须亟待解决这一突出的矛盾。

(三)需要对教师的工作量进行合理的评价

翻转课堂教学法需要教师在课前投入大量时间和精力去研究如何将课程模块进行拆分、如何制作一个能够吸引学生的视频等。而这一部分的工作量到目前为止很难得到相应计算。研究表明,当学生参与学习的形式更加多样,教学所追求的知识与技能目标更加深入时,这些评测方式的局限性就显得更加突出。翻转课堂实践效果评估的复杂性使得投入与产出的关系难以计算,这个问题很可能会让一些教师对翻转课堂望而却步。如何发展出一套适用的测量工具和方法来评估教师翻转课堂的效果是值得关注和研究的问题。然而目前还没有一套科学和完整的体系可以解决这一难题。

因此,如何推行或者发展翻转课堂教学法除了在主观上面对学生是否有足够的主观能动性和积极性去配合老师完成相应的学习任务,在客观上还存在着科学发展水平是否能够匹配课堂资源,教师自身信息技术能力等等问题。

四、结束语

随着网络信息技术的不断发展,可供选择的便携式移动电子设备终端也变得多种多样,翻转课堂教学法也得到了广泛应用。虽然其目前可能面临一些现阶段难以克服的问题,但是我国日趋成熟的信息技术将从侧面极大地推进这一在美国新的教学手段和方法。翻转课堂教学法不仅翻转了师生之间的角色,翻转了学习时间和空间上的限制,同时也翻转了高校的教学思维,这对于推进高校建设应用型本科的转型也起着促进的作用。

参考文献:

[1]尤利群,等.管理学(第二版)[M].杭州:浙江大学出版社,2014.

[2]黄田富,胡志彪,吴舜华,姜秀榕.翻转课堂教学法在《材料力学》课堂教学中的应用[J].龙岩学院学报,2015(10).

[3]王聪,张凤娟.翻转课堂教学法在美国:历史,现状与课题[J].外国教育研究,2015(09).

[4]温中华,唐克东.《结构力学》教学改革的思路[J].华北水利水电学院学报:社科版,2011(12).

[5]李艳坤.基于翻转课堂的《现代教育技术》公共课实践教学实证研究[J].唐山师范学院学报,2014(5).

[6]徐苏燕.高师院校英语教学法课程"翻转课堂"实证研究[J].广东第二师范学院学报,2014(8).

[7]蒋丽丽,陈幼华.基于翻转课堂的高校信息素养教育设计研究[J].图书馆杂志,2015(12).

[8]缪静敏,汪琼.高校翻转课堂:现状、成效与挑战——基于实践一线教师的调查[J].开放教育研究,2015(10).

城市商业银行规模效率的比较研究

——基于三大经济圈的分析

余雯哲

（浙江财经大学东方学院金融与经贸分院）

摘　要： 城市商业银行的规模效率研究一直是学术界的热点。本文以发展领先的三大经济圈城市商业银行为研究主体，综合多种投入产出方法，选取 44 家城商行 2006—2013 年 276 个样本点的面板数据，采用超越对数成本函数，建立固定效应模型。从整体发展、变化趋势、中心城市城商行效率梯度三个方面，对比了三大经济圈城商行规模经济性，并评价了跨区域扩张中规模效率的类别差异。结果表明，三大经济圈城市商业银行的整体规模效率在改善，规模效率排序与城市梯度一致，而省内经营的风险控制相对较优。根据实证结果，就三大经济圈城商行的发展路径选择、跨区域经营的风险控制问题，提出政策建议。

关键词： 城市商业银行；规模经济；跨区域经营；三大经济圈

一、问题的提出

1997 年，为化解地方金融风险，改善地方性金融机构的公司治理，国务院批准撤并原城市信用社，组建新的地方股份制商业银行。目前，城市商业银行均完成重组改制，总体规模不断扩大。2010—2013 年均增长率约 26%，从业人员数增加 5.62 万人，税后利润实现了翻一番。2013 年年末，全国共有 145 家城市商业银行，资产总额达 15.18 万亿元，占银行类金融机构的 10.03%。随着资产扩张的同时，许多城市商业银行也实现跨区域经营，以经济圈为扩张重点，甚至遍及全国。然而，随着资产规模和跨区域经营范围扩大，管理层次增加，信息传递速度减慢，银行内部的管理和监督成本增加，可能会导致资产质量下降，出现规模不经济。

规模扩张与规模效率的研究起源于 20 世纪 50、60 年代（施蒂格勒，1958），并在样本范围、弹性函数形式等方面进行了改进。在我国城市商业银行规模效率的实证方法中参数法是研究城市商业银行规模效率的主要方法（郭磊，2007；剑玉阳、陈书启，2012；张博，2014 等）；指标分析法则起步早，但后续研究少（丁俊，2001）。而运用数据包络法（DEA）时，重点关注城市商业银行的其他效率，并以规模效率为补充（欧阳以标、阳清金，2008；董竹、张春鸽，2011 等）。

城市商业银行规模扩张的选择路径不仅要考虑自身实力，更要满足地方经济的发展要求。乔海曙（2002）认为，城市商业银行区域发展的任务是促进增长圈的"极化"和推动增长极的"扩散"。彭建刚、周鸿卫（2003）提出，城市商业银行生存和发展应该着眼于区域经济，即主动地和有战略眼光地发挥经济增长极的极化和扩散作用，才能有效实现自身的效率提升。刘毅、王颖（2012）就跨区域经营对其绩效的影响进行实证研究，认为城市商业银行不应仅仅追求跨区域发展，要根据自身的特点制定符合其战略目标的差异化发展道路。而当前地方区域的界定已不仅局限于传统的行政划分,以长三角经济圈、珠三角经济圈、环渤海经济圈为代表的经济圈层,已纳入国家区域战略发展规划。三大经济圈的经济发展实力遥遥领先,2013 年实现国内生产总值 44.85 亿元,占全国的78.85%。然而其经济增长动力及产业发展模式各异,对处于不同区域的城商行提出了新的要求。深入挖掘经济圈发展特征与银行效率的内在关系,有利于找准定位,形成差异化竞争格局,进而有效分散经营风险。

　　本文将从两个方面讨论三大经济圈城市商业银行的规模效率问题:第一,城市商业银行规模效率的区域差异。以三大经济圈为分析重点,从整体发展、变化趋势、中心城市城商行效率梯度三个方面展开。第二,以经济圈为划分依据,探究跨区域经营的类别差异。通过省内、经济圈内、全国范围的类别划分,重点关注公司治理和贷款质量问题,试图寻找跨区域经营的风险控制途径。

二、相关概念界定及样本选择

　　根据统计抽样推断的原理,本文以三大经济圈城商行的样本数据推断总体的特征,对比三大经济圈的城市商业银行规模效率的差异,需明确三大经济圈的概念、抽样依据及合理性等问题。

(一)三大经济圈的概念界定

　　经济圈是指一定区域范围内的经济组织实体,一般是疆域极广国家内部的某一特定区域,往往在该国家的国内生产总值(GDP)中占很大比重,并对全球经济产生一定影响。本文定义的经济圈参照国家统计局的划分标准:长三角地区,是我国城市化程度最高、城镇分布最密集、经济发展水平最高的地区。具体包括上海市、江苏省、浙江省,以上海市为首位城市;环渤海地区,是内地沿海北部通往世界的重要门户地区。主要包括北京市、天津市、河北省、辽宁省、山东省,以北京市为首位城市。珠三角地区,是内地沿海南部通向世界的重要门户地区。考虑到样本的可得性和区域划分的时效性,本文沿用"泛珠三角"的概念,包括福建省、湖南省、江西省、海南省、广东省、广西壮族自治区、贵州省、四川省、云南省。其中,广州市是首位中心城市。

(二)样本的选择及抽样合理性

　　2013 年年末,三大经济圈的城市商业银行法人机构数达 95 个,占全部城市商业银行的 65.97%(95/145)。其中,长三角地区 18 家,环渤海地区 42 家,泛珠三角地区 35 家。本文选取 44 家 2006—2013 年共 276 个样本银行的数据,是非平行面板数据。抽样方法采用分层随机抽样:长三角地区共选取了 15 家,环渤海地区 15 家;泛珠三角地区 14 家。

　　以样本推断经济圈城商行的规模效率,需要具有一定的代表性,就抽样科学性及样本特征作以下四点分析:第一,从样本银行的成立时间看,经营背景有所差异。本文选取的样本既有 2006 年进行股份制改造以来新组建的城市商业银行,如民泰银行、华融湘江银行等,也有历史悠久、业务发展相对稳定的银行,如金华银行、威海市银行等。第二,样本银行的分支机构设立范围大小不一。截至 2014 年 6 月 28 日银监会行政许可查询系统的信息,样本以一级分行的设立情况分类,囊括了全国性、经济圈内、省域内、无分支机构 4 类。其中,经营范围全国性的有南京银行、天津银行等;经济圈内的有温州银行、阜新银行,本省域内的有金华银行、沧州银行,泰安市银行未设立任何的分支机构。第三,样本银行所辖区域的行政级别以市域管辖的为主。主要包括杭州银行、河北银行等市域的城市商业银行;江苏银行、河北银行等属于省域银行。省域的银行主要分布在长三角地区和环渤海地区。第四,样本基本涵盖了不同资产规模的城市商业银行。包括特大型的北京银行、上海银行等,也有嘉兴银行、泰安市银行等平均资产规模在 200 亿元左右。

三、城市商业银行规模经济的参数估计

本文采用超越对数成本函数,选取三大经济圈 44 个城市商业银行 2006—2013 年 276 个样本点的面板数据,建立 4 个固定效应模型。投入产出的界定是建模考虑的重点。首先以中介法作为研究的起点,该方法已经得到较多学者的认同;模型 2 考虑"投资"、"产出"的重要性,是"中介法"下对该问题研究的深化;模型 3 采用"对偶法",虽然没有得到广泛认同,但仍有相当一部分论文采用存款数量作为产出项;模型 4 是较新的投入产出定义,考虑贷款质量和公司治理要素,更符合现代银行的发展要求。

(一)两投入模型的参数估计

本文银行的总成本(C)定义为反映银行日常所需的总成本,由"利润表"的"利息支出"、"手续费及佣金支出"、"营业支出总额"4 项加总得出。两投入模型的投入指标包括资本费用率(K),存款价格(R)。其中,资本费用率(K)反映银行使用实物资产和劳动力的价格,以业务及管理费/期末资产余额计算所得;存款价格(R)反映银行"存款"要素投入的价格,以利息支出/期末存款余额计算所得。模型 1 的产出为贷款(Q_1);模型 2 在模型 1 的基础上引入投资(Q_2),以"长期投资"为主;模型 3 在模型 2 的基础上引入存款(Q_3),该三个指标均由资产负债表得出。在超越对数成本函数模型中,由于各指标项均具有理论意义和存在的价值。学者普遍认为,只要 50% 以上的参数估计值在 10% 的显著性水平下通过了 t 检验,就认为该模型具有良好的可解释力度。三个模型均通过了 F 检验,其参数估计值通过 t 检验的比例分别为 70%,60%,66.67%(见表 1)。

表 1　两投入模型的估计结果

变量	模型 1		模型 2		模型 3	
	系数	t 检验	系数	t 检验	系数	t 检验
$\ln\_Q_1$	2.585	0.631***	1.359	0.842	4.510	2.303*
$\ln\_K$	−5.169	1.538***	−3.747	1.614**	−2.672	1.366*
$\ln\_R$	0.909	0.777	0.815	0.771	0.042	0.711
$\ln\_Q_1\_2$	−0.014	0.013	0.059	0.025**	−0.478	0.197**
$\ln\_K\_2$	0.114	0.031***	0.140	0.033***	0.129	0.036***
$\ln\_R\_2$	0.098	0.022***	0.100	0.022***	0.102	0.022***
$\ln\_K\_R$	−0.304	0.069***	−0.311	0.074***	−0.233	0.066***
$\ln\_Q_1\_K$	0.221	0.057***	0.110	0.097	0.471	0.288
$\ln\_Q_1\_R$	−0.041	0.030	−0.033	0.043	−0.109	0.108
$\ln\_Q_2$			1.204	0.595**	1.733	0.555***
$\ln\_Q_2\_2$			0.045	0.012***	0.021	0.011**
$\ln\_Q_2\_K$			0.066	0.067	0.199	0.068**
$\ln\_Q_2\_R$			−0.005	0.036	−0.025	0.031
$\ln\_Q_1\_Q_2$			−0.122	0.032***	−0.479	0.064***
$\ln\_Q_3$					−4.953	2.455**
$\ln\_Q_3\_2$					−0.727	0.239***
$\ln\_Q_3\_R$					0.141	0.113
$\ln\_Q_3\_K$					−0.507	0.318
$\ln\_Q_1\_Q_3$					1.280	0.423***
$\ln\_Q_2\_Q_3$					0.390	0.069***
cons	−30.837	9.425***	−26.582	9.362***	−8.304	8.127

注:*** 表示在 0.01 水平上显著,** 表示在 0.05 水平上显著,* 表示在 0.1 水平上显著。

(二)引入贷款质量和公司治理的参数估计

考虑到数据的可得性和模型统计结果的显著性,模型 4 在模型 1 的基础上,在原投入指标中加入不良贷款率(L)及营业外支出率(E)两项指标。其中,不良贷款率根据银行历年年报列示,营业外支出率以"营业外支出/营业收入"计算得出。回归结果表明,61.90% 的参数估计值通过了 t 检验,F 统计量为 386.74,通过了 F 检验(见表 2)。

表 2　引入贷款质量和公司治理的估计结果

变量	系数	标准差	t 值	p 值	变量	系数	标准差	t 值	p 值
$\ln\_Q_1$	2.3244***	0.6783	3.43	0.001	$\ln\_Q_1\_R$	−0.0771**	0.0315	−2.45	0.015
$\ln\_K$	−5.3809***	1.7455	−3.08	0.002	$\ln\_Q1\_L$	0.0137	0.0237	0.58	0.565
$\ln\_R$	1.6143*	0.8859	1.82	0.070	$\ln\_Q_1\_E$	−0.0236**	0.0112	−2.12	0.035
$\ln\_L$	0.2048	0.6044	0.34	0.735	$\ln\_K\_R$	−0.3692***	0.1094	−3.38	0.001
$\ln\_E$	0.4917	0.3357	1.46	0.145	$\ln\_K\_L$	−0.0091	0.0467	−0.19	0.846
$\ln\_Q_1\_2$	−0.0125	0.0147	−0.85	0.394	$\ln\_K\_E$	0.0182	0.0376	0.48	0.630
$\ln\_K\_2$	0.1113***	0.0314	3.54	0.001	$\ln\_R\_L$	0.1058***	0.0400	2.64	0.009
$\ln\_R\_2$	0.0874***	0.0239	3.65	0.000	$\ln\_R\_E$	−0.0460**	0.0216	−2.13	0.034
$\ln\_L\_2$	0.0264***	0.0098	2.69	0.008	$\ln\_L\_E$	−0.0141	0.0145	−0.97	0.333
$\ln\_E\_2$	0.0059	0.0054	1.09	0.277	_cons	−25.2528**	10.2363	−2.47	0.015

注:*** 表示在 0.01 水平上显著,** 表示在 0.05 水平上显著,* 表示在 0.1 水平上显著。

(三)模型的稳健性检验

本文剔除特大型商业银行数据后,计算规模经济值,随着资产规模的增加,城市商业银行规模效率有所上升,这一结论与近年学者的研究相一致(邹朋飞,2008;彭路南,2011;孙海刚,2013;周申蓓、张俊·2014)。另外,对面板数据的计量方法选择作 Hausman 检验,四个模型的 p 值均拒绝原假设,因此,选用固定效应是正确的。

四、城市商业银行规模经济的区域比较

参数估计结果表明 4 个模型均通过显著性检验,而评价城市商业银行规模效率时,采用哪类投入产出方法将影响最终的评定结果。本文的模型选择视分析的目的不同有所差异。模型 1 是研究该问题的基础,起对比作用;模型 2 和模型 3 应用于整体区域的比较分析,具有更好的代表性;模型 4 进一步关注贷款治理和公司治理问题,特别是涉及跨区域经营,具有更严格的结论。

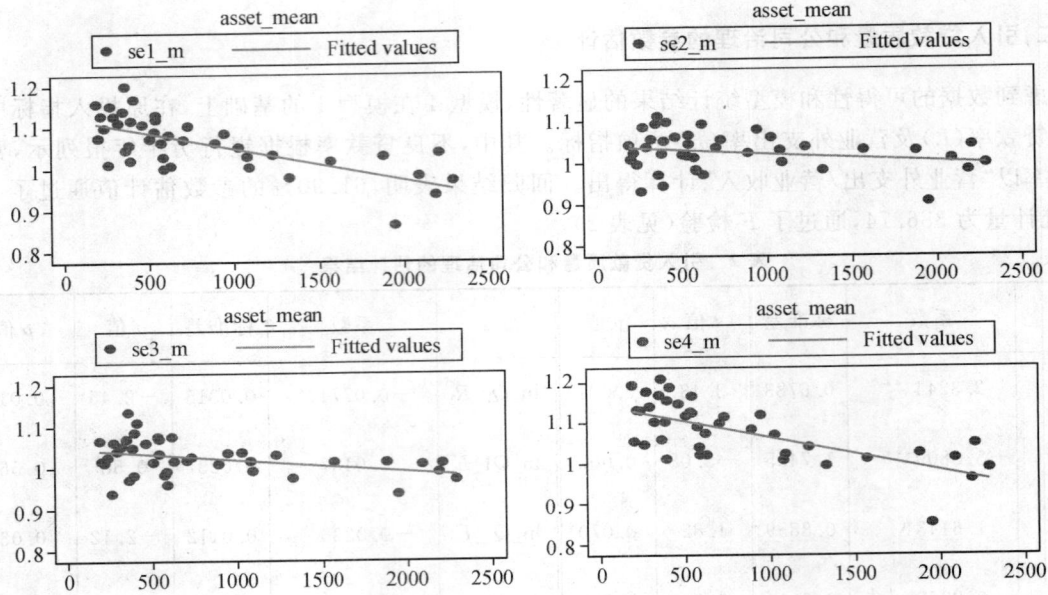

图 1　资产规模与规模经济值散点图

(一)三大经济圈规模效率的总体比较

规模经济效率以泛珠三角、环渤海、长三角依次排序。这似乎与区域经济理论相矛盾,但结果具有一定的合理性:第一,规模效率并不是衡量银行绩效和综合实力的唯一标准。孙秀峰(2007)认为规模效率和其他效率的关系并不密切。牺牲一定的规模优势,来换得银行综合效率的提高,是银行理性的决策。第二,根据增长极理论,只有当发展到一定程度时,才会具有"扩散"效应。泛珠三角的银行,目前集中于"极化"的发展,做大做强不是城市商业银行的唯一选择(见表 3)。

表 3　三大经济圈城市商业银行规模经济值

经济圈名称	模型 2				模型 3			
	均值	标准差	最小值	最大值	均值	标准差	最小值	最大值
长三角地区	1.0998	0.0236	1.0580	1.1348	1.0360	0.0126	1.0182	1.0504
环渤海地区	1.0651	0.0217	1.0223	1.0914	1.0089	0.0215	0.9720	1.0337
泛珠三角地区	1.0614	0.0619	0.9972	1.1459	1.0090	0.0204	0.9716	1.0396
全样本	1.0800	0.0341	1.0324	1.1205	1.0197	0.0112	1.0081	1.0337

从经济圈发展特征看差异的成因:第一,行业市场竞争差异,是导致三大经济圈整体规模效率存在差异的主因。长三角地区特别是浙江省的 11 个城市商业银行相比其他地区,有更强的同质化竞争格局,而泛珠三角地区和环渤海地区城市商业银行内部具有不同的市场定位,导致诸如北京银行、广州银行等具有一定的区域垄断性特征,业务范围也涉及全国,使其规模效率明显高于其他城市商业银行,从而提高该区域的整体评价结果。第二,市场开放水平是促进城市商业银行规模扩张的动因。泛珠三角地区的样本城市商业银行整体规模效率较高,得益于外向型经济的驱动,依靠出口贸易的优势,加快了资金的流动速度,成为三大经济圈内最具活力的区域,同时,资金的存量规模和业务范围的扩大,使该区域的城市商业银行具有扩大规模的动机。

（二）三大经济圈规模效率的变化趋势比较

城市商业银行的规模效率总体逐年上升：长三角地区，规模效率逐年提高；环渤海地区，总体规模经济变化相对平缓，这与样本的选择有关；泛珠三角地区，总体变化最大，2008年的整体规模效率下降后，近年提高幅度明显，但不能忽略2013年的翘尾趋势（见图2）。

区域银行的效率变化与经济增长动力、产业结构密不可分。从三大经济圈的经济增长动力来看，近年来，长三角地区以"苏南模式"、"温州模式"为代表的民资股份制改革效益显现，凭借经济发展的强劲动力，为银行提供充足的资金保障，投入产出效率在逐年上升。环渤海地区以国资为主导，改革效益虽有所显现，但行政体制转变具有粘滞性，服务于地方经济的城市商业银行效率提升也相对平缓。泛珠三角地区以外资为主导，外资银行的竞争压力迫使本地城商行改变经营决策，并通过引入战略投资者来调整股本结构，整体规模效率在迅速提升。另外，从产业结构的特征看，以高科技为主导的知识密集型产业结构，使长三角地区整体效率改善更具有可持续性。

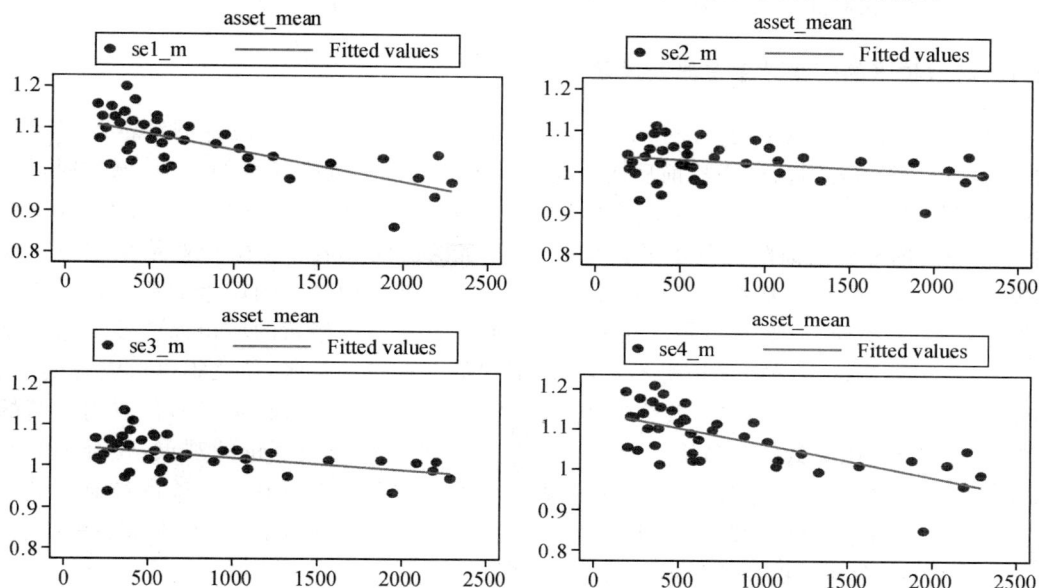

注：●代表模型1；◆代表模型2；■代表模型3；▲代表模型4

图2　三大经济圈规模经济趋势

（三）中心城市城商行的规模效率梯度分析

总体来看，中心城市城商行的规模梯度与城市梯度相一致。处于第一梯度的城市分别是上海市、北京市、广州市，其对应的规模经济值均小于1，高于第二梯度中心城市的城商行，并整体效率高于样本平均水平。实质上，城市商业银行规模效率的梯度特征反映了经济圈特征的表现。第一，中心城市的经济发展水平具有领先地位，居民的储蓄水平相对较高，资本流量变化相对较大，对银行的金融需求旺盛，是城商行规模扩张的主要动因。第二，中心城市往往只设立一个城市商业银行，市场集中度高。根据西方经济学理论，垄断性越高，越容易实现规模经济效益。第三，中心城市的市场开放度相对较高，迫使城市商业银行改善公司治理水平、提高风险控制能力，从而改善规模效率。以上海市为例，跨国资本转移程度高，德意志银行、荷兰银行等外资银行在上海成立了主报告行，汇丰、花旗等外资银行也设立了区域管理总部。

表 4　　主要中心城市城商行的规模经济值统计

银行名称	资产规模(亿元)	均值	标准差	最小值	最大值
上海银行	9777.22	0.9684	0.0566	0.8599	1.0166
杭州银行	3401.89	1.1264	0.0385	1.0933	1.1938
南京银行	4340.57	0.9862	0.0375	0.9307	1.0325
北京银行	13367.64	0.9081	0.0404	0.8688	0.9524
天津银行	4056.87	0.9588	0.0648	0.8688	1.0193
大连银行	2840.34	1.0090	0.0638	0.8925	1.0923
青岛银行	1356.89	1.1185	0.0535	1.0437	1.1632
广州银行	3047.32	0.8505	0.0898	0.7641	0.9434

注:1.规模经济值采取模型 4 的计算结果;2.资产规模为 2013 年年末资产总额

(四)跨区域扩张的规模效率差异及风险

规模效率高低以全国范围内、经济圈内、省内依次排序。第一,全国范围的经营产出效率相对较高,引入贷款风险和公司治理指标前后的平均规模系数均处于规模经济的范围,该类银行当前具有跨区域经营的动机和能力;第二,经济圈内经营的城市商业银行规模效率变化最大,从 6 个变为 2 个,说明经济圈内经营的风险控制水平相对不足,经济的协同发展和金融产业聚集效应并没有完全发挥优势;第三,省内经营基本处于规模不经济范围。往往省内经营的城市商业银行在该区域的市场份额相对较低,竞争激烈,难以形成规模效率,同时,处于省内经营的城市商业银行所处城市梯度较低,经济发展所需的金融需求相对不足,影响居民储蓄存量的扩张,使之难以形成规模效率。

另外,一个值得讨论的结果是,虽然整体省内经营的银行处于规模不经济,但省内经营的银行规模效率增加的个数比降低的个数多。这一实证结果验证了增长极理论的观点,在合理的经营范围内,同样可以达到银行业效率提升的目的,省内经营在一定程度上有利于风险的控制。其原因主要包括:一方面,得益于地域优势,贷款质量的信息搜寻成本低;另一方面,相对集中的机构层级,有效的信息决策传递,有利于提高公司治理水平(见表 5)。

表 5　　基于区域化经营的规模经济比较

		省内	经济圈内	全国范围内
引入贷款风险和公司治理指标前(模型 1)	规模经济个数	1	6	9
	规模不经济个数	13	8	4
	平均规模经济系数	1.0631	1.0355	0.9960
引入贷款风险和公司治理指标后(模型 4)	规模经济个数	1	2	5
	规模不经济个数	12	12	7
	平均规模经济系数	1.0757	1.0577	0.9957
	规模效率增加的个数	7	2	2
	规模效率降低的个数	6	12	10

注:1.本文跨区域经营的分类,参照中国银监会行政许可查询系统截至 2014 年 6 月 28 日的一级分行设置信息,其中省内经营 14 个,经济圈内 14 个,全国范围内 13 个,其中嘉兴银行、德阳银行、长沙银行数据缺失。

五、结论及政策建议

本文从整体发展、变化趋势、中心城市城商行效率梯度三个方面，对比了三大经济圈城商行规模经济的区位差异，并以经济圈为划分依据，评价了跨区域扩张中规模效率的类别差异，并提出相应的政策建议。

（一）主要结论

本文以三大经济圈的城市商业银行为对比主体，根据研究侧重点差异，选择不同模型，较全面的评价了规模效率问题，得到以下主要研究结论：

第一，规模效率并不是衡量城商行竞争实力的唯一标准。长三角地区城商行规模效率总体低于其他两个地区，但从历年的城商行排名来看，长三角地区占绝对优势，若牺牲一定的规模效率来提升抢占市场份额，提高整体竞争力也是银行经营的理性选择。

第二，银行规模发展总量以实体经济为边界，规模效率的区域差异与各经济圈的经济增长动因相匹配。城商行的整体规模效率在逐年上升。长三角地区"民资"股份制改革的效益逐年显现，为银行提供充足的资金保障。环渤海地区以"国资"为主体的行政体制转变具有粘滞性，使服务于地方经济的城商行效率提升也相对平缓。泛珠三角地区"外资"的进入，迫使本地城商行改变经营决策，整体规模效率在迅速提升。但从未来发展趋势来看，以高科技为代表的知识密集型产业发展模式，使长三角地区城商行的效益提升更具有可持续性。

第三，中心城市城商行的规模效率表现出与城市梯度相一致的特征。处于第一梯度中心城市的城商行规模效率均高于第二梯度中心城市，由此，城市商业银行的地域优势是抢占市场的关键，中心城市的城商行依旧居规模效率领先地位，中心城商行的辐射带动效应明显。

第四，以经济圈分类的跨区域比较，规模效率以全国范围内、经济圈内、省内依次排序。引入贷款质量和公司治理后，省内经营的规模效率提高更多，风险控制水平更好。立足于当地经济，合理的市场定位，可以提升中小银行的效率，做大做强并不是城商行的唯一路径选择。

（二）政策建议

通过三大经济圈城商行规模经济的区位比较、跨区域经营规模效率的类别比较发现，规模扩张并不代表银行具有规模效率，经济金融领先地区也不必然有规模经济。本文研究结论的政策含义是明显的。主要如下：

第一，三大经济圈应该明确自身优势，使城商行与经济金融发展相协调。长三角地区，要发挥区域经济的领先优势，合理利用民间资本，使之进入更高的发展水平，维持城商行效率逐年改善的良好态势。环渤海地区，以创新为主导，以实体经济为依托，发挥内需拉动的优势，提高金融服务的需求，为城商行扩大规模提供内生动力，从而巩固城商行规模效率平稳提升的趋势。泛珠三角地区，发挥区域圈层由小到大、由内向外的活跃优势，合理引入外资战略投资者，保持现有效率改善的势头，但要兼顾扩张速度与效率问题，防治翘尾趋势的延续。

第二，中心城市要充分发挥辐射功能，从而提供更好的优质客户及金融资源。一方面，要巩固所在地城市商业银行的效率领先地位，另一方面，对在中心城市提供金融服务的异地城商行提供一定的政策优惠，吸引更多的城市商业银行到本地开设分支机构，形成金融集聚效应。

第三，监管当局应当分类控制跨区域分支机构设置的节奏。对于大型、超大型的城市商业银行，鼓励其设立跨区域的分支机构，有实力的银行业务范围可以覆盖全国；中型城市商业银行应该立足本经济圈,贷款质量和公司治理水平逐步提升后,可以适当考虑走出本经济圈,在其他经济圈,特别是金融资源丰厚的中心城市设立分支机构;小型城市商业银行应该立足于当地的发展,改变传统的业务结构,提高利润增长点,再逐步走向本经济圈的其他城市。

参考文献:

[1]彭建刚,周鸿卫.发展极的金融支撑:我国城市商业银行可持续发展的战略选择[J].财经理论与实践,2003(2).

[2]阚超,王付彪,沈谦等.我国商业银行规模经济实证研究[J].金融研究,2004(11).

[3]曹廷求,郑录军,于建霞.政府股东、银行治理与中小商业银行风险控制——以山东、河南两省为例的实证分析[J].金融研究,2006(6).

[4]许小苍,焦勇兵.我国国有商业银行与股份制银行规模经济的比较分析:1995—2005[J].金融理论与实践,2007(6).

[5]邹朋飞.我国城市商业银行规模扩张的动因及效应分析[J].南方金融,2008(10).

[6]蔡跃洲,郭梅军.我国上市商业银行全要素生产率的实证分析[J].经济研究,2009(09).

[7]董竹,张春鸽.中国大中型银行与小型商业银行效率的比较——基于投入主导型的 DEA 测度[J].经济管理,2011(07).

[8]吴聪.我国商业银行长期效率的动态分析[J].南方金融,2013(11).

[9]孙海刚.我国城市商业银行效率研究[J].金融理论与实践,2013(2).

[10]张博.城市商业银行规模扩张与绩效关系的实证研究[J].特区经济,2014(02).

[11]Baumol P. Concentration and other determinants of bank profitability in Europe, North America and Australia [J]. Joumal of Banking and Finance, 1982(13).

[12]Benston, G. J. Economies of Scale and Marginal Costs in Banking Operations[J]. The National Banking Review, 1965(2).

[13]Benston, G. J. Economies of Scale of Financial Institutions [J]. Journal of Money, Credit and Banking, 1972(5).

[14]Berger, A. , Hanweck, G. , and Humphrey, D. Competitive viability in banking: scale, scope and product mix economies[J]. Journal of Monetary Economies, 1987(20).

[15]Budnevich,Franken and Paredes. The performance of DeNovo commercial banks:a profit efficiency approach[J]. Journal of Banking and Finance, 1998(22).

PTA 期货对化纤纺织行业的影响研究

刘冬双

（浙江财经大学东方学院金融与经贸分院）

摘　要：本文从 PTA 期货与化纤纺织行业现状出发，从资金流动性、经营风险、定价机制等方面研究 PTA 期货对化纤纺织行业的影响。研究发现，随着 PTA 期货交易量与持仓量的稳固攀升，化纤纺织行业利用 PTA 期货的价格发现功能和杠杆作用，能减少现货价格波动，增加资金使用率，促进整个行业的资金流动性，同时 PTA 期货的套期保值功能还能有效地转嫁化纤纺织行业的经营风险。化纤纺织行业的定价机制由传统的以 PTA 现货结算价、税费、运费为主转变为以 PTA 期货远月价格、升贴水为主。

关键词：化纤纺织；套期保值；PTA 期货；价格运行机制

一、引　言

自 2008 年美国爆发次贷危机至今，全球的大宗商品又一次地出现了牛熊的完整更替：2009—2011 年的上涨→2011—2015 年的下跌。如今，大宗商品的金融属性使得商品价格的走势均在一定程度上体现了系统性风险，但相关行业本身的行业运行状况又使得该标的价格相对独立。

国内的化纤纺织行业经过多年的发展，大部分企业从最初的进口依赖型变成了出口型。化纤纺织行业作为原油的下游产业，由于越到上游，技术含量越高，使得国内的纺织产业，呈现下游逐步往上游传导的一种发展模式。即纺织织造——聚酯制造——PTA 制造——PX 制造的路线演变。

化纤纺织行业最主要的原材料是精对苯二甲酸（简称 PTA）。因此整个行业的上下游最关心的是 PTA 价格的波动，PTA 价格波动已经成为整个行业价格系统的风向标。早在 2007 年，我国 PTA 产量已排名世界第一。随着 PTA 期货在郑州商品交易所的挂牌上市，我国成为世界上第一个有 PTA 期货交易品种的国家，PTA 期货交易量排名稳居世界第一。因此无论是现货市场还是期货市场，在国际上，我国对 PTA 都具有很强的定价话语权。

PTA 现货价格与 PTA 期货价格息息相关，密不可分。PTA 期货和 PTA 产业链基本面状况已经最大程度上决定了 PTA 现货的价格，而 PTA 现货的价格又决定了化纤纺织行业的运行状况。本文从 PTA 期货与化纤纺织行业现状出发，研究 PTA 期货在资金流动性、经营风险、定价机制等方面对化纤纺织行业的影响，以期为化纤纺织行业的转型升级提供参考。

二、PTA 期货与化纤纺织行业概况

(一)PTA 期货概况

2006 年 12 月 18 日 PTA 期货合约在郑州商品交易所上市交易。中国是全球首个上市 PTA 期货的国家。PTA 期货设计了 12 个月的交割合约,可以让企业在每个月进行 PTA 现货交割,很大程度上增强了期货和现货的直接联系。PTA 期货上市以来,其持仓量和仓单注册量逐年增加。经过近 10 年的发展,PTA 期货已经成为郑州商品交易所一个主要的交易品种。而仓单注册量的增加也意味着企业的参与度在大幅提高。

PTA 期货日益良好的流动性为企业套保和更多投资者的参与提供了基础,为市场功能发挥提供了保障。现货企业与贸易商积极利用 PTA 期货进行套期保值操作,规避现货经营风险,PTA 期货价格已经成为化纤原料市场的"晴雨表"。

(二)化纤纺织行业产业链概况

化纤纺织行业遵循如下产业链:原油→石脑油→MX(混二甲苯)→PX(对二甲苯)→PTA(精对苯二甲酸)/MEG(乙二醇)→PET(聚酯)→涤纶长丝/短纤→纺织面料→服装。由此可见,PTA 在整个产业链中起承上启下作用,是非常重要的化纤原料。

原油经过石化行业的加工提炼后,划分为 70% 的成品油、20% 的重油和 10% 的石脑油。重油是沥青的主要原料。石脑油经过裂解变成三苯(苯、甲苯、二甲苯)和三烯(乙烯、丙烯、丁烯)。二甲苯中的对二甲苯就是纺织行业常说的原料 PX。混二甲苯和对二甲苯只是羟基排列的差异,混二甲苯经过实验室化学反应,可以生成对二甲苯,但由于成本较高,还没有实现工业化生产。

聚酯行业的产品可细分为 PET、FDY、POY、DTY 等相关品种,属于纺织的中间半成品。目前国内的聚酯产品需要大量从韩国、日本等东亚国家以及中国台湾地区进口,且溢价很高。

化纤纺织行业市场化程度很高,国家对价格不进行干预。2013 年之前,国内 PTA 的需求缺口较大,一直维持较高的进口依存度,且国家对 PTA 进口没有配额等限制性政策。因此,PTA 市场化程度受政策干预较小。

在化纤纺织行业举步维艰的窘境下,如何多渠道消化过剩产能、提高行业企业的盈利能力、实现扭亏为盈对化纤纺织行业尤为重要。在持续淘汰落后产能、提升竞争力的同时,充分利用期货市场是一种有效手段。

三、PTA 期货对化纤纺织行业资金流动性的影响

随着 PTA 期货交易量与持仓量的稳固攀升,化纤纺织行业可以利用 PTA 期货的价格发现功能和杠杆作用,减少价格波动,增加资金使用率,促进整个行业的资金流动。

从期货与现货的价格关系来看,PTA 期货近交割月价格与 PTA 现货价格趋势一致,高度相关,期货价格的变化领先于现货市场价格的变化,由此可见期货市场的影响日益显现。郑州商品交易所也在积极展开工作,2015 年增加了厂库交割、信用仓单。此举,更有效地增加了工厂对 PTA 期货的参与度。PTA 期货的参与度越高,PTA 期货的定价话语权就越大。现货价格和期货价格均是 PTA 市场的有机组成部分,相互促进、密不可分。市场参与者不能将两者割裂开来,而应将两者结合起来利用。

现货市场价格更多反映的是当前市场的成本及供需状况,对于现货市场买卖双方来说,相对而言更容易接受传统的定价方式。但期货市场的远期价格发现作用是现货价格所不能比拟的。期货市场设计了 12 个月的合约。合约之间的差价,期货合约和现货之间的差价也是波动较大。期现价差结构也能另一个角度很好地反映产业格局。人无远虑,必有近忧。这一点在合约间差价结构上展现得淋漓尽致。如果计划的新产能将在不久后上线,远月期货价格就会应声下跌。工厂也不敢囤积库存,反而使得现货和近月期货价格相对强势,合约间近高远低格局形成。如果近期库存居高,则现货和近月期货价格下跌,但随之而来的是工厂的低开工率,使得远期合约的价格预期又会增强,形成期货合约价格近低远高的格局。价格以及价差都会很好地反映基本面及其预期。做好期货价格的研发工作,也能为看清行业格局,能更好地制订采购与销售计划,增加行业的资金流动性。

四、PTA 期货对化纤纺织行业经营风险的影响

利用 PTA 期货的套期保值功能可以有效地降低仓储费用,增加企业现金流,规避原材料、库存价格波动对企业带来的经营风险。

企业可以选择性做空,为库存保值,可以有效地保护企业资产,增加企业抗系统性风险的能力。企业可通过期货的套期保值功能来实现避险效果。例如:当某一聚酯企业收到卖出订单,该订单要求三个月后交付 1000 吨涤纶丝,此时卖出价格和交付时间都已经确定。企业面临的最大风险是原材料 PTA 的采购价格。聚酯的生产周期一般是 7 天,若此时企业直接采购 1000 吨涤纶丝相应的原材料(约 700 吨 PTA),一吨 PTA 现货价格为 6000 元,则需要 42 万元现金,且要存放在仓库近三个月。若企业 2 个月后再采购原材料,可以减少仓储费用,但是要承受原材料价格上涨的风险。引入 PTA 期货工具,则可开仓买入 140 手 PTA 期货合约(一手 PTA 期货合约为 5 吨),只需交 4.2 万元保证金。待到交货前 1～2 周,进行期现交换,即平仓卖出 PTA 期货,同时买入 PTA 现货用于流水线生产。

同时,利用 PTA 期货买入套期保值可以有效地降低仓储费用,增加企业现金流,规避原材料价格上涨对企业带来的经营风险。

如果企业预计市场将出现系统性风险,则会担心原材料、半成品等库存的价格下跌。企业不能直接将库存处理,而需要一个生产周期后才能将原材料、半成品等变现。此时可再次引入期货工具,在期货市场上进行卖出开仓等量的库存量,待原材料及半成品加工变现后,平仓相应的期货空头头寸。这样不仅可以有效地避免原材料价格下跌带来的经营风险,而且有利于维护下游客户关系,因为企业已经将原材料价格下跌的风险转嫁至 PTA 期货市场,企业可直接对产成品进行低价销售。

PTA 现货价格几乎完全跟随期货波动。由于期货具有商品和金融二重属性,在现货市场基本面平稳的情况下,PTA 期货的金融属性也能导致短期价格大幅波动。当 PTA 期货价格变化引起现货价格较大变化时,下游聚酯切片、涤纶长丝和短纤市场价格也会跟随变化,同时上游 PX 贸易商和生产企业也会根据 PTA 期货行情的变化调整销售价格。正是由于期货的双重属性放大了短期价格波动风险,吸引了大量投机客的参与,企业才有了风险转移对象。同时又缩小了长期价格波动风险,具体体现在期货价格先于现货见底或见顶,引导现货价格回归理性,为行业价格发现、套期保值,既提供了依据又提供了工具。

五、PTA 期货对化纤纺织行业定价机制的影响

随着 PTA 期货交易的不断介入,化纤纺织行业的定价模式由传统的以 PTA 现货结算价、税费、运费为主转变为以 PTA 期货远月价格、升贴水为主。对于化纤纺织行业的三大主体:PTA、聚酯、纺织,其传统特性如表 1:

表 1　行业传统特性

	PTA	聚酯	纺织
原料	PX	PTA、MEG	各类涤纶丝
产成品	PTA	各类涤纶丝	坯布
原料来源	进口为主	国产为主	国内聚酯企业
产成品销路	内销为主,极少量出口	内销为主,少量出口	印染服装加工出口为主
生产周期	小于 2 天	小于 2 天	7 天左右
库存周期	0~5 天	0~2 个月	0~2 年
销售定价	挂牌付款,结算价	卖家报价	卖家报价
付款方式	现金,承兑	现金,承兑	现金,承兑

如表 1 显示,PTA 的销售定价模式以结算价为主。传统的 PTA 定价机制是参考 PTA 现货价格、税费、运输费用等。以前 PTA 的结算价公式为:

$$PTA 月结算价 = PTA 现货加权平均价 + 300(税费、运费等)$$

随着我国 PTA 期货的上市,成交量和仓单注册量的不断增加,企业的参与度越来越高,PTA 期货近交割月价格与 PTA 现货价格高度相关,趋于一致,而期货市场价格变化又领先于现货市场价格的变化。在 2014 年 6 月份之后,PTA 的定价机制参考 PTA 期货的价格,具体定价公式为:

$$PTA 月结算价 = PTA 期货远月价格 + 升贴水$$

PTA 期货品种基本面的变化又会直接影响价格的波动。通过对某个产业数据的横向对比和纵向对比分析,可以发现其运行规律、价格传导机制。并且在产业上下游的标的商品流通过程中,发现该产业发生的变化。此时,需要重点研究的是,在产业变化的同时,其标的商品的价格是如何演变的。纺织行业的不景气,也促使着很多产业变革。传统的 PTA 合约价格是中石化制定的,目前 PTA 已经基本民企化了。如行业龙头浙江逸盛石化有限公司在 2014 年 7 月开始实行期货定价机制,在 2015 年 1 月又部分开始实行港口报价定价机制。随着定价机制的转变,提货方式也转变了,由传统的自提货物,演变为送到货物,继而变成港口自提货物。

六、结论与启示

通过以上分析可知,随着 PTA 期货的出现、市场投机客户和企业客户参与度的不断攀升,PTA 期货在资金流动性、经营风险、定价机制等方面影响化纤纺织行业。化纤纺织行业利用 PTA 期货的价格发现功能和杠杆作用,减少现货价格波动,增加资金使用率,促进整个行业的资金流动性。PTA 期货的套期保值功能也很有效的转嫁化纤纺织行业的经营风险。化纤纺织行业的定价机制由传统的以 PTA 现货结算价、税费、地运费为主转变为以 PTA 期货远月价格、升贴水为主。

化纤纺织行业多年存在产能过剩问题,行业利润的减少在中长期一直压制该行业的发展。2015 年远东石化破产、翔鹭石化因故全线停车,一定程度上优化了产业链供求结构,低产能利用率预期将维持到 2016 年末。预计 2016 年上半年若上游企业能维持正常运转,且 PTA 企业维持低库存经营,则仍将保持微利状态。中长期来看,PTA 产能继续增长,因为目前中国还有 1550 万吨拟建项目。

当前我国正在大力推进供给侧结构性改革,企业应该积极响应国家"去产能"号召,根据市场需求,借助 PTA 期货市场来制定产能计划,避免盲目发展,造成资源浪费。同时,通过企业间的并购重组,淘汰落后产能,提高产品质量,完善企业管理、经营体系,与市场更好地对接。

参考文献:

[1]孙才仁.套期保值与企业风险管理实践[M].北京:中国经济出版社,2009.

[2]张鸿儒.套期保值[M].北京:地震出版社,2011.

[3]邵蔚,郝杰.远东石化破产敲响行业警钟.PTA 巨头垮塌引发化纤行业新思考[J].纺织服装周刊,2015(30).

[4]申林.浅析 PTA 期货和 PTA 现货及原油期货价格的相关性[J].现代商业,2010(8).

校园文化品牌"仰山文化讲堂"建设优化方案[*]

吴旭萍　张云河　陈　苏　朱梦姣

（浙江财经大学东方学院工商管理分院）

摘　要:校园讲座是高校文化建设的重要内容,是大学人文素质教育和进行学术活动的有效载体。举办校园讲座,营造高品位的校园文化氛围,建设优良学风,以促进学生人文素质和综合素质的提高,正是学校近年来全面优化育人环境而进行的一项有益探索和尝试。但是在学校开设讲座的过程中,还存在讲座的计划性与导向性、品牌意识、特色效应等方面诸多亟待解决的问题。本文以我校仰山文化讲堂为例,就如何优化宣传方式、改善讲座组织形式和树立品牌意识出发,提出了未来发展的若干对策和意见。

关键词:仰山文化讲堂;文化品牌;优化方案

一、引　言

浙江财经大学东方学院是 1999 年经浙江省人民政府批准设立,2004 年经教育部确认的独立学院,学院遵循"立足浙江,依托母体,创新发展,塑造特色"的办学方针,依托于浙江财经大学,秉承财经本部的教学严谨、管理规范、学风良好的传统。学院恪守"进德修业,与时偕行"之校训,以人才培养模式改革为突破口,不断深化教育教学改革。

东方学院作为一所新兴的独立学院,很多方面都处于发展阶段,自身文化底蕴的相对薄弱。作为学校整体软实力的重要组成部分,文化的高度在很大程度上体现着学校办学的能力和水平。因此,只有深刻认识校园文化在促进师生全面发展中的重要地位,精心培育,大力呵护,才能激发校园中每一个人的活力和潜能,发挥全体师生员工的主动性和创造性,实现学校社会价值的最大化。所以,确立明确的文化建设目标,按照科学的方法建设良好的校园品牌文化现已成为东方学院发展面临的一项重要任务。

浙江财经大学东方学院于 2011 年 11 月 8 日正式成立"仰山文化讲堂",致力于将其打造成为传播中华文化、弘扬人文精神的优秀校园文化品牌。其得名于长安镇仰山书院,取其"高山仰止"之意。"仰山文化讲堂"系列讲座至今共推出 14 场,旨在为广大师生搭建起一个常态化的文化交流传播平台,以其丰富和多元化的内容建设校园精神文明,成为全面育人的辐射源、素质教育的能量库、有声的教科书。

---

* 本文为浙江财经大学东方学院学生科研课题(校园文化品牌"仰山文化讲堂"建设优化方案　编号 2013dfx078)的最终成果
指导教师:陈晓阳

二、建设仰山文化讲堂的意义

当今世界,文化与经济和政治相互交融、相互渗透。文化的力量,不仅熔铸在民族的生命力、创造力和凝聚力之中,而且对人们的思想政治影响越来越大。校园文化是学校教育不可缺少的重要组成部分,是学校所具有的特定的精神环境和文化氛围,体现了一所学校的校风,给师生创造一个无形而庄重的心理"磁场",能在无形中统摄全体师生的灵魂,起到"润物细无声"的教育魅力。正是认识到校园文化的重要性,所以仰山文化讲堂作为新兴的校园品牌文化,它的优化建设意义重大。

仰山文化讲堂的系列讲座属于学术性讲座,广泛涉猎各个文化领域,如经济文化类的《浙江经济与浙江文化》,名人轶事类的《浪漫与悲情:从徐志摩到林徽因》,学术研究类的《文化与艺术的相互作用》,地域文化类的《用神话故事和历史传说讲述海宁的民俗》等。平日里,学生们往往不自觉地被束缚在本专业的框架中,一场好的讲座,可以拓展他们的知识面,放宽他们的眼界,甚至可能改变他们的思维方式,开阔知识视野,发掘学术兴趣和增强学术功底的第二通道。这对于优化学生的知识结构,提升他们的综合素质具有不可替代的作用。

(一)理解地方经济文化现象

作为财经类大学,学生们更多接触的是理论性的经管类课程,例如宏观经济学、区域经济学和劳动力市场等。而如何在大环境下去运用这些知识,很多同学对此非常迷茫。仰山文化讲堂开设了相关经济文化类的讲座,在以往的十余场讲座中关于这方面的有《浙江经济和浙江文化》、《找准文化产业与经济发展的契合点》等,让学生更容易地理解、运用自己所学的知识。仰山文化讲堂作为一种隐性课程,具有情境性、渗透性、持久性和愉悦性等特点。仰山文化讲堂就是以它独有的魅力,把教育寓于各种具体可感的讲座之中。

(二)营造校园学术氛围

东方学院作为人才培养基地,仰山文化讲堂是大学生活中浓墨重彩的一道风景。丰富多彩的学术研究类的讲座对于繁荣校园文化,活跃学术气氛,鼓励理论研究和学术创新等,具有良好的促进作用。而对于人才培养和教育而言,在"通才教育"理念占据教育哲学主导地位的时代,讲座是其中不可忽视的培养和塑造手段。仰山文化讲堂中《文化与艺术的相互作用》、《外交与中国文化》等讲座的开展无疑营造了学院浓厚的学术氛围,通过辐射作用,传播知识,对学院文化建设产生积极影响。

(三)提高学生文化认同感和归属感

东方学院于2010年9月从杭州文华校区搬迁至海宁长安校区。通过仰山文化讲堂的建设,开展了多次海宁文化类讲座,让学生可以自觉地维护地方文化特色,增强文化归属感。仰山文化讲堂中关于海宁地方文化及海宁文化名人类的讲座占现今讲堂举办的所有讲座的64.3%。例如《海宁文化纵横谈》、《文化视角下的海宁建筑总览》和《倾听海宁之声——走进海宁方言》和《王国维:学术奇迹和知识新知》等讲座充分挖掘海宁民间特色文化和名人文化。海宁市文化历史悠久,文化资源禀赋深厚,具有发展文化产业的独特优势。将仰山文化讲堂发展成为文化的播种点、活动点,起到文化传播的作用,增强文化的渗透力、感染力,让更多学生了解海宁文化的历史沿革。

(四)成为学院独具特色的文化名片

作为校园文化品牌之一的仰山文化讲堂是东方学院走向社会的特色名片,其品牌一旦在大众心目中树立,所代表的功能和作用与价值认同有了交集,就会将无形的文化价值转化为有形的品牌优势,其文化价值与校内其他讲座竞争就有了文化财富的差异性优势。

仰山文化讲堂满足人的精神需求,听者甚众,受益面广,以较少的投入取得较大的教育效益,具有规模效应。不断推进校内外合作创新,寻求校园文化和社会文化的有效结合点,而且通过不断挖掘服务内涵和文化创新方式,开拓了其他讲座没有的服务内容,有效吸引更多学生和社会人士的参与,还可以拓展出潜在的受众群体,具有巨大的示范和激励作用。

三、东方学院校园讲座管理的现状调查

讲座作为高校学术活动的有效载体,已经成为校园文化建设的重要内容。但尽管高校对待讲座的态度一改前几年少有人问津的冷落现象,并认为它是营造校园学术氛围的一簇绿荫,但在高校教育中,普遍重视教育内课程的教学,对开设专题讲座则重视不够,使得作为校园文化建设重要资源之一的讲座未能发挥它应有的教育功能。为了更好地了解目前东方学院校园讲座的情况,我们针对在校生进行了《浙江财经大学东方学院仰山文化讲堂优化方案调查问卷》的问卷调查,内容包括校园讲座现状和仰山文化讲堂的建设意向等方面,有效问卷达 720 份。

(一)讲座计划性和导向性功能缺乏

据调查,目前我校组织讲座的主要部门为学生组织,各二级分院等,他们多数局限于外围的服务性工作,而未对校园讲座做阶段性的规划,如举办一场讲座应该有着与之相关的各项业务:积累信息、联络专家、策划方案、社会联系、讲座宣传、听众组织、现场服务、资料归档、延伸服务等,对于这样一项比较系统的工作,现仍缺乏计划性,且主动参与全过程的为数不多。从组织讲座的部门调查可知,其工作职能仅局限在排票、领票工作,而并没有对开设讲座的数量、涉及的领域、邀请的对象以及听众未作科学的设计和评估。

丰富多彩的讲座对于繁荣校园文化,活跃学术气氛,鼓励理论研究和学术创新等,具有良好的导向作用。而对于人才培养和教育而言,在"通才教育"理念占据教育哲学主导地位的时代,讲座是其中不可忽视的培养和塑造手段。目前东方学院的学生听讲座,普遍存在对讲座的含义不理解,或者说不是很透彻,他们很难知道什么样的讲座才适合自己。调查显示,38.33%的学生对讲座内容不感兴趣,22.78%的学生认为讲座没意义,流于形式,各类讲座之间的不同个性、特色和差异也逐渐走向趋同。同时我校讲座资源缺乏,未能形成良好氛围,同学们对讲座中获取的知识体会不深,因而讲座的导向性、教育性、针对性功能无法体现。

(二)讲座真实"上座率"高低不均衡

据目前情况统计,绝大多数的学生都表示听讲座是为了拿第二课堂学分,满足教学目标,其总量占调查比例的 92.78%,这就说明尽管每场讲座到场率较高,但自愿因为讲座内容而前来参加的人数并不理想。校园讲座重数量而非质量,简单地将它视作学校教育内容和教育教学活动的延伸,或者视为对学生思想品德教育的一种变式。而一些讲座的主、承办方如学生组织等通常通过举行讲座来将自身变成特色机构,扩大其校园影响力。种种功利性的价值取向并没有从学生的发展角度出发来审视讲座的核心和实质,这往往会导致讲座的功效大打折扣。见图 1。

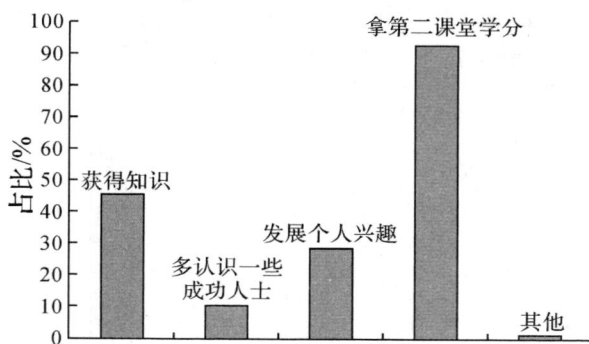

图 1　参加讲座的主要原因

(三)讲座内容的前沿性、开放性不足

从我校现状来看,就讲座各领域的主讲者而言,学术水平较优,准备也颇为认真,并且重视学校讲座,但是因为每次讲座面向人群为全校学生,主讲人对各专业学生了解并不全面,或者来自不同专业的学生所持的学术观点不同,使得主讲人在讲座过程中只能一般性的介绍某个领域流行一时的问题,未能讨论更深层次的学术问题,从而导致在讲座过程中缺乏双方互动交流,思想碰撞更少,缺乏带有批评性质的自由和宽松,达不到学术开放性的目的。

从另一层面来看,主讲者在讲座中所讲内容,也只是在重复他们在课堂上的教学内容,未能将最新研究成果展示给学生,这也会让讲座过于沉闷,没有闪光点,挑战性不强。同时,在现今信息发达的时代,学生信息源的渠道多种多样,从调查结果显示,本校学生对社会热点、文学素养类和成功励志类这三类性质的讲座意向分别达到了 61.67%、57.22% 和 52.22%,兴趣程度较高。若主讲人还是局限在自己本专业现有的理论基础上,往往会使讲座内容缺乏时代感和新颖性,导致讲座缺乏前沿性。见图 2。

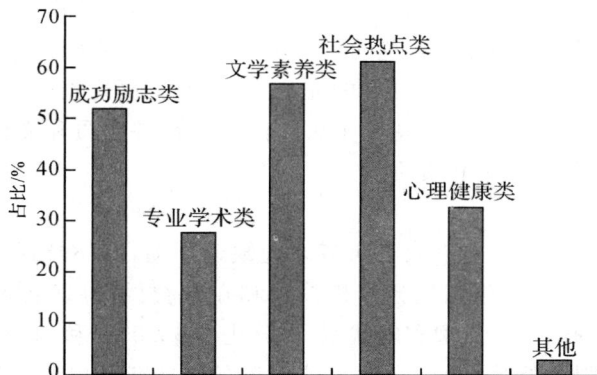

图 2　关于仰山文化讲堂举办讲座类型热度调查

(四)讲座排票机制存在缺陷

据我院学生反馈,如果想参与讲座,前期必须进行排队领票的方式获得加入讲座的资格。当有限的入场券不能满足同学们需求的时候,同学们一般的做法是提前排票,而学生认为听不到讲座,高达 88.89% 的因素在于讲座票太难获得,并且这样的举措往往存在着大量时间被浪费的弊端,同时也不能保证绝对的公平。某些同学在放票的时间正好有课,而插队的现象也屡见不鲜。而且由

于排队领票的局限性,使得真正感兴趣的同学难于获得听讲座的机会。不难发现,资源的供给和需求矛盾广泛存在。在资源无法满足需求的情况下,如何实现资源共享化,还需要努力改进。见图3。

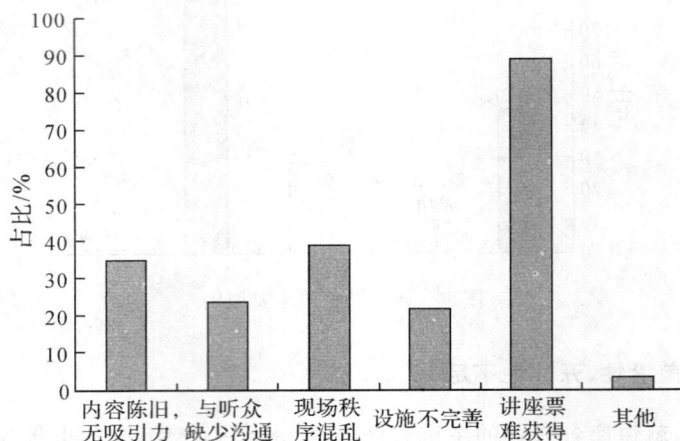

图3 学校讲座的不足之处

四、仰山文化讲堂存在的问题

(一)仰山文化讲堂的内容未能激发学生的积极性

1. 讲堂定位模糊

究竟什么是"仰山文化",如何界定,目前在这个问题上每个人都有不同的看法。其实对仰山文化讲堂定义问题的研究,是深入建设仰山文化讲堂的前提和基础。而仰山文化讲堂的讲座定位不明确,会导致仰山文化讲堂受众不知所措、无所适从的现象。学校并没有发动各优势学科的学者、专家、教授自觉地研究、策划、组织各具特色的具有相当水平的系列讲座,仅仅只是为了完成教学目标,将讲座的成效定位于学生参与度、主讲人的完成度,以此为硬性指标,以形式上的排场规模大、场面热闹或庄重、方式多样为目的,往往忽视了讲座的真正精神实质和文化内容,未能使学生在学校搭建的平台中全面提高创新思维和素质。

2. 讲堂主讲人风格较为单一

在调查中得知,多数学生认为主讲人与听者之间缺乏互动,23.89%的学生表示演讲者过于严肃,而在主讲人选择中,多数人更乐意选择名校校长和知名教授、讲坛名家和商业精英,选择度达60%左右,其风格则大多倾向于激昂型和幽默型,百分比占63.33%和89.44%(见图4)。而东方学院自身的专家资源有限,很多外聘讲师不了解东方学院的发展特色与人文情况,通常演讲内容主要为其研究的某一方面或自身经历,没有与学生产生共鸣,难免会出现冷场,为了减少尴尬的产生,主讲人通常会降低互动发问的频率,所以有学生表示演讲者演讲形式过于单一,讲座活跃度下降,从长远角度来看并不利于讲堂的持续发展,导致讲堂的建设处于紊乱状态。

3. 讲堂后续服务未跟进

就目前现状而言,在讲座结束后,部分学生感到意犹未尽,并想要深入探讨。组织者并没有在学生还抱有浓厚兴趣时,及时展开相关工作,来帮助学生进行知识结构的优化,后续一系列服务也没有相继跟进,这不利于学生向组织者反馈讲座情况,并且讲座的视频材料、文字材料等二次资源的开发工作也难以展开,无法很好地满足学生对于相关文化知识的深入研究。

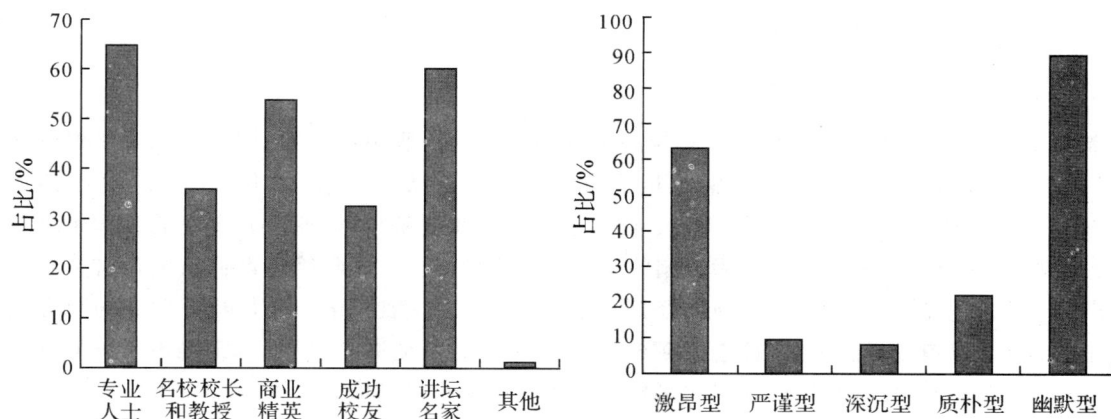

图4　关于仰山文化讲堂主讲人热度调查

(二)仰山文化讲堂的组织形式单一

恰当的组织形式是一个活动取得良好成效的先决条件。它不仅体现了高效的学习状态,也反映了仰山文化讲堂内部的人文风采,并影响着讲堂目标的实现。根据在校学生反映,仰山文化讲堂在组织形式上过于单调,仅为邀请校外知名人士来校宣讲,没有与学生进行更深层次的交流。演讲完成后,学生与主讲人又成为两个独立的个体,缺乏反馈等后续互动。

同时,资源的利用也是组织上的一大难题。东方学院拥有很多丰富资源,但是这些资源的利用率并不高。比如图书馆的大量优秀书籍,学生的借阅量较小,没有良好的组织阅读。东方学院坐落于吴根越角的海宁,校外资源充裕。海宁文化底蕴深厚,有很多优秀的学术组织。这些组织都是我们合作的对象。良好的运用这些资源,可以拓展更多的形式用于学术探讨。

(三)仰山文化讲堂的宣传方式匮乏

据问卷调查得知,有将近40%的学生错过讲座是因为讲座宣传的不到位。仰山文化讲堂现有宣传模式仅有校网通知、团委网络平台推送、辅导员通知这三种形式,推广力度较为匮乏,宣传模式相对单一,这样的方式使得介绍讲座信息不够形象、具体,对同学们吸引力有限,未能形成有效的宣传手段。从学生群体中了解到校园信息的接收主要是通过横幅、海报等传统宣传方式以及新媒体的推广模式,而显然仰山文化讲堂的宣传方式并未跟上时代潮流。可见,要实现仰山文化讲堂信息发布渠道的多元化、保证其及时性和有效性,还需要克服很多困难,寻找更多解决方法。

五、仰山文化讲堂品牌建设优化方案

仰山文化讲堂是由学校邀请在社会某一领域或在某一学科有所建树的专家学者、行业精英、校内名师等就其成功经验所作的演讲,系列讲堂内容涉及人文艺术、地方文化和省情经济等诸多热点内容,具有多方面育人功能。但面对着强烈求知欲望的21世纪大学生,如何就讲座的的认识、形式、内容、方法和手段进行全方位思考,构建出一个与本校新形势要求相衔接的,力求体现新理念、新实践、新方法的全新模式,致力打造仰山文化讲堂品牌意识显得尤其重要。在品牌意识推动倡导下,如何让讲座的内容、组织形式、宣传手段得到创新和深化是优化方案重点要阐述的内容。

(一)完善仰山文化讲堂的内容

1.定位"文化"二字,力推四大模块

高校人才荟萃,学术流派纷呈,平时校园里各种名目的讲座不计其数,仰山文化讲堂规避该缺点,采取自身品牌优势和学生的讲座需求相结合的方式,将讲堂定位在"文化"二字上,主推四大模块:经济文化类、学术研究类、地方文化类、名人轶事类,力求推陈出新,使讲堂真正成为学生求知问学、交流文化、拓展视野的场所。作为校园的文化建设品牌,自2011年第一期仰山文化讲堂开展以来,讲堂已举办过经济文化类讲座《浙江经济与浙江文化》、《找准文化产业与经济发展的契合点》、名人轶事类讲座《浪漫与悲情:从徐志摩到林徽因》、地方文化类讲座《倾听海宁之声——走进海宁方言》等十四场不同模块的讲座,并引起了校园学生的广大积极响应。

由于仰山文化讲堂的对象是在校学生,因此讲座选题就要适合在校学生的普遍品位。从调查结果显示,本校学生对社会热点、文学素养类和成功励志类这三类性质的讲座意向分别达到了61.67%、57.22%和52.22%,兴趣程度较高,当然也有部分学生认为还可以增设评书品书类的讲座。站在这一思考角度上,要使听者在两个小时内有所获益,就必须找准听者的感受点。仰山文化讲堂在对讲座进行选题时,应顾及学生的共性和个性,结合学生的心理特点、思想焦点和他们所关注的文化、社会热点,增强针对性;关注文学前沿和学术界的热点问题,体现时代感、超前性和开放性。比如名人轶事类讲座《浪漫与悲情:从徐志摩到林徽因》,从该场讲座的到场率可以明显感觉到该选题所突出的名人效应的影响力是巨大的,能引起学生的思想共鸣,启发学生思维能力,达到学生好奇心的效果。

2.优化队伍建设,提升讲师魅力

调查研究显示,大学生把更多的目光投向社会名人、精英,选择度高达60%左右,把这些优秀人才作为自己效仿的榜样,期待着能从他们身上汲取自己前进的动力。因此,仰山文化讲堂应邀请学生认可的高学历、多见识、有着深厚功底的主讲人上台演讲;也要鼓励个人魅力强,了解仰山文化,并具有演讲优势的,有一定文学修养的青年讲师开讲;也可以结合本期讲座主题,结合学校教育发展规划和人才培养模式,邀请外来名家、学者,达到学校用最少的投入,学生用较少的时间掌握最新、最前沿的信息的目的。

由问卷调查可知,学生更倾向主讲人风格为激昂型和幽默型,所占百分比为63.33%和89.44%。从数据分析可得出,不论是哪位演讲人上台,主讲者都要具备能充分调动听众积极性的能力,能用或激昂或幽默轻松的演讲方式,形成师生互动和共鸣的能力,这样才能达到把仰山文化精神渗透到学生之中的目标。

3.建立微讲堂,拓展个人兴趣

微讲堂由仰山文化讲堂主讲人发起,每期微讲堂话题从曾举办过的并且在学生中反响热烈的讲座话题中选取,微讲堂是对原先讲座的拓展延伸,是满足学生更高更强烈的文化需求让其能不断深入研究进行探讨的小型讲座。总之,讲座的选题始终要有高度的时代敏感性,课堂要展现生动有益的特性。

微讲堂(约40座)宜设置在图书馆二楼仰山文苑,内有收藏海宁地方特色文献及图书馆精品馆藏,学术氛围浓厚、装饰古典。讲堂开设过程中,时长宜控制在1~1.5小时。主讲人和参与人员以双方互动形式开展,例如学生可以自由发言提问甚至可以作为小讲师阐述观点;讲座过程中为避免注意力的分散,主讲人可以穿插小游戏;环境适宜,座位安排更随意性,主讲人尽量融入学生中;可以寻找合适时机走出仰山文苑,走向户外,走进海宁文化。

(二)创新仰山文化讲堂组织形式

1.成立仰山文化俱乐部

仰山文化俱乐部是为本校趣味相投、乐于享受高文化品位的生活,借此扩大交际圈、提升自身文化素养的学生所提供的一种社交、休闲、娱乐、聚会的场所。俱乐部采用开放式,凡是对仰山文化有兴趣的同学,都可以报名加入,并享受讲座前期一系列网络后台推送服务,及时了解俱乐部的现实情况。

加入仰山文化俱乐部后,可申请成为俱乐部会员。会员享有一定的优先权利(例如讲座优先取票权等),享有俱乐部提供的各种消费服务,对俱乐部管理有监督、建议和批评权等。申请会员需要一定的资格。俱乐部具体制度详见附件一仰山文化俱乐部章程。

2.建立仰山文化讲堂校内外合作项目

(1)校内合作

高校图书馆对大学生普及文化知识、教育非常重要,仰山文化讲堂将充分利用这一现实资源,开设仰山文化藏馆,便于学生查找所需资料。仰山文化讲堂首先与图书馆进行讲座合作试点工作,因势利导,开展阅读方法、阅读图书、品味文化的专题讲座,更好、更快地传播知识;开展仰山文化讲堂文化节活动,邀请仰山文化讲堂的创办人介绍仰山文化品牌,与学生面对面交流文化,在提升仰山文化内涵同时发挥了图书馆教育功能。

(2)校外合作

仰山文化讲堂作为校园讲座品牌,应致力于走出校园。在过去,仰山文化讲堂创办人曾顺利邀请海宁市图书馆紫薇讲坛的部分知名主讲人来校演讲,结合海宁当地文化、风俗,成功地将仰山文化和海宁文化很好地结合、融合,得到了学校师生的普遍认可。在未来,仰山文化讲堂将不断扩大品牌效应,提高公共关系意识,进一步加强和兄弟院校文化、地域文化、地方企业文化等文化领域的联系和交流,互通信息,交流经验,注重专家名人的积累,使受众面更广,仰山文化作用发挥更淋漓。

3.开发仰山文化讲堂网络平台

传统讲座是由讲师、学生、课件和环境四个要素构成,并且这四个要素间持续的相互作用便构成了讲堂的基本内容。而网络平台则利用计算机网络技术和多媒体技术,将传统的讲座实现、精神理念、教学资源、讲座内容与信息技术有机结合,从而提高教与学的效率,在网络环境下创建以学生为中心的全新讲座方式。

仰山文化讲堂的网络平台之一将引入创新型师生交互式移动软件——易课。即在易课的基础上建立文本、图像、音频、视频等多种媒体库,最大限度地整合仰山文化讲堂的讲座资源,最大限度地突破时间与空间的局限,通过问题思考、相关知识点的链接、讲座论坛、资源搜索等多种表现手法化解难点。

易课 APP 最为重要的一项作用,即为软件所拥有的电子排票功能,只要进入排票页面点击该讲座的"预约票"键即可。该场讲座 60% 的入场票将按学生预约票务的时间顺序发给学生,40% 的入场票将在未拿到票但参与预约的同学中随机抽取。这样使得讲座的前期票务工作更加科学合理。

(三)推广仰山文化讲堂品牌

推进仰山文化讲堂的文化品牌,要从战略的高度出发将讲座作为校园文化的精品工程来建设,纳入学校教育教学的整体规划之中,统筹规划讲座的类别、形式和内容,更自觉地研究、策划、组织各具特色的具有相当水平的讲座。讲座的意义不仅体现在学术内容本身,也体现在从讲座的氛围营造、讲座的现场效果和讲座后的反响、延伸等过程所产生的效果。

从调查结果显示来看，目前仰山文化讲堂的品牌效应并不强烈，多数学生不了解或者甚少了解该讲堂，为了更好地将仰山文化讲堂渗透到学生日常生活中，有必要对讲座的宣传方式做创新修改，有效的宣传能更准确及时地传递讲座信息、讲座精神，提高仰山文化讲堂校园文化品牌的知名度。

1. 横幅、海报等传统方式的宣传手段

讲座宣传的有效性是保证讲座效果的基础工作。仰山文化讲堂可在校园开设《讲座一览》宣传栏，固定宣传位置，专人打理，扩大对讲座的宣传。而其中横幅、海报等作为校园文化的组成部分，有利于营造浓郁的校园学术文化氛围。富于创意的海报，给人广阔的想象空间，启发人的创造思维；制作精美的海报，给人以美的享受，提高人的审美情趣，尽量吸引大学生的眼球。因此，需要重视并通过纸质横幅、海报等形式，提高宣传质量，营造育人氛围，增强育人效果。

2. 新媒体传播平台的宣传手段

随着社会的进步、科技的发展，大学生接受新知识的媒介更是有了显著改变。近几年来，微信、微博、人人等新媒体逐渐走进大学生的视野、生活，成为密不可分、必不可少的交流工具。新媒体的传播方式是双向的，传统的发布者和受众现在都成为信息的发布者，传播行为更具个性化；接受方式也从固定模式转变到移动模式；传播速度更是传统宣传手段所无法比拟的；最主要的是新媒体打破了地域的局限性，使传播内容变得更为丰富。

仰山文化讲堂抓住机遇，拓宽宣传渠道，打造新形势下宣传手段。在微信、微博和人人上及时发布讲座的相关信息，通过新媒体进行文字、图片、视频的消息传送，同时推广仰山文化讲堂的移动客户端"易课"的使用，使得易课成为仰山文化讲堂主流官方软件，建立交流平台，实现线上互动。

3. 文件下达

仰山文化讲堂作为校园文化品牌，应当受到学校教育工作的大力支持。从目前来看，仰山文化讲堂由我院科技服务部主办，团委协办，尚未与其他组织机构、各分院达成战略共识合作意向。所以，在校内的宣传合作上，仰山文化讲堂可以选择将文化品牌进驻，通过校领导的引领导向作用，利用文件形式下达各学生组织和各学生机构，借此宣传讲座，扩大讲座号召力与影响力。

六、小　结

仰山文化讲堂作为校园内涉及各个领域的系列讲座，具有强大的育人作用，是校园先进文化的重要源头，是校园先进文化的创新基地，是学院走向社会必不可少的重要组成部分。

然而，仰山文化讲堂目前仍存在的一些问题，主要有理论上的不完善（仰山文化讲堂的概念不明确、仰山文化讲堂理论体系建设滞后）、精神文化缺失、价值取向上的偏差、文化建设与自身发展不相适应和排票机制的不合理。我们也针对这些问题提出了相应的解决方案，主要从内容完善、组织形式建设、品牌推广等手段对仰山文化讲堂进行优化建设，采用仰山文化讲堂俱乐部（会员制）、微讲堂、校内外合作项目建设等方式，打响仰山文化讲堂这个校园品牌。

仰山文化讲堂优化方案的提出是希望打造仰山文化讲堂独有的品牌理念，使学生从该品牌中得到文化上的提升，思路上的启发，以此提高学习兴趣、文学修养。相信在不久的将来，仰山文化讲堂就能成为一个常态化的文化交流传播平台，传播中华文化，弘扬人文精神，成为一个真正知名校园品牌。

参考文献：

[1]杨乐.论当代大学生文化建设[J].青年文学家,2012(17).

［2］钟真群.高校校园文化建设创新研究［D］.广西大学,2011.

［3］胡钦太.高校校园文化建设的时代思考［J］.青年探索,2003(3).

［4］丁兴富.远程教育的微观理论［J］.中国远程教育,2001(2).

［5］孙琳,王亚林.信息网络化与教育的变革［J］.甘肃广播电视大学学报,2000(4).

［6］曹发军.构建和谐校园视野下的高校校园文化建设［J］.全国商情(理论研究),2011(2).

［7］罗建华.充分发挥校园文化的育人教功能［J］.高等教育研究,2002(12).

［8］金佩璇.浅议校园文化建设与学生价值观培养［J］.中国电子商务,2011(10).

花卉终端客户购买心理和购买行为调查[*]

王　娟　薛佳敏　陈　祎　唐薇依　朱亚金

（浙江财经大学东方学院工商管理分院）

摘　要：随着国内经济水平不断提升，城市化进程日益加快，家庭园艺消费对物种多样化、色彩多变化、景观持久化、园林人性化、环境和谐化等功能的要求日益增长。但花卉园艺产业要持续健康发展，就必须了解花卉园艺市场终端客户的购买心理和行为。本课题以虹越·园艺家公司为依托，通过实地访谈与调查问卷相结合的方式，展开对终端客户的消费心理和行为的研究，通过全面了解虹越·园艺家的终端客户的需求，为虹越·园艺家品牌的直营门店营销策略的选择提供决策依据。

关键词：虹越；花卉；终端；购买心理；购买行为

一、引　言

我国花卉产业从 20 世纪 80 年代开始，经过 20 年的发展，取得了很大的成绩，花卉生产已经形成一定规模。目前，国内花卉生产仍以城市绿化为主，据国家统计局授权农业部发布的关于 2000 年全国花卉生产的有关资料，绿化专用花木的生产面积占全国花卉生产面积的 50％以上，只有 10％左右的面积用于切花、切叶和种球的生产。从总的国际形势来看，我国花卉种植面积大，但生产效益差，出口花卉种类单调且数量少，出口增长慢，花卉进出口贸易逆差很大，花卉生产缺乏特色。但是，随着国内外花卉需求的不断增加，我国花卉生产和消费具有巨大潜力，花卉产业发展有着良好的前景。

虹越·园艺家是一个成长型企业，选择一种适合企业的销售模式对企业的发展是很大的助力。终端客户是花卉企业成长的基础，了解终端客户的购买心理和购买行为，是吸引终端客户的重要条件，也是虹越公司成功建立和发展园艺连锁直营门店的基础。课题小组在 2014 年 7 月对虹越进行了预调查并设计了问卷，在 2014 年 10 月份节假日通过问卷调查和访谈的方式就花卉企业应该如何把握住客户的心理，该如何掌控客户的购买行为的问题，进行调研。我们提出了消费者的购买行为和心理受家庭年收入，年龄，性别，常驻地，喜爱的花卉产品形式，店内活动的影响。在这样的预测基础上我们结合目前花卉行业的发展，对虹越现状进行了分析。

──────────

[*] 本文为浙江财经大学东方学院学生科研课题"花卉园艺市场终端客户购买心理和购买行为调查分析"（课题编号 2014dfx024）的最终成果

指导教师：陈晓阳

二、花卉行业发展的宏观环境分析

我国花卉产业的发展兴起于 20 世纪 90 年代,至 2000 年花卉种植面积达到 14.75 万公顷,较 1990 年增幅超过 200%。2003—2005 年,我国花卉种植面积以年均 40.63% 速度增长,至 2005 年达到 81.12 万公顷;2006 年,我国花卉产业开始由数量型向质量型过渡,花卉种植面积有所减少,此后随着需求的增长而逐年增加。2012 年,全国花卉种植面积为 112.03 万公顷,同比增长 9.40%,产业规模居世界第一。但从单位面积产量、产值、效益看,都还处于低水平阶段。全行业仍徘徊在低端产业链上,亟须从劳动密集型转向技术密集型。预计,未来花卉行业市场规模仍将保持年均 10% 以上的速度增长。①

(一)随着经济的发展,花卉行业日益增长

随着国家经济的发展和人们生活水平的提高,居民对花卉苗木的需求已经渗透到人们生活的每个角落,从公园到马路,从小区到商场,对绿对美的追求给花木产业赋予了更多新意。这些都为花卉业发展创造了良好的外部环境。

根据《2014—2018 年中国花卉行业市场前瞻与投资预测分析报告》分析,人均 GDP 达到 500 美元时,花卉消费需求就会明显增加;当人均 GDP 达到 3000 美元时,花卉消费就会呈现上升趋势。在欧美国家,家庭花卉消费一般占工资收入的千分之三左右,我国还没有达到这个水平。前瞻产业研究院花卉行业研究小组表示,虽然我国是世界花卉生产面积最大的国家,但从单位面积产量、产值、效益看,都还处于低水平阶段。全行业仍徘徊在低端产业链上,亟须从劳动密集型转向技术密集型。

经过 20 年的发展,我国花卉进出口贸易有了较大的变化,花卉出口额逐年增加,但增长缓慢,出口花卉产品中优质花卉较少,在国际市场上以价格竞争为主。这主要是由于我国花卉商品化生产起步晚,花卉生产技术和新品种选育水平落后于发达国家,加之国际花卉生产格局的基本形成,为满足近几年来城市环境建设的巨大需求,花卉生产所需的大部分优质种苗、种球、种子及园林园艺机械都依赖进口。

随着国内外花卉需求的不断增加,我国花卉生产和消费具有巨大潜力,花卉产业发展有着良好的前景。由于我国花卉产业起步晚,目前在花卉生产、销售、流通管理方面还存在着许多不完善的地方,如政策法规不健全,科技较滞后,限制了我国花卉产业的迅速发展。特别是我国入世后,随着花卉贸易国际全球化和自由化的加速,更加迫切地需要认识当前面临的问题,解决这些问题,以促进花卉产业的健康发展。

(二)自然环境的破坏对花卉行业的影响

中国幅员辽阔,气候地跨三带,是世界公认的"花卉宝库"。因此无论从我国丰富的物种多样性,还是从市场的广阔前景分析,花卉产业必将成为新兴的"效益农业"之一。近年来,环境污染问题日益成为生活在城市中的人们关注的焦点。花卉可在改善空气质量的同时丰富了季相景观,与同样具有净化功能的乔灌木相比,具有个体小、花色全、品种多、易盆栽、便于更换的特点,更易形成色彩丰富、层次分明的城市景观。

虽然花卉园艺行业目前已大部分使用温室种植与大棚种植等相对稳定的种植技术减少自然灾害带来的损失,但自然灾害对花卉园艺行业的不利影响仍然普遍存在。因此如果花卉种植基地区

---

① 《2014—2018 年中国花卉行业产销需求与投资预测分析报告》,前瞻产业研究院。

域发生严重自然灾害,将对行业正常生产经营活动产生较大影响。

(三)社会文化环境对花卉行业起到了推进作用

随着人们生活水平的提高,人们对于生活质量的要求也越来越高,不再仅仅满足于物质生活,更对精神生活有了要求。人们购买花卉不再是仅仅为了美观,而是在精神层面上得到了满足,对花卉形成了一种精神寄托,从而陶冶情操。有些家庭也会通过花卉,对孩子起到教育的效果。

花卉是一种精神消费品或者说是休闲娱乐消费品,只有当人们的物质生活达到一定水平,进入追求精神享受阶段时才会开始大量消费。随着中国经济的持续、稳步发展和国民对生活质量要求的提高,花卉已逐渐普及到室内装饰和走亲访友馈赠的礼品中,并在美容保健、增进人际关系、彰显个性等方面发挥重要作用。值得注意的是,当前花卉在中国的消费主体为社会中产阶层,这个阶层的人数在中国正在迅速增加。

改革开放30年来,我国花卉业区域布局明显优化。我国基本形成了以广东、云南、辽宁、四川和江苏为主的切花生产区域;以江苏、河南、浙江、山东、湖南为主的观赏苗木生产区域;以四川、广东、福建、浙江、湖南为主的盆景生产区域。一些我国特有的传统花卉产区和产品,如洛阳、菏泽的牡丹,大理、金华的茶花,漳州的水仙花,鄢陵的蜡梅等,得到了进一步巩固和发展。当前,我国的花卉产业正处在调整转型阶段,正在由数量扩张型向质量效益型转变,我国花卉业的市场竞争力在不断增强。相信随着中国经济的腾飞,必将给我国花卉业带来大发展,真正成为由丰富花卉新种质资源为主的、当之无愧的园林之母和花卉王国,最终成为新优花卉的产销大国。

二、虹越·园艺家市场现状分析

在2014年10月1日到10月26日期间,课题小组对园艺家三家直营店进行了实地考察。通过问卷调查和实地访谈的方式进行调研。在调研期间共发放问卷500份,实际回收471份,问卷回收率为94.2%。其中海宁金筑园店回收问卷170份,杭州西溪店回收问卷101份,海宁碛石店回收问卷100份,抽样问卷回收100份。

(一)消费者对于园艺家直营店的看法

1.消费者认为直营店能够更加方便买花

从图1中可以看出,有38.8%的消费者认为直营店让他们买花更加方便,有33.1%的消费者认为直营店能让他们更好地掌握花卉信息,有18.2%的消费者认为直营店更加专业。这表明在一定程度上直营店确实方便了消费者购买植物,同时也能为消费者提供一些花卉信息,以便于他们更好地掌握。在专业性上,直营店需要努力,加强专业性。

2.超四成的消费者认为在园艺家中需要导购

调查显示(见图2),有41.4%的消费者认为需要导购,有37.2%的消费者对于导购没有特别的需要,只有21.4%的消费者认为不需要导购。在调研的过程中我们观察到,除了对于养花特别有研究的专业花友外,大部分的消费者还是需要导购帮助他们介绍的。毕竟园艺家直营店里的产品种类多样,消费者不一定能认识,这时候就需要导购进行介绍植物的具体情况,增加消费者对于植物的了解。

(二)消费者对园艺家的综合印象

我们从产品、服务、质量、内部环境、价格、整体印象这六个方面研究消费者对于虹越·园艺家的印象。让消费者对这6个方面打分,10代表非常满意,1分为非常不满意,看平均分的高低来判

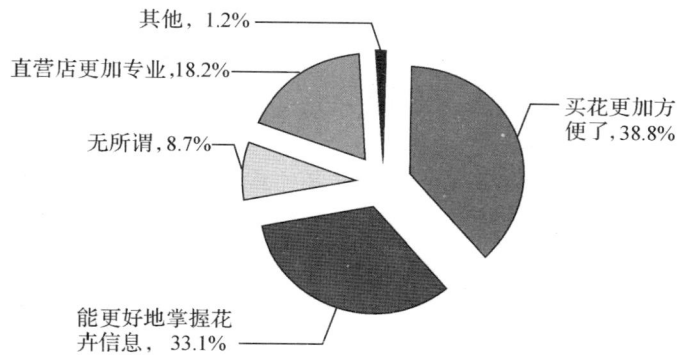

图 1 对直营店看法的比例

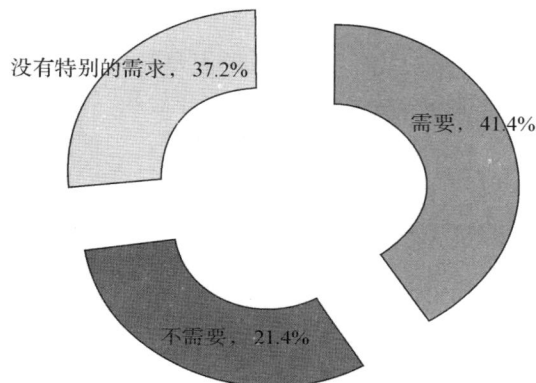

图 2 消费者认为园艺家知否需要导购比例

断消费者对园艺家的满意度(见表1)。

表 1 消费者对园艺家的印象平均分

	员工服务	产品种类	产品质量	内部环境	价格	整体印象
均值	8.7980	8.7483	8.8377	9.0596	7.6093	8.8874

1. 消费者对园艺家的综合印象较好

根据调查问卷我们发现,在产品、服务、质量、内部环境、整体印象这5个方面的平均值都在8.7以上,其中内部环境甚至达到了9.0。这表明大部分的消费者对虹越·园艺家综合印象很好,环境满意度高,消费者对于这5个方面的评价还是不错的,对园艺家的综合印象比较认可。

2. 消费者认为园艺家的部分产品价格偏高

和其他五个指标相比,价格的平均值略低,只有7.6,低于其他指标的平均值。这表明大部分消费者对虹越·园艺家里的部分植物价格感到略高。在调研的过程中,有消费者表示,"这里不该贵的植物价格的确有点高,本来应该贵的植物呢价格也还分"。出现这种情况的原因是虹越有些种苗是从国外进口的,成本较高,和本地的植物相比在价格上就会吃亏很多,但往往消费者不知道它是从国外进口的,和本地的产品有什么区别,由此产生了误解,所以在价格上就占不了优势。

(三)园艺家直营店各有特色

在调研期间,我们分别去了海宁金筑园店、海宁硖石店和杭州西溪店。三个点所处的地理位置不同,店里的风格也有很大的区别,但是各有各的特色。

1.海宁金筑园店像一个大型的园艺超市

海宁金筑园店的整体风格是像一个大型的园艺超市或者可以更形象说是园艺批发商店。海宁金筑园店处在海宁国际花卉城内,在那里不仅有虹越自有品牌"园艺家"的入驻,还有其他一些品牌例如森禾种业、发展园林、怡思园艺、红景园艺、海宁国美等。来金筑园的人大多是冲着海宁国际花卉城的名气来的。目前海宁国际花卉城还在开发和建设当中,一旦项目完成,将变成集多功于一体的综合性大型花卉示范平台,这对于金筑园店来说,带来的不仅仅是人流量,还有更多信息互通的渠道。

2.硖石店就是海宁人的后花园

海宁硖石店坐落于海宁市中心,于海宁一中的北面,旁边就是一个小型的菜市场,主要面向海宁市区及周边的市民。硖石店是一进去右拐是个大的温室的感觉,里面的花都是一块一块的,一进门就是夺人眼球的幸福兰、红掌、月季、粉掌以及一些组合盆栽。还有室内的水环境的布置,有花有树有水感觉很好,再往右是一些以观叶为主的盆栽和盆景。中间阻隔的地方,放着一些花盆和肥料。再往里走,会看见一些庭院的布置,还有一个室内的样本屋,接着往里走,走过一扇门,首先看到的是各种各样的盆,最里面是一些桌椅。转过这些花盆的地盘可以又从另外一个门走出,看见满眼的绿色盆景,感觉空气很清新。走过绿色盆景盆栽这些地方,能看见很古色古香的一块,全部是国兰,很古香的装饰,整体感觉把兰花那种清高给凸显出来了,装饰跟花卉所代表的品质很匹配。然后往前走是卖肥料和花盆的地方,穿过这些地方就是户外,户外其实很大,但是顾客会逛到的只有一小块,再往外的地方都是放着一些枯了或长得不好的植物。

在调研的期间我们发现,早上来逛园艺家的顾客一般是到旁边的菜场买菜顺便进来看看的,而中午时段的顾客则是附近的企业职工趁午休的时间过来逛的。下午时段大多是放学的学生或是下了班的职工,在时间上相对于中午要充裕一些。针对学生群体,主要是以价位偏低,比较容易养活的植物为主。学生群体有带动消费的作用。就是当一个同学买了一盆植物,另外一个同学看见了觉得不错,就会也想要买一盆。这时,我们就可以推出闺蜜组合系列产品。而且在学生之间送礼物风气盛行,植物作为礼品也是一种不错的选择。针对附近的企业职工,在顾客较少的时间段,可以详细地为他们介绍产品,以便于他们较快地作出选择。

3.西溪店是杭州人的小庭院

杭州西溪店是位于西溪花市内,西溪花市相对位置比较偏,但附近就是西溪湿地风景区。所以来西溪店的顾客一般是对养花比较感兴趣或是对养花比较有研究的。西溪店的风格和其他两家店的风格是不太一样的,因为场地面积没有前面两家直营店大,所以,西溪店就在精致上下功夫。

对于西溪店的顾客,应该从专业上加以"征服"。在举办花友交流活动的时候,可以从热爱养花的顾客中选出几个,作为一日店员,向来店里的消费者介绍自己养花的经验、应该注意的地方或者在养花过程中发生的有趣的事件。店里则给一日店员一定额度的优惠。

4.顾客来自三家直营店的周边地区

调查显示,来自长安镇、许村、周王庙、桐乡、海宁其他乡镇的消费者占23.9%,这是因为金筑园店在长安镇上,而且旁边还有一个海宁国际花卉城。这附近的消费者对于花卉城还是有所耳闻的,一般都会觉得花卉城里的产品比市场上流动摊点的要品种多、质量好。而且海宁国际花卉城还带有一定的旅游的意义。来自临平、下沙、杭州其他城区的消费者占27.3%,这是因为西溪店就位于杭州汽车西站对面,虽然地理位置较偏,但交通相对比较方面,而且西溪花市在杭州地区也有一定的知名度,消费者愿意来这里购买植物。来自海宁市区的消费者占27%,这说明海宁碌石店的确实是海宁人的后花园。一方面是碌石店原本就是依照花园中心的理念设计的;另一方面,虹越·园艺家在海宁市区消费者的心目中已经有一定的地位。消费者在想到要买花卉的时候,经常就可以联想到虹越·园艺家。

(四)虹越·园艺家的活动举办情况

1.虹越·园艺家的活动种类多样

虹越·园艺家会不定期地举办一些花卉活动,用以吸引新客户和巩固老客户,根据虹越·园艺家2014年花园沙龙时间表不难看出,从3月到11月,每个月虹越·园艺家的每家分店都会根据店自身的情况和顾客需求举办不同的花卉活动。如6月1日所有分店都举办了儿童节亲子活动,消费者带着孩子来参加活动,既可以选购自己中意的花卉,又可以培养孩子有关保护植物的意识,怡情养性,在增进亲子交流的同时增加了购物时的趣味性,刺激了消费者购物欲。

虹越·园艺家还会根据不同季节的花卉生长以及培育情况开展花卉养护的讲座,金筑园店在10月就开展了一场秋季花园养护及月季新品推荐会,现场进行专业养护知识讲座,解答养护难题,养花发烧友分享种植心得及经验,并穿插推荐进口月季新品,对于报名并参与活动的花友给予8.5折的购物优惠。这样不但解决了花友在花卉养护中遇到的问题,提升了虹越在消费者心中的专业认知度,而且花友之间的相互交流可以扩大消费者对于花卉的认知,不仅仅局限于自己了解的花卉去养殖,而是通过交流,通过别的花友的经验来尝试接受新的品种,以促进消费。

2.消费者更喜欢参与虹越园艺家的花卉DIY活动

通过问卷调查,部分消费者更喜欢参与虹越·园艺家的花卉DIY活动,将不同的盆栽、不同的植物通过不同的组合方式,亲手组合出自己喜欢的盆栽。通过亲身体验的方式让消费者参与到花卉培育的过程中,对于花卉的种植有了切身的体验,增加花卉种植的趣味,使消费者更愿意亲身到实体店里亲自挑选购买花卉。同时,也有很多消费者喜欢园艺的培训、交流讲解的活动、花卉展、多肉实地观赏等活动。

3.可以利用线上平台带动线下活动,提高活动参与率

在调查过程中,我们也发现一个问题,只有23.3%的人参加过虹越·园艺家举行的活动,而有76.7%的人是没有参加过任何活动的。据调查研究所了解,虹越·园艺家的微信平台关注人数众多,微博粉丝量庞大,线上推广活动频繁,内容丰富形式多样,能够吸引大多数关注者的积极参与和讨论,如果能够利用线上活动带动线下,增加店内消费者对于店内活动的兴趣,加上适当的优惠,可以刺激消费者的购买欲,从而增加消费者活动的参与率。

(五)虹越的品牌形象建立

1.虹越以"City Garden"进军商超市场

目前,虹越集团与华润万家和华润苏果合作。从2013年9月24日第一家店进驻华润万家苏州园区店以来,8个多月时间已经完成了13家专柜的开业。该项目的成立,严格意义上讲也是国内家庭园艺市场快速成长条件下所诞生的一件作品。花卉市场或花园中心当然好,但因为布局密度的关系,不是每个消费者想买就能就近买到的。园艺产品的植物活体特殊性与艺术欣赏性,又限制了网购,必须通过顾客现场体验才能完成销售,所以显然近乎全能的电商在这一领域很难彻底发挥。那么,相对接近消费者的超市即成了最好的网点,在欧美每家超市和购物中心都有着专业园艺专柜的一席之地。但中国超市园艺产品品种单一、摆放环境制约导致品质下降、没有专业导购等等

问题,都制约着消费者消费能力的发挥。"City Garden"项目就是在这样的背景下产生的,规模在30~100m² 不等,统一品牌、统一布置、统一配送、专业导购、规范售后,不但是一个简单的超市园艺专柜,更意味着我们生活的品位与精致性向前迈出了一大步,真正让园艺融入普通人家的生活中去,多方位地接触消费者。

2.启动"萌吖吖"进军家庭小包装领域

"萌吖吖"是浙江虹越花卉股份有限公司旗下子品牌。虹越种子业务始于1998年,已经成为国内最大的专业经营高品质花卉种子的公司,"虹越种子"也成为国内客户最值得信赖的品牌。2010年开始,虹越园艺家花园中心体系的建立,拉开了虹越正式进军国内家庭园艺市场的序幕。伴随着公司总体业务向家庭园艺消费领域的转变,"虹越种子"也在不断地转型。即从先前单纯地为专业种植者提供服务转变为兼顾专业消费的家庭消费。经过精心的筹备,公司在2013年建成自己的家庭装生产体系,并于2014年成功创立虹越全新子品牌"萌吖吖",定位为国内一流品质的家庭装种子品牌,专门致力于家庭小包装种子的业务开展,采用国际先进的分装和包装技术,每批次都经过严格的种子质量检验,芽率测试,专业冷库储藏,包装设计精美,安全可靠。2014年春季推出近50个品种,2014年秋季品种增至近100个,包括进口花种、进口蔬菜种子、进口草种、国产优质景观花种和国产优质蔬菜种子等。

三、花卉消费者购买心理和行为

研究花卉消费者的购买心理和行为,是虹越·园艺家品牌的直营门店实施营销策略的前提条件。以下根据调查问卷获得的数据,分析花卉消费者的购买心理和行为特征。

(一)消费购买动机体现在园艺产品的美观和净化空气

调查显示(见表2),消费者购买花卉的主要目的有三点,分别是观赏、美化环境,喜爱,净化空气。观赏是植物核心作用,自古以来人们购买植物以观赏为主要目的,与以前不同,现在人们购买植物也更注重植物的延伸作用。越来越多的人为了净化空气而购买植物,绿叶植物可释放氧气,吸收二氧化碳,部分植物具有防辐射,吸收甲醛等有害气体,吸收空气中的固体小颗粒的作用,在无形中提高了人们的生活品质。现在人类生活环境恶化,会有更多的消费者购买园艺产品。

表2　消费者花卉购买目的比例

消费者花卉购买目的	N	频率
净化空气	141	20.7%
节日纪念日	22	3.2%
提神醒脑	20	2.9%
喜爱	200	29.3%
观赏、美化环境	288	42.2%
驱蚊驱虫	11	1.6%
总计	682	100.0%

根据表3所示,消费者购买花卉的原因主要因为花卉产品可以美化环境、绿色健康、怡情养性,也有15.6%的消费者把花卉当作一种业余爱好。

表 3　消费者花卉购买原因比例

原因	频数	频率
绿色健康	212	21.9%
教育小孩	25	2.6%
怡情养性	185	19.1%
美化环境	266	27.5%
业余爱好	151	15.6%
馈赠礼品	32	3.3%
释放压力	54	5.6%
精神寄托	30	3.1%
其他	13	1.3%
总计	968	100.0%

（二）消费者可以划分成菜鸟级和大师级

调查显示,年收入是 30 万元以上的消费者对花卉品种的了解程度都处于入门级和中级。其中 55.1% 的消费者是入门级,6.6% 的消费者是高手级,对花卉最了解的是家庭年收入 10 万～20 万元的消费者。见表 4、表 5。

表 4　家庭年收入与花卉品种了解程度交叉分析　　　　　　　　（单位：%）

对花卉品种的了解程度（%）	家庭年收入				
	10 万元以下	10 万～20 万元	20 万～30 万元	30 万元以上	合计
入门级	28.80	16.5	6.7	3.1	55.1
中级	14.4	13.2	7.4	2.5	37.5
高手级	2.7	2.7	1.2	0	6.6
合计	45.9	32.4	15.3	5.6	99.2

表 5　花卉品种了解程度比例　　　　　　　　（单位：%）

		对花卉品种的了解程度（%）		
		入门级	中级	高手级
家庭年收入	10 万元以下	62.7	31.4	5.9
	10 万～20 万元	51.1	40.5	8.4
	20 万～30 万元	43.5	48.4	8.1
	30 万元以上	54.2	45.8	0

如表 6 所示,各职业中高手级的很少,主要存在于企业职员、商人和其他职业里面。超过一半的消费者都是入门级。根据年龄与对花卉品种的了解程度的交叉表显示,44～55 岁的消费者对花卉品种了解程度高的最多,所有被调查消费者中超过一半的消费者都是菜鸟级的(见表 7)。男性和

女性中,男性中级和高手级的比例比女性的略高。

表6 职业与花卉品种了解程度交叉分析 （单位:%）

对花卉品种的了解程度	职业						
	企业职员	商人	医生教师	科技人员	公务员	其他	合计
入门级	17.1	7.8	4.1	0.9	2.4	22.2	54.5
中级	11.5	4.8	4.7	0.2	3.2	13	37.4
高手级	1.7	0.9	0.7	0.2	0.2	2.7	6.4
合计	30.3	13.5	9.5	1.3	5.8	37.9	98.3

表7 年龄与花卉品种了解程度交叉分析 （单位:%）

		对花卉品种的了解程度		
		入门级	中级	高手级
年龄	18～24 岁	67.1	24.7	8.2
	25～34 岁	55.7	39.3	5
	35～44 岁	56.4	37.3	5.4
	45～55 岁	36.7	50	13.6
	55 岁以上	39.1	56.5	4.4

无论年收入在哪个阶段,对于自己是否会养花的评价中,级别在中级的消费者最多,入门级的消费者其次,高级的最少。家庭年收入在10万元以下的消费者中近80%的人是入门级和中级的,高手级中占比例最大的是10万元以下的。所以我们更要选择20万元以上的菜鸟级和中级的人。

职业中企业职员占的比重比较大,多是初级与中级的。高手级只占了24%。

表8 年龄与自己是否会养花交叉分析 （单位:%）

		是否会自己养花		
		入门级	中级	高手级
年龄	18～24 岁	40.0	37.6	22.4
	25～34 岁	34.3	42.9	22.9
	35～44 岁	47.0	37.3	20.0
	45～55 岁	27.3	45.5	27.3
	55 岁以上	26.1	34.8	39.1

年龄在18～44 岁的消费者,对于自己是否会养花的评价都是入门级和中级的,年龄在44～45岁以中高级居多,55岁以上的消费者多是比较会养花的。见表8。

表9　性别自己是否会养花交叉分析　　　　　（单位:%)

是否会自己养花	性　别		
	男	女	总计
入门级	13.1	23.4	36.5
中级	15.7	24.3	40.0
高手级	10	13.5	23.5
总计	38.8	61.3	100.0

如表9所示,76.6%男性与女性认为自己养花处于入门级及中级,高手级的只占23.5%。在性别上看,消费者中比较擅长养花的人少,更多的是菜鸟级的。

从上面图表中所得信息归纳,将消费者分成菜鸟级和大师级:年龄在44~55岁,职业是企业职员,商人或其他(根据年纪和家庭年收入可以分析出是家庭主妇或者自由职业工作者)处于菜鸟级,家庭年收入在10万元以下的消费者属于大师级。

收入在10万元以下,30万元以上的,职业是企业职员,商人或者其他(根据年龄和年收入可以推测是学生和家庭主妇),分成18~24岁和35~44岁这两个年龄段的消费者。菜鸟级的消费者将近60%,大师级的不超过10%,中等层次的消费者占30%左右属于菜鸟级。访谈中发现有很多退休的老人,年收入在10万元以下,也是属于大师级的,但对花卉更多的是只认品种,不认品牌。

(三)消费者更倾向的产品特征

调查显示,喜欢的园艺产品类型多种多样,如图3所示,最受欢迎的主要有观花植物、多肉植物、观叶植物和有香味的植物四大类。特别在西溪店,多肉植物受到了大多数消费者的追捧,这大概也和现在杭州顾客家中空间的大小有关联,多肉植物体积较小,相比于其他植物所占空间小。

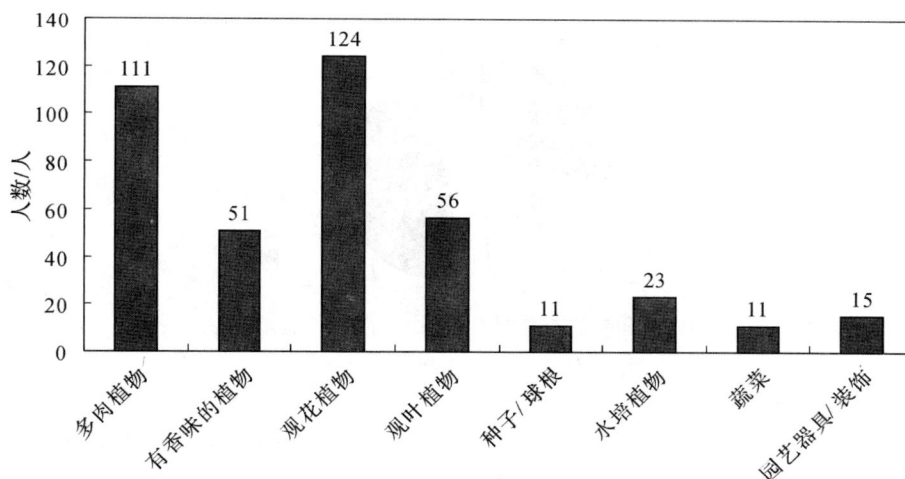

图3　消费者最喜欢的园艺产品类型

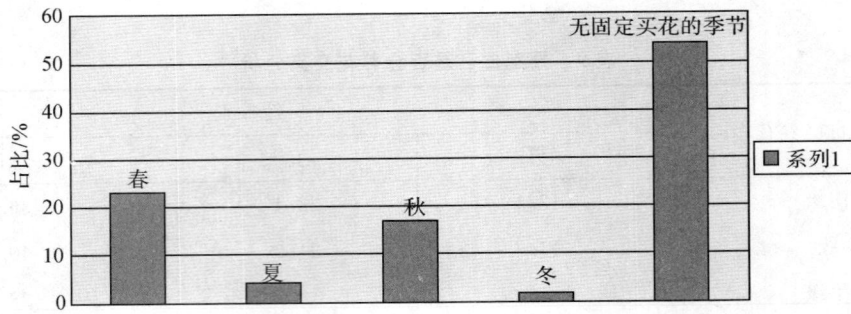

图 4　消费者购买季节

如图 4 所示,超过 50％的消费者无固定购买季节,也有超过 20％的消费者选择春秋两季购买。很多专家级是选择春秋购买,而菜鸟级的多是无固定购买季节的。

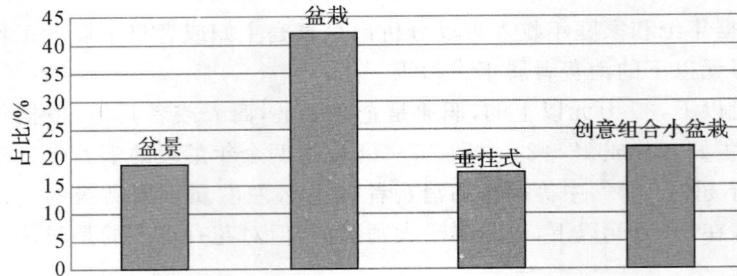

图 5　消费者喜欢的产品形式

如图 5 所示,超过 60％的消费者喜欢的产品形式是盆栽及盆景,其中超过 20％的消费者喜欢创意组合小盆栽。

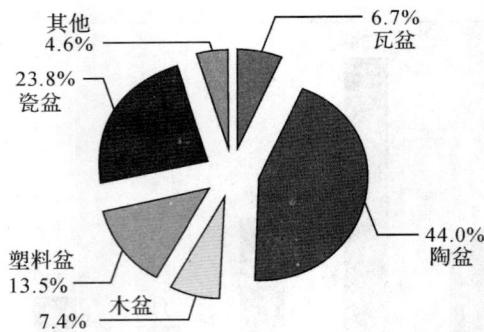

图 6　消费者喜欢选择什么材质的盆

如图 6 所示,63.8％的消费者喜欢的是陶瓷材料的盆,也有 13.5％消费者更喜欢塑料盆,盆的选择与产品形式是有关系的。喜欢种多肉植物的、盆景的人,更愿意选择陶瓷盆,陶瓷盆的透气性好。也与居民的居住地有关,杭州的消费者更喜欢塑料盆,可能是因为杭州的消费者多是将花种在阳台上的,塑料盆轻,方面搬运。

(四)消费者的潜在购买力有待开发

调查显示(见表10),62.7%消费者购买力集中在月消费100元以下,每月花费在200元以上的接近20%。潜在购买力很大但是有待开发。

表10　每月花卉开支与问卷发放地点交叉分析

	调查问卷发放地点	西溪	碛石	金筑园	外面	总计
在平均每个月花在花卉消费方面的开支大致为多少	100元以下	13.4%	14.9%	16.7%	17.7%	62.7%
	100~200元	5.7%	7.5%	5.0%	1.2%	19.4%
	200元以上	6.0%	2.5%	3.5%	6.0%	17.9%
合计		25.1%	24.9%	25.1%	24.9%	100%

(五)消费者更倾向实体店购买

调查显示(见图7),63.7%的消费者选择的是花鸟市场购买,只有17.4%的消费者选择的是超市专柜,可拓展的空间很大。消费者更愿意选择花鸟市场是因为花鸟市场是花卉消费的一种长期的认识,可见消费者对花卉产品是只认产品不认品牌,现在虽一时难以改变,但是经过长期的引导,还是可以让消费者区分花鸟市场与品牌直营的不同。

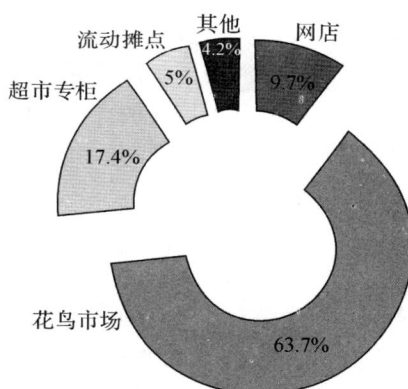

图7　消费者购买园艺产品的渠道

(六)以消费者基本特征细分,选择菜鸟级消费者市场

将统计的数据按照职业、家庭年收入、年龄进行拆分,分析各分类中消费者的习惯性购买季节,喜欢产品类型,喜欢的产品形式,喜欢什么质地的花盆,每个月在花卉方面的支出,最喜欢的购买渠道,选择渠道的理由,购买目的与原因。

1. 大师级的满足条件

收入在10万元以下,企业职员或退休人员,44~55岁的消费者。习惯在春秋购买花卉;喜欢的产品类型:观花植物;喜欢的产品形式:盆景;选择什么质地的花盆:陶盆和瓷盆;每月在花卉上的消费:100元以下;(企业职员)退休人员:100~200元;渠道:花鸟市场;选择渠道的理由:眼见为实,品种齐全,售后有保证;购买目的:净化空气,美化环境;购买原因:绿色健康,美化环境。

2.菜鸟级的满足条件

家庭年收入在 10 万元以下和 30 万元以上的,职业是企业职员,商人或者是学生,家庭主妇的,18~24 岁和 35~44 岁这两个年龄段的消费者。

菜鸟级的消费者特征,一般是家庭年收入在 30 万元以上的,职业是商人或者家庭主妇,35~44 岁年龄段的消费者:喜欢观花的植物;喜欢的产品形式是盆景和盆栽;喜欢陶盆;无固定购买季节;购买力在每月 200 元以上;选择的渠道是花鸟市场或者超市专柜,因为他们认为眼见为实,品种齐全,他们的购买力在每月平均消费在 100~200 元;购买的原因是美化环境;购买目的是喜爱、观赏、美化环境。

因为菜鸟级无固定购买季节更能形成习惯性购买。家庭年收入在 30 万元以上,但是月消费在 100~200 元,消费者有足够的购买力,月消费有足够的提升空间。这类职业的人因为喜欢,愿意空出时间,参加一些活动,成为忠实的消费者和传播者。他们更愿意眼见为实的商品,喜欢品种齐全的实体店。

五、虹越园艺家直营门店营销策略建议

(一)区别不同价位花卉,消除个别高价产品带来的影响

在实地调研的过程中,我们发现大部分的顾客都觉得虹越园艺家的价格偏高。以多肉植物为例,虹越园艺家的价格比流动摊位的价格高出 3 倍左右,这是因为它的种子是从荷兰等国家进口,而且它的叶肉比本地的肥大,也比本地的好养活。建议根据花卉产品的种类、产地、特性等分类,区别进口商品和非进口商品、旧品种和新品种,让消费者了解新品种相较于旧品种的优点在哪里,如:更好养活,花朵开得更大,更耐寒。区别于其他花鸟市场的产品,突出虹越园艺家产品的特色,让消费者了解其特色,接受其特色,消除高价对花卉产品的影响。也可以根据销售记录,查找卖得比较好的几款产品,摆在消费者视觉能第一时间抵达的地方。

(二)利用消费者相关群体的带动作用,促进"攀比式"购买

调查中显示,学生、企业职工、教师、医生都占有一定的消费比例,每个人都处在相关群体中,行为也容易受相关群体的影响,促进"攀比式"消费,增大消费者群体,增加同类流行产品的售出量。如:针对学生群体,当一个同学买了一盆植物,另外一个同学看见了觉得喜欢,就会激发他的购买欲望。这时,我们就可以推出闺蜜组合系列产品,基友消费套装,甜甜蜜蜜情侣消费套装。而且在学生之间送礼物风气盛行,植物作为送礼也是一种不错的选择。

(三)聚焦目标消费群体,以多种活动方式吸引顾客

针对目标消费群体,开展一些活动,搭建与目标消费群体的平台,及时收取反馈信息,一有活动,立马通知。赠送与众不同的会员卡,让消费者以加入这个群体为荣,比如银行 VIP。目前三家园艺家直营店的每日客流量都还不是很多,对此,我们想了一些来吸引顾客。可以让顾客在结账的时候顺便介绍微信平台,增加微信平台的关注。也可以有老顾客带新顾客的活动,带新顾客来的老顾客两人都可以享受优惠。当然,也可以和其他组织合作。

以杭州西溪店为例,杭州西溪店在西溪湿地景区附近,可以和西溪景区合作,在门票上印购花优惠券或是由虹越提供花卉摆在景区供游人观赏,当然可以在花卉上宣传虹越来吸引游客。还有据我们调查反映,可以多举办些关于亲子活动、植物培训会、讲座、摄影大赛等活动,使虹越·园艺

家走人民众的日常生活中。服务应该更加积极。根据调查反映,顾客对花卉行业、花卉种类以及花卉的种植方法的了解程度普遍不是很高,所以,我们建议,在顾客进入门店后,工作人员应该及时向顾客打招呼,了解顾客的情况,并且提供适当的服务。

消费者在养花的过程中肯会对不同的花产生不一样的兴趣,针对这一情况,虹越可以每个月规定一个日子为虹越会员交流日,消费者可以将自己的植物带到各个门店,和其他会员之间进行交流,顾客自己带来的植物如果养护得很不错,则有一次免费更换的机会,可以更换一盆价值相当的植物带回家。

(四)做到保持产品的多样性,但要避免选择困难

目标消费者的购买的原因是美化环境,购买目的是喜爱、观赏、美化环境。这样的心理是只限于产品本身的,没有品牌的区别。重要的就是,让消费者一进店就产生购买冲动,刺激消费。

让消费者享受虹越·园艺家现有的环境和服务,满意其中的环境,以及产品的多样性。产品的多样性在一定程度上也是影响着消费者,特别是一些忠实消费者,一些考虑以花赠人的消费者更注重有特色的花卉。保证产品多样一定程度上保证了忠实顾客。但在很多情况下产品的多样性会让顾客选择困难,只有结合花卉导购、店内摆放、促销等方式来避免。像碛石店就做得很好,这个店面是有一定的层次的,一定程度上减少了选择困难的影响。我认为还可以出一种花卉流行杂志,来导向顾客进行花卉的购买。

(五)适当针对青老年消费者开展相关活动

在青老年群体中容易培养忠实消费者。这里的青年主要包括还在上学和事业刚起步的消费者。青年是未来花卉消费群体,虽然他们现在的收入不高,消费水平也取决于家庭,但却是要注重的一个群体,这个群体懂得植物对人们生活的重要性,也更加容易接受一些新奇的事物。他们的未来还未限定,在这个时候养成对园艺产品的消费习惯,是有利而无弊的。至于老年人,是一个比较空闲的群体,是一个比较大的潜在消费群体,虽然收入在 10 万元以下,但是他们可以因为喜欢花更多的钱来购买园艺产品,也更容易对园艺产品产生依赖。

(六)跨界合作,嫁接房地产、商场、装修公司、家居类 APP 等

跨界合作,嫁接房地产、商场、装修公司等让虹越品牌无处不在。虹越花卉不光光在花卉市场上发展,也可以跨界,和其他行业一起合作。以房地产行业为例,在楼盘的样板房中可以放置一些比较大盆的植物,主要作用不仅仅是吸收甲醛等装修后留下来的有毒气体,同时还能释放氧气,改善室内的空气状况。置业顾问在给消费者介绍样板房的时候也可以顺便介绍虹越花卉的其他产品,增加品牌知名度。与装修设计公司合作,增加园艺设计模块,提高消费者生活质量。

与商场合作,喜爱植物的人在逛街的时候也会注意到植物,放在各个鞋、衣服等专柜的周围,用来宣传,每盆花上标记花卉名称、品牌、二维码、培养方法、花语等,通过扫二维码,加关注,领一些小礼品或者积分,进网上商城可以兑换。当消费者网上领到一包种子的时候,就会去确认,可以通过网络的形式下单,要付邮费,多数消费者会觉得一包种子不值这个邮费,会选择购买其他感兴趣的产品,当然也有人会放弃购买。但这是一种变相的广告投资,既可以增大网上的销售量,也可以增强品牌的认知度。

(七)区别花鸟市场,凸显虹越·园艺家格调

除了一些专门的花友,住在周边的人,从事花卉行业的人,知道虹越这个品牌的,少之又少。虹

越花卉在行业内是小有名气，但是在大批的花卉消费者中，却是跟花鸟市场中那些小店的名字没有区别的。连品牌都不被注意到，何谈品牌的忠诚度？要想培养忠实消费者，不为他人作嫁衣，首先要让习惯在花鸟市场购买的消费者区别虹越·园艺家与普通花鸟市场门店。

虹越·园艺家直营店与花鸟市场最大的区别在于什么？服务，环境，种类。消费者可以在虹越·园艺家逛一个下午，逛累了，可以休息，它可以作为一个休闲场所；当消费者购买园艺产品时，有工作人员给你介绍；也有一些小提示帮助消费者购买，花养死了，有专门的人员帮消费者推荐养什么花，并免费种好。现在很多消费者似乎没有意识到一部分花卉的钱是花在服务、环境、售后上面的，虹越做到了，却没有宣传，消费者也不得而知。相比之下，虹越产品更多，特别是花卉器具上，各种造型、材质的盆，洒水壶，还有多种多样的土，肥料，这些都是虹越的优势，这些优势应该加以突出，加以利用。

让消费者意识到，虹越与其他地方的不同，意识到其服务方面、售后方面的价值。在各类直营店或者超市专柜中，写上标语，宣传虹越的服务、售后。例如："只要你有花盆，我们免费栽种。""植物有问题，快来找虹越。"以此增加回头客。

五、总　结

本课题主要聚焦于花卉园艺市场终端客户购买心理和购买行为情况和花卉企业策略使用的研究，通过了解分析客户购买心理和购买行为，为虹越·园艺家提供真实可靠的有针对性的调研成果，为其提供更真实准确的终端客户情况。终端客户是花卉企业成长的基础，了解终端客户的购买心理和购买行为，是吸引终端客户的重要条件，也是虹越公司成功建立和发展园艺连锁直营门店的基础。花卉园艺市场既有一般市场的特点，与居民收入水平有相关性，又有其特殊性，花卉园艺产品品种多、类型丰富、专业性强，深入了解客户的需求心理和购买行为，对促进企业开发市场有着重要的指导意义。通过对花卉园艺市场终端客户消费心理和消费行为的调研，了解终端客户对园艺花卉产品的需求，使虹越·园艺家直营店进行准确的市场定位，设计出符合终端客户需求的园艺花卉产品，并进行合理的价格定位，采取有效的销售渠道和促销策略。

根据花卉行业发展的现状，既然虹越·园艺家的发展方向是终端消费者，可以提出这样一个构想，未来虹越·园艺家可以以一个或几个街道为单位，以一个个小的园艺家门店做支撑，销售一些比较受欢迎的花卉产品，以一个适当的大范围设立一个大的园艺家，大的园艺家必须具备以下一些特点：租金比较便宜，店内种类多，装修有特色，定时举办一些活动。届时，小的园艺家门店既可以满足消费者日常的购买，又可以作为虹越品牌的宣传，还可以架起与大的园艺家之间的桥梁，增加虹越的知名度，也增加了忠实的消费者。

嵇康论辩技巧研究*

覃淑净

（浙江财经大学东方学院文化传播与设计分院）

摘　要：嵇康是"竹林七贤"的代表人物，文学、玄学、音乐等无不博通，为人狂放任性，鄙视权贵。其作品清峻警峭，批判性极强。本文以嵇康的论辩技巧作为主要研究对象，通过对其作品进行细致的研读，从形式、论点、手法和语言风格四个方面进行归纳与分析。

关键词：嵇康；论辩技巧；研究

一、引　言

论辩是运用一定的理由来论证自己观点的正确性，推翻或揭露别人观点的错误，以便达到形成共识的一种语言交流过程。它既是严密的语言艺术，又是科学的思维方式，更是渊博知识的结晶。人类论辩行为是伴随信息交流活动开始的。作为信息交流的一种强有力方式，其原始形态产生于人类群体生活的早期，并随人类社会实践的发展而发展，日益成为人们交流思想，探索真理的一种重要形式。

中国的论辩活动大约起于远古，在我国最古老的史书《尚书》的第一篇《尧典》中就有帝王尧和大臣们关于选择接班人的一次论辩。其后，我国的论辩活动得到了长足的发展，具备正式形态的论辩活动兴于春秋，成熟于思想大解放的战国，而后经历转型、衰亡、复兴等历程。我们不难发现：越是动荡不定、历史大变动的年代，各派思想"百家争鸣"，论辩之风便会盛行。

汉末至魏晋，是中国历史上沧桑巨变的时期，也是思想上发生巨大转变的时期。宗白华先生说："汉末魏晋六朝是中国历史政治上最混乱、社会上最苦痛的时代，然而却是精神上极自由、极解放，最富于智慧、最浓于热情的一个时代"，并称"这也是中国周秦诸子以后第二度的哲学时代"。[①] 那个时代，名教礼义不仅无法承担起维护社会秩序的作用，反而成为钳制社会进步的枷锁。士人摆脱经学的束缚，开始在形而上的哲学上寻求探索新的价值体系，儒、道思想相互激荡产生玄学。而玄学关于有无之争、言意之辩、有情无情、崇本末息等命题的探讨，具有极强的哲理抽象性和理论思辨性。玄学成为当时学界的主流，随之而来的是清谈之风成为时尚。唐翼明认为：所谓"魏晋清谈"，指的是魏晋时代的贵族知识分子，以探讨人生、社会、宇宙的哲理为主要内容，以讲究修辞与技巧的论辩为基本方式

---

* 本文为浙江财经大学东方学院学生科研课题"嵇康论辩技巧研究"（编号为 2013dfx097）的最终研究成果。

指导老师：刘俊伟

[①] 宗白华：《美学散步》，上海人民出版社 1981 年版，第 208 页。

而进行的一种学术社交活动。"①这种清谈内容上多以哲理为主题，形式上多采用两人相互辩论驳难的形式。而从嵇康留下的作品来看，嵇康可以称得上是一位玄学清谈的大家。

嵇康，身长七尺八寸，容止出众、不自藻饰、崇尚老庄、轻时傲世，对礼法之士不屑一顾，特立独行。作为魏晋时期著名的思想家、文学家与艺术家，"竹林七贤"的代表人物，他在当时社会政治、文化等众多领域里都扮演了重要的角色。在他短短四十年的生命历程里，创作过诗、赋、家诫、杂著、论体散文等各种体裁的作品。在其著作中，论体散文是很重要的组成部分。论体散文即是论说文。《文心雕龙·论说》篇概括了古代说理散文的类型，其中写道："论也者，弥纶群言，而研精一理者。"②刘师培在《论文杂记》中也说道："论说之体，近人列为文体之一者也，然其体实出于儒家。（九家之中，凡能推阐义理，成一家者，皆为论体；互相辩难者，皆为辩题。）"③由此可见，嵇康的论体散文皆可称为论辩文。本文将从嵇康的论辩文出发对他的论辩技巧进行分析与探讨。

二、嵇康的论辩技巧分析

（一）形式方面——一问一答、造问设敌

在嵇康的论说文《答难养生论》、《声无哀乐论》、《管蔡论》及《难自然好学论》中，我们都不难看出他是以问答的形式展开。《答难养生论》是回答向秀对自己《养生论》的质疑：在《养生论》中嵇康强调了养生的重要性，认为人应该克制精神上和形体上的欲望，清心寡欲，坚持自然无为；而向秀则认为凡人有生就有情，主张满足欲望是合乎自然天性。于是在《答难养生论》时，嵇康在肯定人是有欲望奢望的基础上，表明"欲盛则身枯"，如果不加节制，则会"动之死地"，对向秀的观点进行逐条反驳，抽丝剥茧，句句入扣。④《难自然好学论》是驳斥张叔辽的《自然好学论》：张叔辽认为"好学"是人的天性，"六经为太阳，不学为长夜"；而嵇康则以荀子的"性恶论"为依据，认为人的天然本性是"好安而恶危，好逸而恶劳"，因而好学并非出于自然，而是出于"学而致荣"的目的"困而后学"。⑤文章短小，一问一答，气势凌厉，语言活泼。

除了上述明确的论辩对象外，嵇康有时也会自己虚构对象，创造一种问答形式。比如《声无哀乐论》中，通过秦地来的客人向东野主人发问进行应答，嵇康从声心关系的角度表明自己对音乐本质的认识，认为音乐是客观的存在，感情是主观的产物，音乐虽能感染打动人，但两者并无因果关系。洋洋洒洒，陈古论今，反复设喻，层层推理，极具逻辑性。到了《管蔡论》通篇就只有一问一答，论辩对象也模糊成了"或"。首段以"或问曰"起头，第二段开始"答曰"，进而通篇回答，达到了替管蔡昭雪申冤的目的，并为时人所接受。

嵇康的骚体文《卜疑》也是以主客问答的形式展开。我们不难发现，无论是嵇康自己创造这样一种自问自答的形式，还是真有时人跟他进行辩驳诘难，以这样一问一答的形式进行论说，能够使自己的观点得到强化和深化，更具有说服力。诘难的过程实际上是一个反面论证的过程，可见其思维的扩张性和严密性；回答解决的过程实际上是一个正面论证的过程，有利于进一步展开阐明自己的观点，为自己的观点添砖加瓦。

---

① 唐翼明：《魏晋清谈》，人民出版社 2002 年版，第 30 页。

② 唐锁：《文心雕龙义证》，上海古籍出版社 1989 年版，第 674 页。

③ 刘师培：《论文杂记》，《刘师培经典文存》，上海大学出版社 2004 年版，第 252 页。

④ 章培恒、安平秋、马樟根：《嵇康诗文选译》，凤凰出版社 2011 年版，第 107 页。以下关于嵇康论说文原文句的引用皆出于此书，统一标注为"同上，页码"。

⑤ 同上，第 216、217 页。

（二）论点方面——大胆质疑、新颖独特

《嵇康集》保存的十五篇散文中，论说文占了大部分。鲁迅先生曾在《魏晋风度及文章与药及酒的关系》中说过：“嵇康的论文，比阮籍更好，思想新颖，往往与古时旧说反对。”①这句话明显肯定了嵇康论说文论点方面的大胆新颖。

《管蔡论》是一篇历史人物专论。在前人都认为管蔡二叔是叛逆之臣，被杀应该的。在这种情况下，对于这个敏感事件，他作出与前人迥然不同的评价。“从三圣之用明”的角度提出问题，说明管蔡原本是“服教殉义，忠诚自然”的，所以武王、周公“举而任之”。后来辅助武庚，功绩卓著，又“名冠当时”。只是因为突然遇到重大变故，不理解圣人的权宜之计，所以举兵反抗，“欲除国患”，才招致杀身之祸、反叛之名。②　这样一来，便推翻管蔡二人反叛作乱的历史定论。

关于养生，《晋书·嵇康传》记载：嵇康“常修养性服食之事，弹琴咏诗，自足于怀。以为神仙禀之自然，非积学所得，至于导养得理，则安期，彭祖之伦可及，乃著《养生论》。”③这说明嵇康并非无神论者，他是相信神仙存在的，但他也认为神仙是与生俱来的，后天学习不能达到，只有通过养生之法才可以习得。写作《养生论》时，正值道教的影响日益扩大，关于不老升仙的养生秘籍大量涌现，道教还主张炼丹服药，用药物来达到延年益寿的目的。嵇康在这个基础上提出形神并济，形体和精神要统一。人的欲望具有两重性，一方面我们要顺乎天性自然，一方面我们又不能太过纵欲，不然欲望过盛会形神枯槁，被欲望征服而毁灭。这都与传统的观念不符，这是嵇康提出的新的想法。

在《难自然好学论》中，嵇康针对张叔辽认为好学是人的天性的观点，表达出自己不同的观点，认为人好学是带着名利的目的才有的想法，并非是人的天性使然。

《声无哀乐论》是专门论述音乐理论问题的鸿篇巨制，开创了一个经典的论题。传统观点认为音乐是包含感情的。《乐记》中说道：“凡音者，生人心者也，情动于中，故形于声，声成文，谓之音。”可见，当时的主流肯定了音乐是表达感情的艺术，即音乐本身包含了人的感情。但嵇康却把音乐说成是不带感情色彩和社会内容的自然产物，与传统的音乐思想形成尖锐对立。

嵇康的《释私论》探讨君子与小人的人生哲学，明确提出“越名教而任自然”④，讲究真实自然，坦诚相对。传统的区分君子与小人的标准是是非善恶，是根据其行事作为的善恶来判断人品质的善恶。而在嵇康眼里，公与私成了判断君子小人的标准。公即要显露真情，无所隐匿；私就是虚伪做作，刻意掩饰。然而嵇康也承认公私是非之间有重合交集，但公私标准大于是非标准。公私准则的建立对传统君子小人的道德体系有一定的冲击力，但这正是嵇康的新意所在。

嵇康的其他论说文，如《明胆论》，嵇康认为一个人的智慧和勇气（即“明”和“胆”）是先天存在于内心的，虽有变化，却自有定数。与吕安所说的明和胆并不是固有的，是变化相生的观点相反。而在《答解宅无吉凶摄生论》中，嵇康认为不能因为不同的人住进同一所房子发生不一样的命运而轻易对此宅有无吉凶下定论。这与阮德如的《论宅无吉凶摄生论》的观点也不同。

由此，我们可以看出，嵇康的论说文敢于否定传统，大胆质疑，新颖独特，从而表达出自己的观点。

（三）手法方面

1. 利用设问、阐释观点

设问即自问自答，在嵇康的论说文中，很多地方都采用了自问自答。

---

① 　鲁迅：《而已集》，人民出版社 1973 年版，第 92 页。
② 　同上，第 210 页。
③ 　（唐）房玄龄等撰：《晋书》，中华书局 1974 年版，第 1369 页。
④ 　同上，第 191 页。

在《释私论》中,开篇点明自己对君子的定义——"夫称君子者,心无措乎是非,而行不违乎道者也"。而后,立马来了一句"何以言之?"接下来便开始解释为什么了。解释后得出一个结论——"是故言君子则以无措为主,以通物为美;言小人则以匿情为非,以违道为阙"①。在这样一个小小结论后,又来一句"何者?"接下来又开始回答解释。

像这样以下定义的方式起头,接下来进行自问自答的形式出现得很多。如《养生论》、《答难养生论》、《声无哀乐论》中,多出现"何以明之"、"何者"、"何以言之也"、"夫何故哉",皆是出现在某一个观点之后,发出这样一问,随即进行解释回答,后又引出一个小结论,再设问作答。如此,便显得论证条理清晰,层层递进,说服力强,给人一种娓娓道来之感。当然,这样也避免了简单的陈述语气,给文章增添了些许活泼气息。

2.连用反问、强化观点

反问就是把已经肯定的思想观点放在问的形式里表达。委婉的反问听起来和风细雨,但实际上柔中带刚,软中有硬,具有相当大的攻击力。嵇康极善反问,并形成连环的发问,从而使论辩表现出锐不可当的力量。

嵇康本身崇尚老庄,任达洒脱,批判名教主流,不满司马家族。反问在他的论说文中随处可见,对于表达他的不满和洒脱有着强烈的凸显作用。

在《声无哀乐论》中,反问句出现了不下 20 次,或出于假设后面,或出于小论点前后,或出于打比方中。在《答难养生论》中,更有一次连环发问。为了表明人一旦有了欲望,有了想要的东西,那么必将会患得患失,无所不用其极,于是便有了"在上何得不骄,持满何得不溢,求之何得不苟,得之何得不失邪?"②四句皆用反问,读来气势颇足,观点表达也很有力。

当然,在嵇康的《养生论》、《管蔡论》、《释私论》等其他论说文以及书信体《与山巨源绝交书》、骚体文《卜疑》中,或多或少都会有反问句和连环反问句,多以"岂"字开头,译为"难道"。由此可见,反问在论辩中在作用上比正面肯定更具有力量。

3.多用排比、增加气势

排比是三个或三个以上的结构相同或相似,语气一致的语句成串地表达相关或相连的内容的一种句式。在论辩中,恰当地使用排比,有利于形成一种势如破竹、排山倒海的气势。

在嵇康的作品中,排比句多出现于举例子和分条陈述中。更值得一提的是,大排比中又有小排比,或四字语句排比,或正反两句对比排比。

在《答难养生论》中,面对秦客诘难圣人精通养生之道,熟悉自然天性,但依旧只有七十岁寿命,从而认为嵇康的导养之术并不起作用,嵇康以"或"字开头列举了几类人,句式相同,又基本囊括人的类型,给人思绪缜密之感,颇有气势,让人插不下话。

紧接着,又以两者相似的句式举了些例子,两两正反对比进行排比:火蚕与寒蚕,温肥者与凉瘦者,体疲者与形全者,富贵与野人,强烈的反差在排比中突显,从而揭示一方的错误和缺点,肯定自己的观点。

后文中列举难以养生的困难时,则以四字句进行排比:"名利不灭,此一难也;喜怒不除,此二难也;声色不去,此三难也;滋味不绝,此四难也;神虑消散,此五难也。"③整齐的句式,显得条理清晰,刚好也陈述了嵇康主张从形体、精神进行养生的几个方面,对前面的论证也有一个归纳的作用。

4.巧用假设、跳出圈外

假设,即在一种目前不成立或不存在的前提下,对事物本身或其他状态进行的一种设定或假

---

① (唐)房玄龄等撰:《晋书》,中华书局 1974 年版,第 191 页。

② 同上,第 109 页。

③ 同上,第 124 页。

想。稽康的论说文中多出现此种手法。

在《声无哀乐论》中，无论是秦客的反驳还是主人的回答，假设的使用都非常明显。当秦客诘难说："师旷吹律，知南风不竞，楚多死声。"为了论证这一说法的错误性。稽康进行了层层假设。第一层，"请问师旷吹律之时，楚国之风邪"，即假设师旷吹奏律管时，确实是楚国的风声。怎么样呢？"则相去千里"，即楚国距离师旷有一千里之远，结论便是"声不足达"。第二层，"若正识楚风之来入律中邪"，即在楚国之风确实能够到达的前提下，也恰恰能够识别出楚国的风进入了师旷的律管的情况下，阐明了楚国的地理位置，"南有吴、越，北有梁、宋"。第三层假设，在前两层的假设成立之下，不管楚国相距多远，也不管楚国的地理位置，再次假设："苟不见其源"，即如果根本没有看见这个风的来源，并发出疑问或者说是反问："奚以识之哉？"即确实是楚国的风进入师旷的律管成立，那么关键的一个问题便出现了，相距那么远，南北面皆有其他国都，究竟用什么来识别进入师旷律管的风就是楚国的风呢？① 而这个问题看似疑问，实则是一个反问，即根本没有方法去辨别或识别是不是楚国的风。这样一来，秦客的诘难就根本不存在，从而顺利推翻了秦客的诘难。

在假设方面，稽康还有一个明显特点，他故意使他的假设对象具有特殊性和典型性。在《答难养生论》中，为了证明即使人有冲动和欲望，但并非是非满足不可，完全可以运用智慧去理解，从而适时停止追求。如"今使瞽者遇室，则西施与嫫母同情；惯者忘味，则糟糠与精稗等甘"，②意思是说酒色佳肴之类的欲望本身是存在的，但并非人人都为之赴汤蹈火，有的人压根就没有区分辨别能力，所以也就无所谓满足欲望，顺乎自然。就如这里的盲人和心智不清的人。

当然这样的假设还有很多，多以"假"、"若"、"苟"开头，假设后的结论多以反问或疑问形式展开，这样便使观点显得更加有力，并且论据明显。

5. 化用故事、诉诸事例

都说事实胜于雄辩，在论说文中，举例论证具有很强的说服力。

稽康的文章，不论是书信还是论说文，都颇爱举例。在《与山巨源绝交书》中，为了表明自己希望成为不论贫困还是显达都能耿介自守的人，他举了老子、庄子、柳下惠、东方朔、许由、张良辅、接舆、季札、司马相如等人，以肯定他们的品质操守来表明自己的决心和心意。而在后面论证自己没有资质和能力从官的时候，他便拿阮籍做榜样例子。众所周知。阮籍、稽康、山涛皆为"竹林七贤"之一，他们私交很好。稽康举阮籍之例不愧为妙举，一则是对于阮籍，两者都熟悉了解，说服力强；二则阮籍同为二人之友，阮籍对稽康和山涛对稽康形成鲜明对比，反差之间更流露出稽康对山涛举荐的鄙视之情，让山涛处于尴尬的境地。虽然事实上稽康并未真的与山涛绝交，但从内心立场来说，稽康是不认同山涛的。

而在其论说文中，稽康举例之广，不仅涉及古代名人，更有世间万物，如虱子、蜉蝣、朝菌、蝾蛇、豫章树、圉马、平原、池沼、菽麦、稻稷、流泉甘醴、琼蕊玉英、金丹石菌、紫芝黄精等等，足见稽康见识之广。而那些动植物的属性不可改变，用他们举例具有不可反驳性，因此显得客观公正。

另外，不得不提的是，稽康的举例中少不了古代的圣人君子，他经常援引他们的言行举止或观点进行假设。古代的圣人君子是世人广泛认可的，稽康举他们的例子，便与世人大众站在了一起，也肯定了历史上人们对圣人君子的评判。这样一来，论说便更有说服力和不可抗拒力。这就与赵传栋在《论辩胜术》中讲到的"诉诸传统"、"诉诸传闻"、"诉诸权威"以及"煽动群众"不谋而合。

6. 借用比喻、生动形象

中国人说话爱打比方，用于文章叫比喻。比方打得好，可以生动形象、帮助人们理解问题。这

---

① （唐）房玄龄等撰：《晋书》，中华书局1974年版，第157页。
② 同上，第111页。

一点,在嵇康的论说文中运用较多。

在《答难养生论》中,为了表明欲望虽然是人的天性,但并不是道德的规范要求,若使其不藏在心里,与外物接触只能给身体带来灾祸。在这里,嵇康便打了一个比方,就好比树木有蛀虫,虽然蛀虫是树木生出来的,但不是树木所适宜的。蛀虫多树木就会腐烂,正可以比喻欲望旺盛身体就会枯竭。这样一来,欲望的危害性便显得非常生动形象,易于理解。在接下来的论说中,嵇康将酒色比作甜美的毒酒,名位比作香饵,化抽象的事物为具体,使人轻易便通晓了个中道理。

嵇康的打比方通常以简单通俗的事物作为喻体。在《声无哀乐论》中,为了说明欢乐的音乐即使不能使悲伤的人开心,也不该使他更加悲伤。这就好比在一个大屋子里,点亮一个小火把,即使不能温暖整个屋子,但也不会增加这个屋子的寒冷。在这里,嵇康把悲伤的听众比作那间大屋子,快乐的音乐(文章中指《鹿鸣》)比作那个小火把,道理显而易见。

(四)语言风格方面

1. 坦然自嘲、不失谦虚

自嘲是一种黑色幽默,自嘲不仅不丢面子,反而更显大气。这一点我们在嵇康身上可以直观感受到。

在嵇康的书信《与山巨源绝交书》里,嵇康列举了一系列古代耿介自守的名人,表明自己对他们的尊崇;也直说自己比不上阮籍的资质,傲慢懒散,更是将自己不堪明说的生活陋习一一列举。当然我们不能否认嵇康这样说是故意想表现自己不适合做官。但从另一个角度来说,一个人敢于承认自己比不上这个,赶不上那个,并大胆说出自己的不足与生活陋习,这种自嘲无疑不是坦然的一种体现。

而在他的论说文中,虽然反问语气颇多,显得无可辩驳。但在回答对方问题进行论说时,多用敬辞和谦辞,如多用"请"字。在《声无哀乐论》中,主客问答双方在自己的观点前后,皆爱用谦辞敬辞。秦客在请求主人说理之前,有"若有嘉讯,请闻其说",即如果你有高论,请说与我听听。主人在阐明自己观点前,有"今蒙启导,将言其一隅焉"①之言,意思是说,今天承蒙您启发开导,我就讲讲这个道理的某一方面吧!其谦虚之情溢于言表。这样的例子并不少见,在他的《养生论》中,首段末尾便说"请试粗论之","请""试""粗"三个字无不显得谦虚有礼,这样一说,即便听者再不赞同他的观点,怕也是十分愿意听听看的。

2. 幽默旷达、讥讽有力

在《与山巨源绝交书》中,嵇康自曝疏懒傲散之气:"头面常一月十五日不洗,不大闷养,不能沐也。每常小便而忍不起,令胞中略转乃起耳"。此种生活习性,让人忍俊不禁的同时,也感慨他的豪放旷达,不拘小节。当然这与他"加少孤露,母兄见骄",成年后"又读《庄》、《老》,重增其放,使荣进之心日颓"有很大关系。但他很清楚自己需要什么,不适合什么。他明白"人伦有礼,朝廷有法",所以在"自惟至熟"后,发现自己"有必不堪者七,甚不可者二",然后一一列举。

而在信的开头,嵇康还打了一个比方。嵇康将山涛推荐自己为官,就好比"羞庖人之独割,引尸祝以自助,手荐鸾刀,漫之膻腥"。② 什么意思呢,也就是说,山涛荐嵇康,就好比是厨师以独自切肉做菜为耻,要拉祭师来做帮手,亲自递上屠刀,让他沾上一身腥膻气味。简单明了的一个比方,直接揭示了山涛的心理。而后嵇康也不忘补一句"故具为足下陈其可否"。在这里,他的幽默旷达展现得淋漓尽致,想必山涛也不忍叫他从官。

---

① (唐)房玄龄等撰:《晋书》,中华书局 1974 年版,第 155 页。
② 同上,第 65 页。

在稽康的论说文中,这样幽默直白的话语并不少见。在《声无哀乐论》中,主人面对秦客的反复辩驳,回答说:"吾谓能反三隅者,得意而妄言,是以前论略而未详。今复烦循环之难,敢不自一竭邪?"①意思是说,我本来以为你能举一反三,领会了意思而不须多言,所以前面的论述简略,还不周详。现在又烦劳你反复诘难,怎么敢不竭尽全力来回答呢?这样一说,稽康一方面取笑了秦客不能融会贯通;另一方面也看似谦虚地承认了他前面的论述不够周详,出于秦客的疑问,他不敢不继续解释下去,实则是他自己故意为之,为自己的论说找了平台。幽默中露出讥讽之意,毫不掩饰中显出旷达之情。

三、小结

世人多研究稽康作品里所体现的哲学思想和观点,对其论辩技巧关注者较少。但稽康作品中所展现的论辩技巧却很值得后人学习,这些技巧体现了他严密的理性逻辑思维和清晰的推理能力。他的论说文论点新颖独特,敢于质疑传统,论证有理有据,气势雄健与文辞华美兼具。其论辩艺术可谓上承汉代,下启魏晋散文文风的蜕变。刘师培称赞稽康论辩之"析理绵密,亦为汉人所未有",②并且引领了六朝论体文的先锋。而刘勰也称赞稽康"师心以遣论",并称其论辩文"师心独见,锋颖精密"。③ 足见稽康理性逻辑推理能力之高,达到了晋朝论辩艺术的高峰。作为后人,我们应该看到其论辩技巧的价值所在。

参考文献:

[1]章培恒,安平秋.稽康诗文选译[M].香港:凤凰出版社,2011.

[2]王锦才,单静.论辩艺术[J].固原师专学报,1997(4).

[3]孙海洋."红明基"与魏晋南北朝论辩散文[J].湖北大学学报,2004(2).

[4]王卓.说服何必用力[M].北京:电子工业出版社,2010.

[5]谢伦浩.即兴论辩表达技巧[M].北京:石油工业出版社,2002.

[6]贾奎林.论辩传播述评——游说·社会·人生[M].北京:知识产权出版社,2008.

[7]司马放.魏晋名士的风流[M].武汉:湖北长江出版社,2008.

[8]穆克宏.魏晋南北朝文论全编[M].上海:上海远东出版社,2012.

[9]张再义,张在兴.论辩谋略百法[M].杭州:红旗出版社,1993.

[10]马良怀.魏晋文人讲演录[M].桂林:广西师范大学出版社,2009.

[11]汤一介,李中华.中国儒学史——魏晋南北朝卷[M].北京:北京大学出版社,2011.

[12]王政挺.一言千钧——论辩致胜的金点[M].北京:中央编译出版社,2003.

[13]赵传栋.论辩胜术[M].上海:复旦大学出版社,1995.

[14]吴庚振.古代论辩艺术初探[J].河北大学学报,1982(3).

[15]戴尔·卡耐基.演讲与口才[M].北京:中国城市出版社,2006.

---

① (唐)房玄龄等撰:《晋书》,中华书局1974年版,第155页。

② 刘师培:《中国古代文学史讲义》,中国人民大学出版社2004年版,第48页。

③ (南朝)刘勰著,周振甫译注:《文心雕龙译注》,江苏教育出版社2006年版,第238页。

废旧电子产品回收处理认知度调查[*]

周新迪

（浙江财经大学东方学院信息分院）

摘　要：本报告主要是通过对杭州市民进行问卷调查，了解了杭州市民对废旧电子产品回收处理的认知程度。通过对调查数据进行严谨、科学的统计分析，我们发现杭州市民对废旧电子产品回收处理的方式是不合理的，而影响杭州市民对废旧电子产品回收处理方式的因素主要是社会效应，由此，我们根据分析提出了相应的建议来改变现状，实现电子垃圾的合理化处理，有利于环境的保护以及资源的循环利用。

关键词：调查；统计分析；因素；社会效应

一、引　言

我国是人口大国，据信息产业部统计，就 2010 年我国的手机用户已经超过了 7.3 亿，早已经是世界第一的手机生产和消费国，那对于整个电子产品的生产以及消费毋庸置疑也是很高的。随着高新技术的发展和应用，人们对电子产品的外观、功能的要求提高，不断地缩短了电子产品的更换周期，特别是手机，全球移动用户更换新手机的周期平均在 2 年左右，而一些经济较发达的地区，用户更换手机的周期更短，如北京、上海市手机更换周期一年不到。我国正处于电子产品高速发展的时期，电子产品市场不断膨胀，再加上人均生活水平在不断上升，手机等电子产品的需求量极速增加，这导致废旧电子产品的产生速度也在大幅度增加，如废旧手机每年淘汰量全国估计为 7000 万台左右。由于当前经济社会中，电子产品已经成为大众消费品，数量的巨大使其污染规模也随之变大，废旧电子产品一旦随意丢弃，将造成至少数十万吨的电子垃圾，必然会引发极大的处理危机。在废旧电子产品尚未造成环境公害之前，如何让消费者对其进行回收处理成为了我们当前解决这个危机的重点。电子产品的回收利用，既可以减少电子垃圾污染，又可以回收有用的材料，实现资源的循环利用，使用再生材料替代原材料还可以大大节约能源，符合我国大力发展循环经济、建设节约型社会的实现目标。对废旧电子产品成功回收、利用必将产生良好的环境和经济效应。

对此，我们将以关于废旧电子产品回收处理的认知度调查为主题，设计制作调查问卷，通过发放问卷形式及小组访谈形式对在校大学生以及社会群众对于废旧电子产品回收处理的认知度进行调查研究，为了了解大学生以及其他社会群体对废旧电子产品处理的认知程度以及如何处理废旧

---

* 本文为浙江财经大学东方学院学生科研课题："废旧电子产品回收处理的认知度调查"（编号为 2014dfx017）的最终研究成果。

指导老师：姚建荣

电子产品；了解影响他们对废旧电子产品处理方式的原因。通过问卷辅访谈的形式开展调研，采用随机抽样、多阶段抽样的方法，利用 SPSS、EXCEL、EVIEWS、SAS 等软件分析问卷结果，以此为依据，提出建议以及相关可行行为，正确引导各个人群对废旧电子产品回收处理行为的正确认识，从而通过此问题达到保护环境、资源合理再利用、节约能源的作用。同时，我们将分析结论等提供给相关部门作参考。在参与统计调查方案设计的全过程，将专业理论知识应用于实践，提高小组成员专业技术应用能力。

二、调查方案设计

（一）调查目的

了解不同人群对废旧电子产品回收处理行为的认知程度，分析造成这一现象的原因以及影响因素（分别从感知价值、自我效能、行为态度、认同意向来调查分析），并提出建议以及相关可行行为，正确引导各个人群对废旧电子产品回收处理行为的正确认识，从而通过此问题达到保护环境、资源合理再利用、节约能源的作用。

（二）调查对象及地区

1. 调查对象
（1）抽样调查：杭州市区 15～60 岁的社会人群。
（2）人物访谈：学校老师或同学。
2. 调查范围
杭州市八区，分别为拱墅区、上城区、下城区、西湖区、江干区、滨江区、萧山区以及余杭区。

（三）调查方法

1. 问卷调查
问卷调查是了解群众是如何处理废旧电子产品的主要手段。
对于杭州八区的居民，我们按人口数划将杭州八区分为 4 层，具体如表 1 所示。

表 1　人数分层

按人口（万人）	层	包括区域
100～70	第一层	萧山区、西湖区
	第二层	余杭区、江干区
70～0	第三层	拱墅区、下城区
	第四层	滨江区、上城区

2. 访谈法
采访法主要应用于了解在校师生对废旧电子产品回收处理的看法，在杭州几个高校园区内随机挑选教师和学生进行访谈。
对于下沙高校园区，我们对其进行随机抽样，抽出 4 所大学作为调查点，具体如表 2：

表 2　抽样学校结构

区域	学校	随机抽样	抽取学校
西区	杭州电子科技大学		浙江工商大学
	浙江理工大学		
	中国计量学院		
	杭州职业技术学院		浙江理工大学
	浙江警官职业学院		
	浙江广播电视高等专科学院		
东区	浙江工商大学		浙江财经大学
	杭州师范大学		
	浙江财经大学		
	浙江金融职业技术学院		杭州师范大学
	浙江经贸职业技术学院		
	浙江理工大学		
	浙江育英职业技术学院		
	浙江水利水电专科学校		

(四)总体样本量确定

样本量计算公式为：　　$n = \dfrac{NP(1-P)Z_{\alpha/2}^2}{Z_{\alpha/2}^2 S^2 + N\Delta^2}$

假设不需要得到各个层估计值的精度，而且如果整个地区的估计值达到 95％ 的置信度、±5％ 的误差界限，就认为估计值足够可靠了。我们假设 $P=0.5$，预计回答率为 100％。

由资料得杭州市常住人数为($N=8700343$)。在置信度为 95％。($Z_{\alpha/2}=1.96$)、最大允许绝对误差=5％($\Delta=0.05$)时，根据 $P=0.5$ 达到极大值时对初始样本量进行计算：

$$n = \frac{8700373 \times 0.5 \times 0.5 \times 1.96^2}{1.96^2 \times (0.5 \times 0.5)^2 + 0.052 \times 8700373} = 384.156 \approx 384$$

由网络预调查以及考虑到回收率的问题，初步设定无效问卷率约为 17％，调整样本量：

$$n = \frac{384}{1-17\%} = 462.65 \approx 463$$

(五)抽样设计

1.杭州八区抽样设计

(1)调查对象划分

为了抽样调查的对象更加科学，我们增加了样本数量(杭州八区周围的县、市)，包括富阳市、临安市、建德市、桐庐县、淳安县等。

按人口数划将杭州八区以及周围县、市分为 4 层，具体如表 3：

表3 人数分层

按人口（万人）	层	包括区域
100～70	第一层	萧山区、西湖区
	第二层	余杭区、江干区、富阳市
70～0	第三层	拱墅区、下城区、临安市、建德市、桐庐县
	第四层	淳安县、滨江区、上城区

（2）抽取区域

首先，对各层所包含区域进行编号（见表4）：

表4 区域编号

层	区域	编号
第一层	萧山区	①
	西湖区	②
第二层	余杭区	①
	江干区	②
	富阳市	③
第三层	拱墅区	①
	下城区	②
	临安区	③
	建德市	④
	桐庐县	⑤
第四层	淳安县	①
	滨江区	②
	上城区	③

其次，根据随机性原则，从每层抽取一个区域，抽样结果如表5：

表5 抽样比例

层	入样区域	人口（人）	占抽取区域总人口比例（％）
第一层	②	820017	9.43
第二层	②	998783	11.48
第三层	②	526096	6.05
第四层	③	344594	3.96

（3）各层样本量的确定

样本容量为463，各层样本量的确定满足按比例分配原则，具体分配公式为：

$$n_h = p_h \times n$$

n_h 为各层样本容量、n 为样本容量、p_h 为各层抽中区域人数占抽中区域总人数的比重。

基于上述分配原则各层的样本量如表 6 所示：

表 6　各层样本量分配

层	入样区域	样本容量
第一层	西湖区	139
第二层	江干区	171
第三层	下城区	91
第四层	上城区	62

（4）抽取街道乡镇和社区

为节省成本和人力，从抽中区域随机抽取一个街道或乡镇，每个街道或乡镇随机抽取一个社区。依据方案设计，抽取各层街道及社区，结果如表 7：

表 7　实际抽样结构

层	入样区域	入样街道或乡镇	入样社区	发放问卷量
第一层	江干区	下沙街道	高沙社区	139
第二层	西湖区	灵隐街道	黄龙社区	171
第三层	下城区	武林街道	安吉社区	91
第四层	上城区	清波街道	清河坊社区	62

三、废旧电子产品处理行为描述性分析

（一）调查对象年均电子产品购买数量情况

从图 1 的数据中我们可以清晰地看出大部分调查对象的年均购买电子产品数量为 1～3 件，占了一半以上。从图中我们可以还发现有 21％的调查对象的年均购买电子产品数量为至少 3 件，而年均购买电子产品数量趋于 0 件的调查对象则很少，仅为 5％。可见大部分的调查对象的年均购买电子产品数量还是比较多的，这也意味着这些调查对象的电子产品拥有量也是很多的。

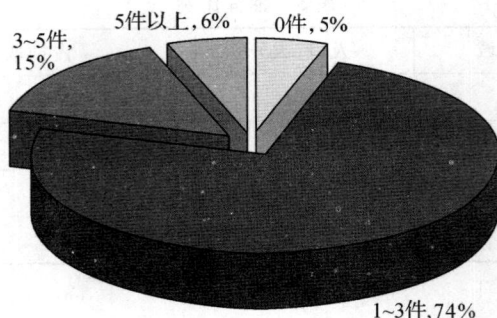

图 1　电子产品年均购买数

中国行业研究网研究表明，我国消费电子行业产品结构向高端发展趋势明显。3D 电视、智能电视、LED 背光源电视、智能手机、平板电脑、变频空调、大容量冰箱、滚筒洗衣机等高端产品正在走入普通消费者家庭。工业和信息化部数据显示,2010 年 1—10 月份,手机产量达到 79201.8 万部,同比增长 35%,彩电产量达 9478.8 万台,同比增长 6.9%;笔记本计算机产量达 15346.8 万台,同比增长 25.7%。2010 年 1—10 月份,家用电子行业累计工业销售产值同比增长 30.9%。这说明人们对电子产品的需求量越来越大了,随之同时淘汰的电子产品数量也是在不断增加。

随着时间推移,电子产品的普及度越来越高,甚至不断出现高拥有量的人群,同时,随着人们对电子产品的依赖,对电子产品的需求也在不断增加,但与之同时增加的还有电子垃圾的数量。

(二)调查对象对废旧电子产品的处理方式

我们对调查对象对废旧电子产品的处理方式进行了统计,结果如图 2 所示。调查分析的结果显示,对于废旧电子产品的处理采取继续闲置占用空间的人群远远超过去他的处理方式。而送给需要的同学或朋友,出售、丢弃、以物换物等方式的人也不少,人数上基本相近。其中,丢弃是最不可取的方式,但人数却不在少数,从中可以看出,人们对于废旧电子产品的处理方式并没有一个很好的认知。而继续闲置占用空间虽然不会造成环境污染,但是一定程度上会产生资源的浪费。

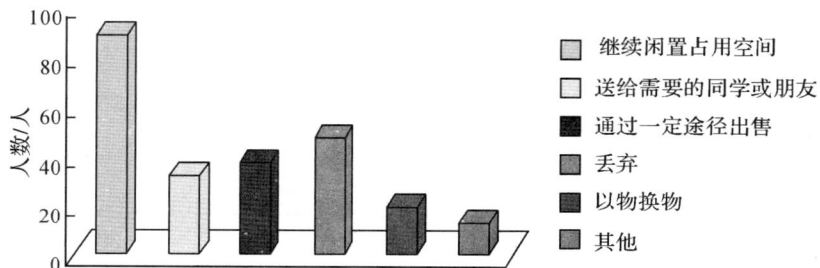

图 2 调查对象对废旧电子产品的处理方式

人们对电子产品的需求日益增加,滞留的电子产品越来越多,如果大家对其的处理的方式不合理的话,那将对生活环境产生很大的危害,同时也是对资源的浪费。从调查表明,人们在对废旧电子产品处理选择上还是存在很大的问题。

(三)调查对象对废旧电子产品未处理的原因

我们对调查对象对废旧电子产品的未处理的原因进行了统计,结果如图 3 所示。调查分析的结果显示,很大部分人群未处理废旧的电子产品是由于不知道处理途径。显然,对于废旧的电子产品处理方式的宣传还是不够到位,宣传力度不够强,宣传范围不够广。部分人群由于回收价格太低

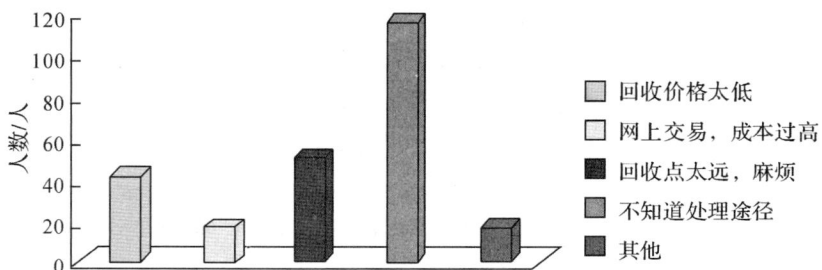

图 3 未处理原因

或者回收点太远而未处理废旧的电子产品,显然,要合理的分布回收点。还有少部分人群因为网上交易成本过高等其他原因而未处理废旧的电子产品。

从图2我们可知,废旧电子产品的滞留问题已经出现,并且在逐渐加大,但导致其出现的根本原因是却是由于不知道如何去处理,在也说明我们社会中,在对废旧电子产品的回收处理的宣传以及途径普及不是很全面。

四、废旧电子产品处理行为的定量分析

我们对回收的问卷进行整理,并进行复查审核,确保每份要进行数据录入分析的调查问卷都是真实有效。复核的比例在10%~20%以内。然后对复查好后的问卷进行编号,数据录入。最后利用SPSS、SAS、EVIEWS等软件进行数据处理。比如先描述统计部分,KMO与Bartlett检验,然后因子载荷矩阵,变量共同度,总方差分解与碎石图,最后解释旋转后的因子载荷矩阵。

因子分析的主要目的是降维、对变量分类,而聚类分析主要目的是对变量或样本聚集而分类。这样先用因子分析,在此基础上进行聚类分析,这样效果较好。

(一)信度、效度分析

表8 可靠性统计量

Cronbach's Alpha	基于标准化项的 Cronbachs Alpha	项数
0.809	0.842	29

信度即可靠性,它是指采用同样的方法对同一对象重复测量时所得结果的一致性程度。见表8,信度检验结果为Cronbach's Alpha值为0.809,大于0.60,该数据适合继续做分析。

表9 KMO和Bartlett的检验

指标		感知价值	自我效能
取样足够度的 Kaiser-Meyer-Olkin 度量		0.670	0.727
Bartlett 的球形度检验	近似卡方	458.884	280.309
	Sig.	0.000	0.000

原假设:原始变量相关阵势对角阵,即各变量之间无关,不适合做因子分析。

KMO统计量是取值在0和1之间。当所有变量间的简单相关系数平方和远远大于偏相关系数平方和时,KMO值接近1,KMO值越接近于1,意味着变量间的相关性越强,原有变量越适合作因子分析;当所有变量间的简单相关系数平方和接近0时,KMO值接近0。KMO值越接近于0,意味着变量间的相关性越弱,原有变量越不适合作因子分析。

通过KMO和Bartlett的检验(见表9),发现指标感知价值的KMO=0.670>0.50,球型检验0.000<0.05,所以拒绝原假设,适合做因子分析。

通过KMO和Bartlett的检验(见表9),发现指标自我效能的KMO=0.727>0.50,球型检验0.000<0.05,拒绝原假设,通过检验,适合做因子分析。

(二)因子分析

因子分析法是指人们在对现象进行观测时,往往会得到大量指标变量的观测数据,这些数据在带来信息的同时,也给数据的分析带来了一定困难;另外,这众多的变量之间可能存在着相关性,实测到的数据包含的信息有一部分可能是重复的。因子分析法就是在尽可能不损失信息或者少损失信息的情况下,将多个变量减少为少数几个潜在的因子,这几个因子可以高度地概括大量数据中的信息。这样既减少了变量个数,又同样地能再现变量之间的内在联系。

因子分析的基本思想是:根据相关性大小把变量分组,使得同组内的变量之间相关性较高,但不同组的变量不相关或相关性较低,每组变量代表一个基本结构—即公共因子。

由 SPSS 输出方差解释表及碎石图(见图 4)可看出,前五个特征值较大,其他 10 个特征值均较小,前五个公共因子对样本方差的贡献和为 62.729%,于是我们选取前五个公共因子建立因子载荷阵。

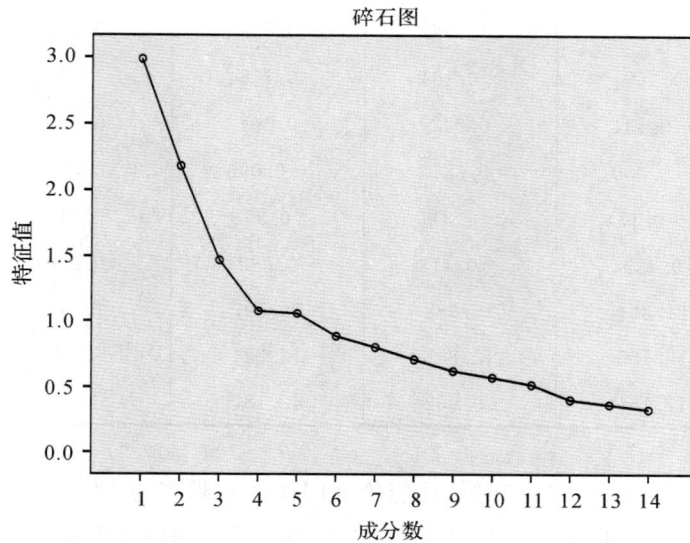

图 4　输出结果 1-2

在进行因子分析之前,我们将对该数据先进行一次主成分分析,然后把前几个主成分作为未旋转的公因子,然后我们在进行因子分析,根据数据之间的相关性大小,把原始变量分组,使得同组内的变量之间相关性较高,而不同组的变量间相关性则较低,最终我们根据解释总方差表与碎石图来看,我们抽取出了其中的五个公共因子,我们称为公共因子并对其进行命名:

第一公共因子命名为"社会价值因子";第二公共因子命名为"功能价值因子";第三公共因子命名为"作用价值因子";第四公共因子命名为"情感价值因子";第五公共因子命名为"感知价值因子"。

表 10 是这五个公共因子的旋转成分矩阵,根据旋转后的因子载荷阵,可以看出每个公共因子由哪些变量决定:

表 10　旋转成分矩阵

指标	成　　分				
	社会价值因子	功能价值因子	作用价值因子	情感价值因子	感知价值因子
社会价值 1	0.791	−0.051	0	0.111	0.172
社会价值 2	0.682	0.083	0.335	0.078	−0.157
功能价值 1	0.649	0.14	0.186	−0.095	0.156
感知因素 3	−0.577	0.334	0.19	0.151	0.181
功能价值 3	0.101	0.813	0.079	0.014	0.093
功能价值 2	−0.101	0.762	0.18	0.099	−0.094
情感价值 5	−0.02	0.155	0.735	0.186	−0.006
情感价值 2	0.271	0.121	0.719	−0.225	0.177
社会价值 3	0.459	0.035	0.529	0.271	0
情感价值 4	0.156	−0.104	0.118	0.824	0.076
情感价值 3	−0.131	0.322	0.004	0.773	0.122
情感价值 1	−0.009	0.381	−0.096	0.085	0.673
感知因素 2	−0.17	−0.311	0.35	0.214	0.591
感知因素 1	0.425	−0.118	0.082	0.028	0.585
特征值	21.334	15.588	10.507	7.717	7.583
贡献率	17.156	12.807	12.224	11.065	9.477
累计贡献率	17.156	29.962	42.187	53.252	62.729

　　社会价值因子的贡献率为 17.156％,功能价值因子的贡献率为 12.807％,作用价值因子的贡献率为 12.224％,情感价值因子的贡献率为 11.065％,感知价值因子的贡献率为 9.477％,这五个公共因子在该研究中的累计贡献率为 62.729％。说明在所有因子中这五个公共因子起主导作用。

　　在社会价值因子中,社会价值两个变量以及功能价值中的一个变量对它的提取率较高。在功能价值因子中,感知因素的一个变量以及功能价值的两个变量对它的提取率较高。在作用价值因子中,情感价值中的两个变量以及社会价值的一个变量对它的提取率较高。在情感价值因子中,情感价值中的两个变量对它的提取率较高。在感知价值因子中,是感知因素的两个变量以及情感价值的一个变量对它的提取率较高。

(三)对自我效用的因子提取

　　由 SPSS 输出的碎石图(见图 5)可看出,前两个特征值较大,其他五个特征值均较小,前五个公共因子对样本方差的贡献和为 65.682％,于是我们选取前两个公共因子建立因子载荷阵。

　　根据解释总方差表与碎石图来看,我们抽取出了其中的两个公共因子,我们称为公共因子并对其进行命名:将第一公因子命名"客观效能因子";第二公因子命名为"主观效能因子"。

　　表 11 是这两个公共因子的旋转成分矩阵,根据旋转后的因子载荷阵,可以看出每个公共因子由哪些变量决定:

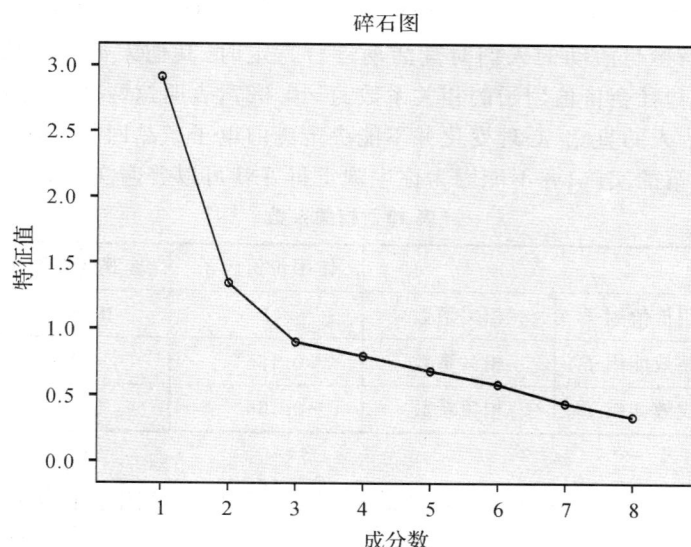

图 5　输出结果 2-2

表 11　旋转成分矩阵

成分			成分		
变量	客观效能因子	主观效能因子	变量	客观效能因子	主观效能因子
自我效能 10	0.829	−0.005	自我效能 4	0.235	0.730
自我效能 6	0.819	0.110	自我效能 3	0.334	0.657
自我效能 7	0.751	0.259	贡献率	35.22	27.414
自我效能 8	−0.156	0.776	累计贡献率	35.220	62.634

主观效能因子的贡献率为 27.414%,客观效能因子的贡献率为 35.22%,这两个公共因子在该研究中的累计贡献率为 62.634%。说明在所有因子中这两个公共因子起主导作用。

在主观效能因子中,自我效能的三个变量对它的提取率较高,而在客观效能因子中,自我效能的三个变量对它的提取率较高。

(四)影响人们处理废旧电子产品方式的相关因子分析

为了进一步了解各个影响人们对废旧电子产品处理的因子是否存在相关性,对各个因子的相关性,本次调查中所获得的变量是非连续的变量因此使用 Spearman 相关分析,结果如下(见表 12~表 15):

表 12　相关系数

			社会价值因子	客观效能因子	主观效能因子
Spearman 的 rho	社会价值因子	相关系数	1	0.562**	−0.027
	客观效能因子	相关系数	0.562**	1	0.035
	主观效能因子	相关系数	−0.027	0.035	1

在 0.01 的置信水平下,客观效能因子与社会价值因子显著相关,且相关系数为 0.562(见表 12)。

这说明人们会因为他人对他的看法来衡量废旧电子产品回收处理行为在社会中意义价值的大小。如一个活动的开展,当参与活动的人们对其活动进行肯定时,其他人们才会愿意去继续开展其活动。而主观效能因子与社会价值因子的相关系数为-0.027,表明这两者之间的相关性较低且不显著,这说明人们会因个人的直觉、心理变化并不能决定废旧电子产品回收处理行为在社会中意义价值的大小。如一个政策的实施,并不能因为你主观觉得好就可以普遍实施开展,这是不科学的。

表13　相关系数

			作用价值因子	客观效能因子	主观效能因子
Spearman 的 rho	作用价值因子	相关系数	1	0.165*	0.166*
	客观效能因子	相关系数	0.165*	1	0.035
	主观效能因子	相关系数	0.166*	0.035	1

在0.01的置信水平下,主观效能和客观效能因子与作用价值因子显著相关,且相关系数分别为0.166和0.165(见表13)。人们会因个人的直觉、心理变化(主观效能)和他人对他的看法(客观效能)来衡量废旧电子产品回收处理行为在社会中意义价值的大小。如公交车上为老人让座,部分人们会潜意识认为这是理所当然的礼让行为,应主动积极的让座,当此行为被其他人看好并进行肯定时,其他部分人也会受其效应的影响,加强了公交车上为老人让座的积极性。

表14　相关系数

			情感价值因子	客观效能因子	主观效能因子
Spearman 的 rho	情感价值因子	相关系数	1	0.047	0.221**
	客观效能因子	相关系数	0.047	1	0.035
	主观效能因子	相关系数	0.221**	0.035	1

在0.01的置信水平下,情感价值与主观效能的相关系数为0.221(见表14),为显著相关。由此说明,人们的主观思想和自身情感会相互影响,即人们自身的心理变化会影响废旧电子产品的处理行为。而情感价值因子与客观效能因子的相关系数为0.035,表明这两者之间的相关性较低且不显著,这说明人们从个人角度对某种行为形成抵触,并产生不好印象时,不会因为他人对其行为的高度赞扬而去肯定这种行为。

表15　相关系数

			感知价值因子	客观效能因子	主观效能因子
Spearman 的 rho	感知价值因子	相关系数	1	0.205**	0.403**
	客观效能因子	相关系数	0.205**	1	0.035
	主观效能因子	相关系数	0.403**	0.035	1

在0.01的置信水平下,主观效能和客观效能因子与感知价值因子显著相关,且相关系数分别为0.403和0.205(见表15)。人们会凭个人的直觉、心理变化(主观效能)和他人的看法(客观效能)来衡量是否愿意对废旧电子产品进行回收处理。如商人选择进货地,会考虑其运费、进价的高低、货品的质量等因素,但同时也会考虑其产品的口碑、品牌效应等客观因素,综合考虑权衡作出最好的选择。

五、废旧电子产品处理行为的结果分析

通过发放问卷、走访,深入地了解市民对废旧电子产品处理行为的影响因素,分析在当前社会环境下不同因素对市民选择如何对废旧电子产品进行处理的影响,探究市民对废旧电子产品的回收处理行为的同意倾向及其影响因素之间的相互作用,进一步让市民了解废旧电子产品的回收处理行为,对废旧电子产品进行回收处理不仅可以有利于保护我们的生活环境,同时,在有利于资源的循环利用,减少不必要的浪费以及荒废。

(一)购买电子产品的人群特征

随着科技水平的不断发展,大部分的人群都能在生活中开始使用电子产品,当然也会逐渐加深对电子产品的依赖。同时,随着生活水平的提高以及电子产品的普遍性,人们对电子产品的拥有率在不断提高,其数量也在飞速增加,这将意味着大量的电子垃圾将随之产生。

情感价值因子、作用价值因子、感知价值因子以及主观效能因子与使用人群的购买数量是相关的,互相影响的,存在相关关系。购买频繁的人(年均 5 件以上)在情感价值因子、作用价值因子以及主观效能因子的选择上要强于购买稀疏的人(年均约 0 件),而购买稀疏的人(年均约 0 件)在感知价值因子的选择上要强于购买频繁的人(年均 5 件以上);很明显,购买频繁的人在对电子产品的选择时,比购买稀疏的人更注重其产品的作用价值是否喜欢等主观因素,比较注重自身的感觉,而购买稀疏的人在对电子产品的选择时,更加理性,更看重其产品的性价比。这说明,当前社会中,购买频繁的人只是注重自己的喜好和主观想法去购买,而并不是理性的考虑其他问题。

(二)废旧电子产品回收处理行为的属性

我们对调查对象对做一件事时所看重的事件属性的选择进行了统计,结果如图 3 所示。从图 3 我们可以发现其实兴趣程度与意义才是人们做一件事时最为注重的因素。在做调查前,我们一直觉得报酬和完成难易度会成为产品属性的最重要的因素,但经过调查的结果表明,其兴趣程度与意义才是更看重的因素。很多表面的现象可能会让我们做出错误的判断。

人们会因个人的直觉、心理变化(主观效能)和他人对他的看法(客观效能)来衡量废旧电子产品回收处理行为在社会中意义价值的大小。

当对废旧电子产品进行回收处理刚开始推行时,并没很多人因为其行为具有意义而愿意去做,而当其他人开始肯定废旧电子产品回收处理行为具有意义,并受到社会的高度认可时,人们才越来越多地倾向于行动。

(三)不同分类人群对不同废旧电子产品处理行为的理解

1. 因子分类下人群特征

通过研究的因子可以把调查人群分成几类,这几类的人群的特征:

第一类(追随人群):善于参考他人的感受以及结论,接收他人建议,并经常跟随他人脚步对事物进行选择或做出决定;面对选择去做一件事时,对其的意识认知程度一般,没有强烈的主观认识,善于听从于其他人的观点。选择废旧电子产品处理行为时,会在基于其行为的情感价值因子上,更加注重对其感知价值因子方面的因素进行考虑,感知价值因子是选择的主要决定因素,而主观效能与作用价值因子为次要考虑因素。

第二类(理性人群):对事物的选择使用会理性的考虑其对自己所带来的最大效益,并主要根据

其事物的作用、影响力、效应、意义等方面因素考虑,然后再进行选择;面对选择去做一件事时,对其的意识认知程度很高,有个人明确的主观认知。选择废旧电子产品处理行为时,首先会考虑其行为的作用价值因子,看其行为的意义价值以及行为效应,然后在对其行为的主观效能因子与感知价值因子进行综合考虑,最后再决定,而其情感价值因子为次要考虑因素。

第三类(非理性人群):对事物的选择往往容易受客观因素的影响,而主观因素并不起主导选择因素,如:事物的他人效应、名声荣誉、他人的口碑等外在因素,会在选择时对主观因素有很大的影响;面对选择去做一件事时,对其的意识认知程度很低,几乎没有。选择废旧电子产品处理行为时,会先对其行为的感知价值与情感效能因子进行考虑,其行为的口碑、名誉名声、报酬等客观因素是他们选择去做其行为的主要考虑因素,而其行为的意义、带来的影响、行为作用等作用价值因子以及主观效能因子为次要考虑因素。

2.聚类分类下人群特征

对于认可人群:认可人群比响应人群、浅知人群更加注重作用价值因子的选择,认可人群在事物的选择上,除了其他因素的考虑,而会更加在意对事物作用方面的因子选择。

对于浅知人群:浅知人群比响应人群、认可人群在产品的情感价值因子上会更加注重,浅知人群选择事物时,以自身对其行为的情感方面的因素为主要考虑因素进行选择,并不考虑其他效应以及事物本身的好坏,而是依据自身的心理喜好,可以说是十分的主观,甚至过于主观选择。

对于响应人群:响应人群在主观效能与感知价值因子方面的选择上稍重于浅知人群、认可人群,响应人群在对于废旧电子产品处理行为的选择时,会更加综合地考虑其产品的各方面因素,从而理性选择。

(四)影响废旧电子产品处理行为选择的主要因素

通过研究各因子的综合得分可以知道:反映影响废旧电子产品处理行为选择的主要因素是感知价值,其中社会价值因素的影响是最大的,人们是比较在意这方面效应的,社会效应是主要影响人们对于废旧电子产品如何处理的原因。而其他因素来说,从同意率的评价得分看,相差不多,并不是主要的决定因素。

由此可以说明,在对废旧电子产品处理行为进行选择时,社会因素是最大的,它涉及社会的道德品质,社会风气以及个人的素质,同时也会具有很强的影响力,对于我们研究的废旧电子产品回收处理这种有利于保护环境的有益行为,社会价值的评分较高很符合我们研究课题的实际意义。我们若要鼓励人们对废旧电子产品进行回收处理,最有效的途径是通过社会效应,推动以及鼓励废旧电子产品的回收措施。

六、结论及对策建议

(一)结论

1.回收体系尚不完善,回收措施以及宣传力度不够

在国家推出家电以旧换新政策以前,大多数废旧电子产品的回收途径还是以走街串巷流动收购人员为主。这些废旧家电一部分经过修理、翻新后继续销售,不能销售的大部分转卖给非法拆解者,而正规的拆解企业能拿到的废旧电子产品很少。尽管后面推出家电以旧换新政策,但此政策大多数是建立在商家的经营模式上,以旧换新地点少,普及性不高,持续性不长。大多数人都不知道废旧电子产品的回收的途径,少部分的人知道,但由于回收过程中的各种问题,也导致了废旧电子

产品无法顺利回收。

2. 处理能力不足

以前由于渠道不畅,杭州大地环保有限公司能拿到的废旧电子产品很少,但在国家推出家电以旧换新政策以后,废旧电子产品每天的回收量已经达到 6000～10000 台。而且 2011 年《条例》正式实施后,废弃电子产品回收处理将逐步走向正规,废旧家电的回收量处理量会不断增加,处理能力不足的问题更加突出。虽然杭州大地环保有限公司正在扩大回收处理能力,但由于对杭州市废弃电器电子产品数量缺乏较为准确的数据,到时是否能满足杭州市的需求还是个问题。

此外,还存在回收价格偏低、处理企业没有补贴以及补贴资金到位不及时等问题。尤其是试点开始到现在政府的运费补贴资金尚未到位,造成回收企业运转困难。

(二)对策建议

1. 制定和完善相关政策法规

深圳市最近将重点就各种废弃物的回收利用分别制定专项法规或规章,如废旧家电、废旧电池、废弃包装物等回收利用管理办法,同时抓紧出台对循环经济示范项目的优惠政策,扶持催生一批有影响的循环经济领域的龙头企业。建议杭州市加快开展立法调研,尽快出台与国家、浙江省法律法规相配套的政策法规,为杭州市大力发展静脉产业提供政策法律保障。例如要根据废弃电器电子产品回收和处理的投入和产出,制定合理的补贴政策,资金及时到位;如何在土地、税收方面扶持回收处理企业等。

2. 加快电子废弃物资源循环体系建设

《2009—2012 年中国电子废弃物处理行业调查及投资前景预测报告》中显示,电子废弃物资源循环是一个新兴产业,更是一个新的经济增长点。因此,杭州市应尽快编制"十二五"专项规划,科学预测本地区废弃电器电子产品的产生量,合理规划适应本地区需求的处理规模,加快相关重点项目的建设,推动电子废弃物资源循环体系建设,这也是杭州市大力发展静脉产业的迫切要求。

3. 建立完善多渠道回收网络,杜绝非法处理

杭州市应在国家家电以旧换新试点的基础上,总结经验,建立更完善、更具有影响力的回收网络。增加定点回收网络点,建立正规的回收运营商,对生活地区进行设点回收站,可以与垃圾回收站合作,或对垃圾回收站增加此服务;出台鼓励政策,重点放在与小区物业的结合,以小区为单位,建立绿色小区,设立小区回收点,并制定《小区电子垃圾管理制度》;鼓励家电制造商与家电销售商、定点回收企业合作,回收即能补强电子产品运营商的原材料需求,也能使得回收网络点更加科学可靠;制定管理制度,将一般垃圾回收人员与电子产品垃圾回收人员进行区别,规范相关服务人员的回收途径,避免进入黑商手中进行倒卖;实行有奖举报制度,若发现随意处理电子垃圾,造成环境污染的、对废旧电子产品进行非规定倒卖的,举报有奖。发挥公安和城管的作用对非法处理企业及无证流动收购人员进行管理等。

4. 加强宣传教育,提高环保意识

大部分的人对电子垃圾的污染严重性并没有成熟的认识,对于废旧电子产品如何回收也是不太了解,我们应该在宣传教育方面加强,提高大家的环保意识。如多在学校进行画展宣传,开设教育讲座,普及相关的知识。

参考文献:

[1]周莉萍.废旧家电回收处理系统及其工艺过程的研究[D].合肥:合肥工业大学,2006.

[2]雷蕾,曲立.废弃电子产品逆向物流研究综述[J].生态经济,2010(09).

[3]冯坤,蔡建国.我国电子产品回收企业的现状与展望[J].机械设计与研究,2002(06).

[4]张云里.我国废旧电子产品逆向物流联合回收模式的构建[D].沈阳:沈阳工业大学,2006.

[5]物资研究所《再生资源情报研究》课题组.部分再生资源回收处理技术现状及对策初探[J].中国流通经济,1990(04).

[6]宋延均.日本废弃物的回收利用[J].中国流通经济,1993(04).

[7]张胜涛,王林,韩涟漪,唐燕秋.废弃电池的危害及其回收利用[A].全国电池无汞化技术交流会论文集[C].2001.

[8]杨建峰.电子废弃物的危害与回收处理[J].产业与科技论坛,2010(02).

[9]朱培武,蒋建平.废弃电器电子产品处理:挑战与对策[J].统计科学与实践,2010(02).

[10]伍名群.对贵阳建废旧电池回收企业的可行性分析[A].贵州省生态文明建设学术研讨会论文集[C].2008.

热点新闻事件的广告营销价值研究[*]

杨靖靖

（浙江财经大学东方学院文化传播与设计分院）

摘　要：热点新闻事件广告营销是广告新闻化的表现形式之一，也是近年来尤为流行的广告营销方式。热点新闻事件广告营销着重利用了新闻的时效性强、更新频率快、传播范围广、影响力度大等优势，以各具特色的表现形式进行广告营销，展示了其在广告营销上的显著价值。目前的热点新闻事件广告营销还未进入程序化与规范化的阶段，普遍存在着诸多问题。通过资料收集和实地调研，对热点新闻事件广告营销进行分析与探讨，归纳和总结热点新闻事件广告营销的特征和表现形式，创新性提出策划热点新闻事件的流程，批判性指出热点新闻事件目前存在的问题并提出可改进的建议。

关键词：广告新闻；策划与利用；热点新闻；营销

一、引　言

近年来，随着由于新媒体不断出现，传播环境变得空前复杂，产品竞争更加激烈，市场环境复杂多变，单一的广告已无法到达消费者。在这样的环境下，新型传播模式和整合营销为广告开辟新大陆，热点新闻事件广告营销也应运而生。

广告新闻的本意是指"对广告业界新近发生变动的事实的报道"。广告新闻应该是广告界新闻的简称，是广告行业和广告相关领域新近发生的有报道和阅读价值的事实信息。王殿华博士的《对"广告新闻"的误读与正名》一文，澄清了广告和新闻之间暧昧的利益关系，并给出了一纸证明，让曾经一度被批判为"违法失德"的"广告新闻"走出了窘境，开始了健康有序的发展。

广告新闻化是广告人总结了"广告新闻"在"注意力经济时代"具有的特征和优势，不断进行摸索和探讨，广泛将其合理、有效地应用于广告营销的发展趋势。现代广告新闻化现象包括"广告软文的营销"和"热点新闻事件的营销"。

早在 1835 年，我国就出现了"广告新闻"的最早雏形。在《东西洋考每月统记传》上发表了一篇名为《广东省城医院》的文章，"宽仁孚众，是耶稣门生生当所为。今有此数之门徒，普济施因……贵贱男女老幼，绪品会聚得疼"。该文章正是运用了广告软文形式展开了营销。又有学者考证，陈胜起义中"鱼腹丹书"和"狐仙显圣"利用人们崇信鬼神的心理，树立了"陈胜王"的品牌形象，堪称"史

---

*　本文为浙江财经大学东方学院学生科研课题"热点新闻事件的广告营销价值研究"（编号为 2014dfx053）

　指导老师：李旦　胡悦

上最早"的热点事件营销。① 近年来,热点新闻事件营销成为广告新闻化发展中的另一个突破性的方向。仅百度公司一家,至今为止的 7 年内热点新闻事件营销就多达 500 多个项目。热点事件虽然在某种程度上为企业树立了良好的品牌形象,然而事件营销的泛滥和错误使用也会产生反作用。如何做好热点新闻事件营销,发挥其最大的营销价值是本课题要进行探讨的问题。

二、广告新闻化的营销方式

广告新闻化在不同媒体上的发展程度和表现方式不尽相同。从新闻的传播媒介来看,一般可分为以报纸为主导的纸质媒体,以电视为主导的大众媒体和以互联网为主导的新媒体。从现状来看,广告新闻化现象在纸质媒介和网络传播媒介表现得尤为明显。

(一)利用纸质媒体,进行广告软文营销

在中国近代新闻业诞生后不久,广告新闻便随之出现在纸质媒体上。一篇名为《一个被 99%的人忽视的卫生习惯》是"非典"时期电器产品"洗之朗"刊登于《华商报》上的广告软文。这篇文章大篇幅地教育人们要"勤洗手"、"科学洗手",并推荐的其产品"洗之朗"是"智能化便后清洗器",能够满足科学洗手的要求,同时解决卫生习惯问题。这篇仅有 1131 字的广告软文,巧妙地利用了新闻媒体的权威性与公信力,有效地实现了市场教育和观念的引导,从而达到了对产品的宣传和消费者行为的倡导,是广告在纸质媒体上实现新闻化发展的经典。

(二)利用互联网等新媒体,进行热点新闻事件营销

1. 基于已发生的热点事件,进行借势营销

2014 年在巴西举行的世界杯是这个夏天轰动世界的体育盛会,也是成千上万的网民津津乐道的趣事。随着世界杯赛事不断升温,不断火热,各类网站也持续推出了足球竞猜游戏,尤其是由阿里巴巴集团和中国人保推出的竞猜活动受到了网民热捧。

中国人保作为我国最大的保险公司,此次网络竞猜也成为其营销的重要手段。"看世界杯,车险免单"是人保 ePICC 网的一个主打活动。为了调动网民积极性,同时又推出关注微信公众号,就有机会获得购物卡、球衣、优惠券等奖品。出人意料的是,一竞猜题目为"6 月 29 日零点,本届世界杯第一场淘汰赛巴西对阵智利,请问这场比赛会不会出现本届世界杯第一场点球大赛?"预言了世界杯第一场点球大战的出现,更有网友戏谑人保真是预言帝! 此后,更多的网民陆续地加入了这场竞猜接力赛。在"世界杯"新闻事件营销中,由于人保推出的活动准确地瞄准了大众的关注点和有效地利用大众的敏感度,同时参与方式便捷,活动经过网友一传十十传百,引起了大众的广泛兴趣,纵使竞猜活动千千万也能从中脱颖而出,一枝独秀,成为世界杯广告营销活动的一大亮点,由此中国人保的知名度骤升,影响力增强。

2. 策划热点事件,制造新闻话题,进行造势营销

在国庆 60 周年之际,一个名曰《喇叭哥上演超强国庆献礼》的视频在网络上走红,受到网友一致好评。"德邦卡车"是这个视频中的"主角"。整个视频以一首用喇叭"演奏"的生日快乐歌贯穿始终。画面中二三十辆的德邦卡车同时行驶各个不同的地方,其中有一位领头的"喇叭哥"通过车载的无线电装置发号施令,操控大小不同的卡车司机相继按下喇叭。正是因为不同型号大小的卡车的喇叭声音阶的高低不尽相同,可以形成不同音调。最后,同样是通过车载无线电装置,将喇叭声

---

① 李光斗:《事件营销》.北京:清华大学出版社 2012 年版。

合录成一首《祝你生日快乐》歌曲,被广大的网民称赞为"史上最牛生日歌"。德邦物流的这一举动不仅很好地展示了该公司司机的敬业爱岗,也宣扬了企业的文化精神,受到了广大媒体的争相报道,红极一时。"德邦物流"公司策划的"喇叭哥"事件既应景,又体现了全民族的爱国热情而受到了各大媒体的广泛报道,也被大众广泛知晓。

三、热点新闻事件的广告营销特征

广告的传播与营销经过了广告的制作,广告媒介的选择,广告传播及效果三个过程。我们将从以下三个广告传播阶段分析热点新闻事件的广告营销特征。

(一)广告制作的特征

1. 热点新闻事件的借势营销具高度新闻敏感性

利用网络热点事件制作的广告,需要及时并准确把握新近发生的新闻事件。"及时"要求在热点新闻出现的短时间内就能推出自己的广告,这样才能有效利用受众对热点事件本身的关注度与联想性;"准确"要求广告制作的相关人员能够在及时了解热点事件的同时,观察并发现新闻事件中与自己的产品或服务相关的信息内容,并与之关联,推出有吸引力的广告。

2012 年,起因于百度年会上一位长裙飘飘的 HR 刘冬的形象,"度娘"一词红遍网络。此次事件本身是网民的"自燃",网友在网上发现了百度 HR 刘冬在年会上风姿卓越,惊艳登场,称之为"度娘"。此后,更有网友频频爆出拥有魔鬼身材,天使面孔的美女形象,"度娘"的形象在网上引起了广泛的热议。在此次网友自发组织议论的事件中,百度公司明智地作出反应,他们并没有出面澄清说明,反而快速反应并准确地迎合了网友的兴趣,迅速提升了企业的知名度并确立了网络地位。

2. 热点新闻事件的造势营销需准确把握受众心理

广告在创意上必须以网民为出发点与落脚点。策划这类广告必须考虑到广告内容是否能够迎合广大网民的需求与兴趣,顾及媒体所关注和追捧的新闻内容分析容易被推上网络头版头条的新闻价值。如在热点新闻事件营销中,网络广告文案写作是极具挑战性的部分,通常的形式包括标题、正文和回帖。标题一定要吸引人,网友往往关注那些名人生活,网络骂战,有趣好玩,挑战道德底线的事件,同时叙述也要以一个普通网友的口吻,不要露出广告痕迹,抛出问题引起热议。回帖要有深有浅,反复抛出观点,形成回环。

这与传统广告在制作上显现出明显的差异:传统广告以告知商品或服务的信息为首要目标,主要通过感性或理性诉求所对应的表现方法来引导消费者作出购买行为。这样一来,不论是感性广告还是理性广告,它们的制作都可以根据一套已有的流程,方法相对成熟与简单。

3. 热点新闻事件的广告营销的制作成本较低

热点新闻事件的广告可以利用互联网等新媒体平台上发布。在网络上的广告制作成本更低,同时在这类平台上发布信息通常是免费的。新近流行的微博营销和微信营销也是网络热点事件广告的另一种生存方式。微信、微博是一个交互性的平台,具有庞大的用户群;微博、微信也是免费的平台,不论是信息的推送还是客户的沟通。日本品牌优衣库曾推出了博客插件营销,发布了一种新型的在线日历"UNIQLO CALENDAR",这种挂件制作成本十分廉价。而它的功能包括了优衣库的商品图像和独特的季节性音乐视频,被广大的网友广泛作为博客的插件来使用,一个月内博客饰件的设置数量为 4607 个,总点击量为 2809462 次。

(二)广告媒介的特征

传统广告的媒介选择往往基于纸质媒体和大众媒体,热点新闻事件的广告是基于互联网为媒介,表现出一定的媒介特征。

1.广告媒介传播范围较广,受众宽泛

网络传播是目前所有媒介中传播范围最广的媒介之一。广泛借助于网络媒介传播的"热点新闻事件"广告拥有宽泛的受众。主要特征为受众宽泛,成分较为复杂。表现为以下四个方面:数量多,大众媒介覆盖范围广,信息影响面广,受众人数众多,其规模数量不可控制;成分杂,年龄层次不同、文化程度不同、兴趣爱好不同、风俗习惯不同、人种民族不同;分散广,受众分散在地理条件相异的不同地区,又在社会上扮演着不同角色,难以控制;匿名化,传播者在明处,受者在暗处,不利于传播者及时了解受众态度和需要。

纸质媒体一般包括报纸、期刊、杂志等,它们的传播范围和目标受众具有一定限制。以报纸为例,根据《中国平面媒体广告价值研究》,开元研究报告关于"2013年第1季度杭州主要电子电脑类的广告价值评估"的结果显示(见图1):都市快报的广告价值为44.88%,钱江晚报为37.96%,青年时报为17.94%。在该研究中,开元研究公司以媒体受众规模、媒体受众构成、媒体对受众的影响力等指标为依据,由此可见在都市快报、钱江晚报、青年时报只具有一定的受众规模以及阅读电子电脑类广告的受众类型,受众范围具有局限性。

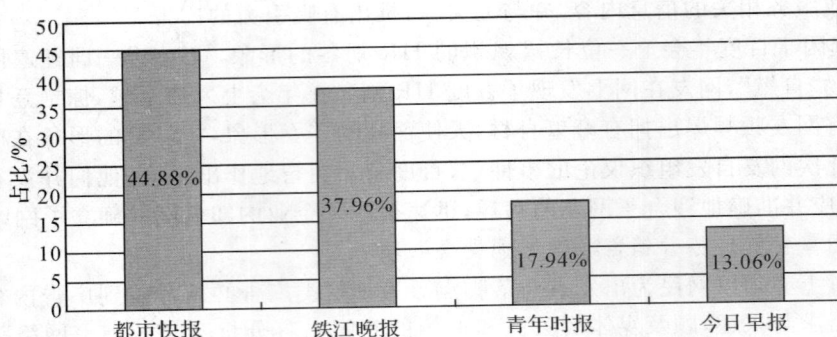

图1　2013年第一季度杭州主要报纸电子电脑类广告价值

2.网络传播时效性强,信息更新快

由于网络在传播上具有高速性的特点,因此信息的更新更加迅速,加以发布信息的便捷性,网络事件的发布与传播仅仅就在刹那间。2014年8月20日,南方都市报A16整版刊登了一篇名为《致前任张太》的广告。有网友称:就是一眨眼的功夫,这篇"张太体"广告就迅速红遍了QQ空间、微信、微博等各大社交平台。仅仅8月20日一天,"张太体"在网络走红,一大批网友迅速涌现,纷纷了猜测两位张太的身份,有人为"前任张太"打抱不平拟信回复"现任张太",更有网友建议人肉搜索"张先生"。

在"张太"事件在网络上被议论纷纷的时候,人们陆续开始知道这是一个韩国化妆品"韩后"公司策划的事件营销。《致前任张太》的信中写到的"好男人,只属于懂得搞好自己的女人"为化妆品装扮女人埋下伏笔。由于该事件本身也反映了社会的一些现状,虽然网友们最终知道了这只是一个广告,但也欣然接受了这种广告并坦言希望"天下无二,天下无三"。从该事件的传播来看,虽然该广告最初以刊登在报纸上的形式与受众见面,但是后期的走红是因为在互联网上的不断传播与不断跟进。可见网络在事件传播速度上具有绝对的优势。

(三)传播效果的特征

1.传播力度和影响力更强

"热点新闻事件"广告营销往往建立在热点新闻话题的炒作上,本身就具有一定的影响力。在不需要过多的资源投入时就可以达到有力地宣传并影响受众。

2013 年 11 月份,广州恒大亚运夺冠震惊足坛,中国球迷戏称看到了国足的希望。与此同时,一种名为"恒大冰泉"的矿泉水横空出世并迅速占领了饮用水市场的一定份额。2013 年 11 月 9 日,广州恒大坐镇主场迎战首尔 FC。值得一提的是,当晚恒大的所有球员都穿上了印有"恒大冰泉"的红色球衣,在 300 多家媒体面前展示了恒大品牌。随着"广州恒大"足球队在亚运会上夺冠,各家媒体争相报道,夺冠视频仅在百度视频上播发次数就达 235781 次,恒大冰泉无人不知无人不晓。此前恒大集团拒绝了三星公司每年 4000 万元的球衣冠名费,现在看来是十分明智的决定。恒大夺冠不仅有效地促进了恒大冰泉的营销,还树立了恒大集团的企业形象,其效果远远高于直接打广告所带来的效果,是热点新闻事件广告营销中的典范。

2. 受众主动接受度提升,精准度加强

在广告业发展的过程中,我们不难意识到,受众对广告有天然的抵触心理。尤其是"在播放电视剧期间插播广告"一度受到广大观众的抵触,最终催生了广电总局发布的限广令,文件规定:"自 2012 年 1 月 1 日起,全国各级电视台不得以任何形式在电视剧播放期间中插播广告"。因此,广告在电视等大众媒介的传播受到不小的影响。又因为广告本身的传播采用直入式、强迫式,受众往往处于被告知的境地,传播效果必然不理想。

而利用新闻事件的广告传播建立在热点话题的炒作上,大众为了适应人际沟通和交流的需要,会主动了解这些热点话题,阅读此类新闻,广告也会产生"潜移默化"的影响。

3. 形成传播的双向性和信息的交互性

传统广告在获取效果反馈上往往基于企业的销售量或营销利润,因而企业只能在某一季度或年度才能统计并分析广告的传播效果。而"热点新闻事件"广告能够及时反映受众对广告的态度,及时调整广告信息的传播。近年来,被广泛推崇使用的微博、微信、论坛等公共平台就是一个能够迅速反映公众情绪与社会态度的交互性平台,企业可以通过微博等平台观察大众对新闻事件的反应,及时作出事件的回应、决策的调整。2013 年出现了微博十大品牌危机,不同企业运用不同的危机公关的处理(见表1)。一些企业在面临危机时,利用微博这类平台信息发布和及时收集反馈的信息,把握大众的心理,及时、有效地回应以解除危机,而另一部分企业因为没有及时察觉受众情绪及反应,应用传统的危机公关处理方式,导致危机事件持续较久,对企业形象造成了巨大损害。

表 1　2013 年微博十大品牌危机公关处理与信息反馈

危机事件	微博在事件中作用	微博热度	信息反馈持续时间
1. 星巴克遭质疑行业暴利	企业微博首发	675680	13 天
2. 肯德基冰块细菌超标事件	观察受众反应	651256	9 天
3. 苹果遭央视曝光	观察受众反应	626240	6 天
4. 大众汽车 DSG 变速器故障事件	观察受众反应	568560	14 天
5. 雅培牵涉恒天然肉毒杆菌危机	企业微博首发	426832	29 天
6. 农夫山泉被曝水质问题	观察受众反应	423536	27 天
7. 葛兰素史克行贿事件	企业微博首发	410352	44 天
8. 可口可乐使用恒天然问题乳粉	观察受众反应	280160	29 天
9. 多美滋进口恒天然含毒菌乳品	企业微博首发	237312	29 天
10. 吉野家被曝餐具不消毒事件	观察受众反应	166118	13 天

四、热点新闻事件的表现形式及其策划流程

利用热点事件的广告营销就是"借势",企业及时抓住广受关注的新闻、事件,结合企业或产品展开一系列营销;策划热点事件的广告营销就是"造势",企业通过策划,有组织有目的地进行制造新闻事件,吸引媒体和消费者的关注。

(一)热点事件的表现形式

热点新闻事件的形成应该具备两个特征:一是该事件本身是一件能够引起社会关注的新闻;二是媒体在议程设置上能够将它摆在重要的位置,体现在及时报道和重点报道两个方面。媒体在议程设置上选择是广告人或广告主不可控制的,因此研究热点新闻事件表现形式将有利于"热点新闻事件"营销。

1.强化社会问题

"热点新闻事件"本身如果是一件能够反映社会问题的事件,那么它的影响力将大大提升。被称为"5·28 招远事件"的邪教杀人案件在 2014 年成为最严峻的社会问题,引起了政府和社会各界人士广泛的关注。在各界媒体的广泛关注和报道下,山东招远全能神杀人案暴露无遗。由于媒体揭露了麦当劳员工不作为的行为,麦当劳受到了社会严厉的指责,企业形象受到严重的损害,这无疑是做了一个负面广告。可见热点新闻在成为社会问题时在整个社会上的影响力是不可小觑。

2.利用名人效应

发生在社会名人和娱乐明星身上的事更具有发展为新闻热点的潜力。首先名人的生活行为更能够引起大众的注意;其次媒体更愿意挖掘发生在明星身上的事,因此广告主利用名人效应可以更有效地传播信息。2013 年 12 月 28 日,"庆丰包子铺"火了,事情缘由是习近平总书记曾在此亲自排队买包子。习总书记消费 21 元的"主席套餐"成为"庆丰包子铺"的主打品牌。2014 年国庆旅游黄金周,一大批游客"重走习主席之路",庆丰包子销售剧增,供不应求。在此次新闻事件中,习近平主席作为一个名声显赫的名人本身就备受关注,同时带动了人们对"庆丰包子铺"的关注。虽然这不是一次庆丰企业的策划事件,然而名人效应确实带动整个企业的发展。

3.挑战道德底线

一些跨越道德底线的事件确实十分容易形成社会关注的热点事件。2011 年 10 月发生的"小悦悦"事件让全中国都在反思——是什么让社会道德在倒退? 13 日,小悦悦不幸被货车碾压,竟有 18 名路人漠视走过,后被一位阿婆救起,最终因抢救无效身亡。后凤凰网关于"小悦悦"事件策划了一系列专题,其中仅在 2011 年 10 月 21 日就有 11229 位网友对此事进行了议论和批判。可见,对于那些挑战了社会道德底线的事件是人们特别会关注的热点事件,这些事件本身所反映的社会道德问题,不仅是大众所关注的,而且是大众亲身参与其中的。但是,值得指出的是,利用这类热点事件宣传植入广告,必须引导公众向社会积极层面发展,体现社会核心价值,否则将起到负面影响。

4.内容有趣好玩

能成功吸引到受众的注意,是广告信息传递过程的开始。[①] 在这个网络娱乐化的时代,在一个能在网络上能够吸引受众注意,并能引起一场波澜的事件除了上述原因外大多是因为其内容新鲜、有趣、好玩,符合大众的娱乐心理。

2012 年 3 月"杜甫很忙"成为一个热门词汇流行于网络。事情起源于一网友在微博上发表的一

---

① 管益杰,王詠,《现代广告心理学》[M].北京:首都经济贸易大学出版社,2012:35

组名为"杜甫的一天"的组图,图画原型取自高中课本。杜甫是人尽皆知的历史人物,在中国历史上具有重要的地位,同时杜甫身上的精神与品质也是代代中国人应该传承的。2012年正值杜甫诞辰1300周年,由于该网络事件的出现,杜甫成为该年度最"红"的历史名人。从宣传角度而言,"杜甫很忙"这样一个事件将人们的目光转移到"杜甫"身上,在"吸引受众的注意"上是具有积极意义的,完成了广告宣传的第一步,做了一个很好的铺垫。其次由于这样一个话题是发自大众的,第一时间就受到了广泛关注,又有一大部分拥有共同意识形态的网友加入这个行列,引发社会的共鸣。

5.体现社会公益性

社会公益性活动是大众喜闻乐见的。企业赞助社会公益活动的行为是企业的公关活动。公关的三大目标,就是社会组织的认可度、美誉度、和谐度。① 赞助社会公益性活动事实上是对企业形象的塑造,树立了企业的社会责任感,最后通过媒体报道与宣传,将"社会认知度"提升到"社会美誉度"的境界。

(二)热点新闻事件的策划流程

营销专家德怀特・D.艾森豪威尔曾说:"计划没有价值而策划却是一切。"说明了策划的重要性。普通事件能够经过传播发展为热点事件,必然在传播过程中的某一环节发生的"质"了变化。1948年,哈罗德・拉斯韦尔在其《传播在社会中的结构与功能》一文中提出了,传播过程就是:谁,说了什么,通过什么渠道,对谁,取得了什么效果。② 因此,企业在策划热点新闻事件的时候必须从"对谁"、"说了什么"、"通过什么渠道"这三个要素出发,改变其中的某个要点,达到形成热点事件的效果。

1.分析目标受众特征

分析目标受众,是进行信息传播的第一步。一般来说,受众定位可以分为区域定位,职业和身份定位、年龄定位、教育程度定位。正确选择定位标准,才能更好地细分受众。2014年《爸爸去哪儿》第二季,伊利草原牧场开放为了旅行目的地,美丽的草原牧场带动着伊利的品牌形象不断攀升,收益不断提升。伊利集团意图打开学生奶市场,以天价夺得冠名权,将广告投放在一个首期收视率就能达到1.1的节目上。不仅如此,节目播放到第九期,全国中心城市网收视率达到4.98。其原因就是确定了目标受众是女性观众,年龄范围在25~34岁,这些受众正是能够决策或购买学生奶的潜在消费者。

2.进行广告内容定位

广告内容定位要求广告人在明确目标受众的前提下,考虑广告应该传达什么样的信息。如果广告要传达的信息是让受众认可或信服,那么在策划广告时就可以采用理性诉求的方式,要运用权威人士进行广告宣传,或者是传播有利于社会大众的正面新闻;如果广告走的是情感路线,那么就应该运用感性诉求的方式,塑造感性形象,带动受众情绪。如果设定广告能够引起争议,那么需要凸显荒诞的事件,或者是给出"两面说"的事件,让事件具有多角度的争议性。尤其在互联网时代,网络信息更新较快,新闻事件层出不穷,延长新闻的保质期,就是使其内容具有争议性,让网民的注意点随着议论的更新而跟进,形成一波未平一波又起的浪潮。

由李奥贝纳策划的巴西富豪车葬事件是著名的争议性热点事件。巴西富豪休库尔史帕克准备在死后用豪车陪葬,一时引起各大媒体和大众的广泛关注,媒体运用了跟进报道的方式,实时揭露消息,一时间大众的目光都聚集在这件事上。后来开始有不少人纷纷责备:好好的车,却用来浪费。

---

① 李道平.公共关系学[M].北京:经济科学出版社,2011:146

② 胡正荣,段鹏,张磊.传播学总论[M].北京:清华大学出版社,2008:125

人们对这个事件纷纷发表自己的观点和看法,争议不休。最后话锋一转,休库尔史帕克在葬车事前,说出了希望大家能够在死后捐出自己的器官,为社会造福的意图,收到了一个非常良好的效果,让人不得不感叹"创意果真是广告的灵魂"。

3. 选择恰当传播媒介

在确定了目标受众和广告内容后,就需要考虑和选择各种各样媒介。广告主或广告人往往在完成了事件策划完成后,开始选择适合的媒体平台来传播信息。如果策划的内容是关于社会问题或重大问题,那么就应该选择权威性的媒体进行报道,如钱江晚报等。如果策划的内容是有趣好玩可以引发议论的,那么就应该选择新浪微博等社交网络平台进行信息传播。2013年的暑假,微博上发布了一场有趣好玩"换装"热潮,让可口可乐又火了一把。可口可乐公司利用了一些新近流行于互联网的"热词"如学霸、闺蜜、喵星人等极具个性的昵称,并借助新浪微博预热,让明星在微博上晒出"私人订制"的可乐,一时间大众纷纷要求了定制"昵称瓶",作为收藏,更有网友建议用来表白。在销售第一天,300瓶可口可乐1小时被抢光,第二天500瓶30分钟被抢光,第三天500瓶5分钟抢光,后来连续几天500瓶不到一秒就被抢光。由此可见,对于有趣好玩,符合网友风格的热点事件在微博媒介平台传播效果也非同一般。

五、热点新闻事件广告营销存在的问题

(一)热点新闻事件的选择误区

1. 老调重弹,故技重施

广告主在长期的广告宣传中发现了的企业做的热点事件营销的成功案例,往往会依样画葫芦,选择同样的热点事件来造势营销。一个非常著名的事件营销:美国总统夫人希拉里在日本访问期间于一露天广场进行了演讲。风大使她的裙子不断扬起,一记者在照片中清楚看到了内裤。日本三木公司便利用了这个举国瞩目的事件,对自己公司生产的内裤进行营销。一时间,"总统夫人穿着三木内裤"成为了街头巷尾,茶余饭后议论的话题。"三木"也从名不见经传的小公司变得人尽皆知。这个"内裤事件"的广告营销让不少公司都羡慕不已。2014年巴西世界杯,不得不说的事——主将内马尔在巴西对抗喀麦隆队获胜后露出了内裤,媒体争相也进行了报道。随后,国际足联调查也使内马尔陷入了不良的言论。从事件的显著程度上来看,虽然也达到了一定的影响力,但是大众在多次经历后,会对这类事件产生"免疫",同时也影响了事件主人公的社会形象。

2. 只看重事件的火热程度,不考虑社会道德问题

2014年9月25日,发生在上海地铁上的女子脱衣事件,原为某洗涤服务的事件营销。在地铁上公然脱衣,其视频一时间在网上疯传,快速登上了各媒体的头版头条,在媒体的报道和渲染后,该事件成为大众议论纷纷的话题。但是其不雅的行为造成了社会不良影响,遭到了社会各界的批判。这样的事件营销显然不符合我们社会文化,僭越了社会的礼仪和文明,必然受到社会的否定,产生负面作用。

3. 不能正确利用名人效应

名人效应是在广告传播中十分有效的方法,然而不能正确利用名人效应是现在广告的通病。首先,盲目利用名人效应可能会起到喧宾夺主的效果。从广告心理学的角度来说,受众"注意"具有指向性和集中性的特点,就是说在某一时间,人的心理意识或活动选择一定的对象,而离开其他对象,并且会在这个对象上维持一定时间的注意力。这样一来,名人吸引了受众眼球,商品成了"其他对象",受众只能看到名人却没有看到商品,记住了名人却忽视了商品。其次,名人的不良声誉也会

反作用于商品。2014年柯震东吸毒一事令其声誉俱损,连带其代言的一系列广告都受到了封杀,从以纯、阿迪达斯等服饰品牌到康师傅、肯德基等食品品牌。代言人吸毒事件让大小企业措手不及,带来不小的损失,给企业的形象造成了不良影响。

(二)不良的网络传播形式

1. 网络骂战

网络骂战是指网友在微博,新闻跟帖及论坛上就某个事件发表不同观点,最终导致互骂的现象。2014年暑假,郭敬明《小时代3》和韩寒电影处女作《后会无期》先后上映。这两位天才作家一路从文坛到影坛的争夺又成为千万网友的焦点。网络骂战从郭敬明和韩寒的身高之差的人身攻击,到两人的文学造诣,最终指向《小时代》和《后会无期》的票房较量。有网友认为这是片方在为电影制造话题,利用两人粉丝的争论引发热议,争夺票房。虽然这是热点事件营销的一种方式,但是网络骂战让整个社会戾气弥漫,社会的浮躁之气加重,使人们的道德文明沦陷。

2. 病毒式传播

2011年3月,日本核泄漏事件备受关注。"海盐受到放射性物质影响而不能食用","碘盐可以防辐射"这个消息像病毒一般传播,一时间人们陷入了恐慌,随后一小部分人纷纷开始"抢盐",最后形成了"食盐抢购浪潮"。从广告的角度而言,广告商利用这个事件和受众对健康的重视,抓住了人们的从众心理,在互联网上传播此类消息,不明事实的人们以讹传讹。但是事实上,这种病毒式宣传是一种虚假的传播,是一种误导公众的行为,还有可能导致社会恐慌。

(三)传播过程的缺陷

1. 传播效果增强,新闻媒体公信力减弱

利用热点新闻事件的广告通常能够充分利用媒体报道来扩大影响力,但是这样一来新闻媒体的公信力减弱。基于网络传播的"热点新闻事件"广告,通过多层传播和多向传播容易形成三人成虎之势。受众在以新闻的形式接触到广告,在一开始可能以为是热点新闻,但是再多次受骗后,不仅更加排斥广告,而且影响了媒体本身的公信力。央视打假晚会是消费者维权日的一个重要活动。2013年3月15日央视如期举办该晚会并且邀请了各大明星进行评论来加强影响力。影星何润东不慎出了纰漏,"黑苹果"混战失败,央视打假晚会遭到质疑,引发了大众对整个媒体业界的不满。

2. 传播时效性短

热点新闻事件营销具有依托性,不论是利用事件营销还是策划事件营销都是依托于已有的热点新闻事件,自始至终都是要围绕着一个固定的主题运作。一旦这个主题已经淡出了受众的视野,那么其所承载的广告作用也不复存在。显然,热点新闻就像是一阵飓风,来得快效力强,但是消散得也快,这样广告效用就会随之而消失。2014年"周一见"成了微博的热门关键词。"周一见"是以时间为节点的新闻事件传播平台,其中汪峰、王菲、文章等明星都陆续出现在该平台。但是"周一见"的热点新闻更迭快,大众还未广泛知晓就被新鲜的新闻所替代。

六、改进热点新闻事件广告营销的建议

(一)正确理解广告新闻化,合理有效运用热点事件的广告营销

随着商业广告蓬勃发展,一些商家为追求利益最大化,为广告披上了新闻的外衣,利用消费者对新闻的信赖,误导消费者的行为。这种"广告新闻化"因不实和滥用而被大众嗤之以鼻,甚至被认

为是的新闻媒体的腐败行为。但是,早在 80 多年前,中国的新闻学的开路先锋邵飘萍就首次完成了广告与新闻的嫁接,将这次具有冒险精神的创新实践发挥得淋漓尽致。广告新闻化应该是新闻媒体人智慧的产物,而不应该是媒体商业化的表现。

有效利用热点事件的广告营销不是将"新闻广告化"。《广告法》第十三条规定:"广告应当具有可识别性,能够使消费者辨明其为广告。大众传播媒介不得以新闻报道的形式发布广告。通过大众传播媒介发布的广告应当有广告标记,与其他非广告信息相区别,不得使消费者产生误解。"[①]这样一来,热点事件的广告营销更应该注重其运作方式,不要单纯地在新闻中"植入"广告,而是让广告"潜移默化"。

(二)减少低俗内容的利用,提倡正能量

2012 年习近平总书记提出了"推进社会正能量"这一中心观点。呼吁媒体减少负面信息的播报,加强社会正能量的传递。首先,在这样的政治和媒介环境下,网络热点事件的广告营销也应当顺从时代的潮流,在利用热点事件或策划热点事件时,注意传播内容健康文明,议论观点积极向上;其次,利用正能量的热点事件广告营销有利于企业塑造自身的形象,淡化企业的商业性,增强企业的社会公益性,使消费者产生好感并实施购买行为。农夫山泉"一瓶水,一分钱。每喝一瓶农夫山泉,你就为水源地的贫困孩子捐出了一分钱"的公益广告受到媒体跟踪报道,社会美誉度上升。公益性广告本身就比纯粹的商业广告更具有煽动力,农夫山泉就以此打了一张感情牌,拉近了受众之间的距离。现在,越来越多的企业将慈善作为自己的一个组成部分,公益化的商业广告把社会责任置于首位,向广大消费者传递一个亲切的品牌形象的同时也在为服务社会和贡献力量。

(三)呼吁创新精神,避免盲从跟风

著名广告人叶茂中先生曾说"没有好创意就去死吧",这看似有些荒诞的言论真是说明了广告创意的重要性。广告人或广告主进行网络热点事件的广告营销时,切不可抄袭甚至生搬硬套一些成功的案例,这种广告营销对于企业而言是没有价值的,因此一定要在广告中求创新。首先,有创意的广告能够抓住受众的"猎奇"心理,第一时间就能够捕捉受众的眼球,留下良好深刻的刻板印象,是商品与受众的第一沟通平台。其次,广告模仿或抄袭的传播效果是大打折扣的,大众在经历相同的广告营销方式后可能产生一些"抗体",将这类的信息自动过滤,因而效果往往不如意;而创意广告能够在吸引受众获得好评后还能利用受众的主动推荐,让传播效果大大增强。除此之外,好的创意广告也能塑造企业形象,有助于品牌增值。

(四)运用合适的传播方式

在传播广告信息时,应当运用合适的传播方式。企业通过媒体报道的形式进行热点事件营销是最常用方式,此外广告主为了追求快速、客观的传播效果,将"网络骂战"、"病毒式传播"等方式也归入热点事件营销的手段。这种的传播手段虽然能够得在短时间获得到较好的效果,但是也对网络秩序和社会秩序造成了较大的影响。选用合适的传播方式是改善现状必经之路。笔者建议,广告人可利用现今被大众普遍的微信、微博网络平台进行热点事件广告营销,该平台所具有的交互性的特点能够更好地把握传播方向,有利于制定下一步计划,"一传十十传百"的传播速度也非常可观。

---

① 《广告法》.第十三条[Z],1994-10

(五)把握广告的生命周期,延长"成熟期"

美国企业经济学家乔尔·迪安在 20 世纪 50 年代的社会就提出了"产品生命周期"的概念,认为产品在引入期成本大收益小,在成长期成本降低收益高,在成熟期成本降到最低收益最大。笔者认为,"广告"正是这样的"产品",在网络热点事件营销初期的成本最高,而成熟期的收益最大,如果能够延长广告的"成熟期"就能获得更多的收益。广告人需要明确的是,热点事件的广告营销具有依托性,随事件的冷却淡出大众的视野,那么要延长广告的成熟期就需要有规律性推出"新鲜"的"热点",形成波澜迭起的效果。

七、结　语

在网络传播时代,新闻的时效性增强、信息更新频率加快、信息传播范围变广、影响力更大,并且克服了信息被动接受的不足,保障了信息传播的精准度。作为新近流行且效果非凡的营销方式,热点新闻事件营销借助新闻传播的力量,吸引了不少企业纷纷投入事件营销的热潮中。然而,热点事件营销的权威性不足、受众不明确、生命周期短等缺点也阻碍了其顺势发展。与此同时,一些不顾社会道德、趣味低俗、粗制滥造的事件热点新闻事件营销不断出炉。

调研发现,热点新闻事件的表现形式包括:强调社会问题、利用名人效应、挑战道德底线、内容有趣好玩等,选择合适的表现形式为有效传播奠定了基础。同时策划热点新闻事件也有一定的可循规律和操作流程,根据一定策划流程进行营销能够促进热点新闻造势营销规范化和程序化发展。最后我们针对了目前热点事件广告营销的普遍问题进行了分析,提出了热点新闻事件广告营销的改进建议。我们由衷希望,我们的调研报告能够帮助企业或广告人合理有效运用热点新闻事件营销,促进其健康有序地发展。

参考文献:

[1]邓舒允.浅议广告新闻化现象[J].新闻传播,2005(11).

[2]付宜新.基于案例探讨的事件营销效果分析[J].生产力研究,2009(16).

[3]管益杰,王詠.现代广告心理学[M].北京:首都经济贸易大学出版社,2012.

[4]胡正荣,段鹏,张磊,等.传播学总论[M].北京:清华大学出版社,2008.

[5]李道平.公共关系学[M].北京:经济科学出版社,2011.

[6]李光斗.事件营销[M].北京:清华大学出版社,2012.

[7]王殿华.对"广告新闻"的误读与正名[J].科技传播,2010(11).

[8]张扬.网络事件营销研究[D].哈尔滨:黑龙江大学,2011.

浙江产业结构与产业劳动者素质的关系调查[*]

周妍琦

（浙江财经大学东方学院信息分院）

摘　要：产业升级不仅依赖物质资本的投入，不依赖人力资本在产业间的配置。本文在统计数据和抽样调查数据基础上，利用面板分析技术和统计描述方法对浙江省四地市人力资本、固定资产投资、GDP 的关系进行实证分析，对二、三产业人力资本的流动意向进行了统计。结果发现，人力资本配置对产业间的固定资产投资具有诱导作用，对产业增长具有推动作用，并且人力资本在产业间的流动能够影响到产业结构的调整。调查分析的含义是：人力资本具有主动配置资源的能力，诱导人力资本向服务业和高技术产业配置，能够促进浙江省的产业升级。

关键词：产业升级；人力资本配置；浙江省

一、引　言

中国经济保持 9% 以上的增长率已经超过 30 年，这一增长主要依靠改革开放、增加物资消耗和释放人口红利所取得，目前，资源、环境压力以及人口红利拐点出现，迫使要以新的发展方式来应对。经济学界对这一发展方式的描述主要包括：要促进经济增长由主要依靠投资、出口拉动向依靠消费、投资、出口协调拉动转变，由主要依靠第二产业带动向依靠三次产业协同带动转变，由主要依靠增加物质资源消耗向主要依靠科技进步、劳动者素质提高和管理创新转变。从产业结构角度讲，转变发展方式的核心是通过加快发展服务业来改善三次产业结构，通过加快发展高技术产业来改善传统产业与高技术产业的结构。

而对于浙江省这样一个经济发展较为迅速的省份来说，通过对人力资本、固定资产投资、GDP 三者的回归分析和固定效应模型的建立，不仅可以了解三者之间的长期动态关系，而且可以从总量上和宏观上证实人力资本的增长能否诱发固定资产投资的增长从而带动 GDP 的增长，人力资本在产业间的流动是否影响到三次产业的结构，省内的高学历人才究竟是怎样流动的。通过调查和探讨这些问题，不仅可以观察到浙江省高素质人才在各产业间的流动趋势，而且对于认识浙江省人才流动与产业结构的关系非常有益。

本课题分两步对浙江省产业结构与人才流动的关系进行统计分析。

第一步：通过对浙江省人力资本、固定资产投资和国内生产总值之间的关系进行计量分析，从

* 本文为浙江财经大学东方学院学生科研课题"浙江产业结构与产业劳动者素质的关系调查"（项目编号：2013dfx036）的最终研究成果。　指导老师：成定平

总量上实证人力资本对固定资产投资进而对产出具有诱发和推动作用,从而说明通过观察浙江省高素质人才在各产业间的流动聚集趋势,能够预示产业结构的变动趋势。

第二步:通过对浙江省样本单位二、三产业从业人员的受教育程度、就业状况、流动意向等进行抽样调查,统计分析在岗人员在二、三产业之间流动的趋势,对影响流动的因素进行统计描述分析。

二、方案设计

(一)指标体系

1.计量分析指标

在计量论证分析中,我们通过建立浙江省生产总值、固定资产投资、人力资本三个变量,在计量的层面上分析这三个变量有无回归上的因果关系。在下文对变量进行固定效应模型建立的过程中,我们用 GDP 表示生产总值;DLIV 表示固定资产投资;根据丹尼森对人力资本变量的描述和解释,我们用 R&D 科研人员代替人力资本变量,用 DRD 来表示。

2.问卷分析指标

为了保证数据的有效性以及全面性,在设置调查问卷时,课题组通过基本信息、就业情况及就业意向三个方面的内容来了解劳动者的相关信息。在基本信息方面,主要包括性别、年龄和学历,这主要了解浙江省劳动者队伍的构成情况及学历状况,为后面的进一步分析提供了现实依据。在就业情况方面,我们主要通过了解劳动者所从事的工作部门、工作性质以及是否处于就业状态及转业后从事工作的部门和性质来分析浙江省劳动者在各大产业从业的比例。最后,为了更好地了解浙江省人才流动与产业结构之间的关系,课题组还设置了就业意向一栏,通过分析当前浙江省劳动者对自我的就业状况是否满意以及对再次择业的意向与选择的职业性质,从而从一定层面上得出两者之间的关系,而这也符合了调查的主题。

(二)调查设计

1.调查对象及抽样单位

对浙江省发改委及各地市实施政策规划的职能部门进行政策法规调查。对浙江省内第二、第三产业从业人员、下岗失业人员的人力资本状况、就业意愿等进行调查。

2.样本总量的确定

本次调查研究的总体即为浙江省随机抽取的四大城市的三大产业从业人员,根据 2011 年中国城市统计年鉴上的数据可以得出四大城市从业人员比例(见图 1)。

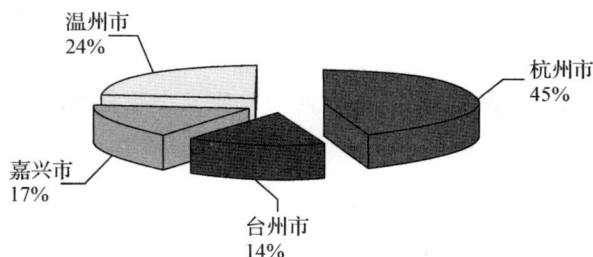

图 1 2011 年四大城市从业人员比例

将四大城市的从业人员数相加得到总体总量 $N = 452.25$(万人)。

仰山论丛(2014年卷)

3.抽样设计

问卷调查是了解浙江省县市人力资本对产业结构调整影响的主要手段,因此,课题组采取简单随机抽样方法,过程如下。

第一阶段:从浙江省随机抽取四个县市,分为四层,分层情况见表1:

表 1　调查选取的四个县市

序号	县市
1	杭州市
2	台州市
3	嘉兴市
4	温州市

第二阶段:考虑到问卷发放的有效性,课题组将在四个地区发放530份问卷,再从其中选取500份作为本次调查的有效问卷。

表 2　四大县市所取样本单位数

序号	县市	单元总数	比　　重	样本单位数
1	杭州市	204.36	0.451874	226
2	台州市	64.24	0.142045	71
3	嘉兴市	76.01	0.168071	84
4	温州市	107.64	0.238010	119

如表2所示,在所取县市中,课题组将530份问卷按从业人员所占比例分配在四个县市中。为减小误差,再运用计算机在各县市的下属地区进行随机抽样。具体的抽样情况如下所示:

(1)杭州市选取上城区、下城区、西湖区、拱墅区、江干区5个区块进行随机的问卷发放;

(2)台州市选取椒江、温岭、玉环、天台4个区块进行随机的问卷发放;

(3)嘉兴市选取南湖区、嘉善县、海宁市、桐乡市4个区块进行随机的问卷发放;

(4)温州市选取鹿城区、瓯海区、龙湾区3个区块进行随机的问卷发放。

在以上各地区,我们随机分配样本单位数,使所取样本单位更具有代表性。

(三)分析方法

在计量论证分析中,通常在对时间序列进行回归时,往往会进行单位根检验。随着越来越多面板数据的出现,面板数据的单位根检验正成为经济分析中的标准工具。而固定效应模型的应用前提是通过单位根检验后,假设全部研究结果的方向与效应大小基本相同,即各独立研究的结果趋于一致,从而反映三个变量间的相关关系。

接下来,通过《中国统计年鉴》和《浙江省统计年鉴》搜集有关杭州、嘉兴、温州、台州四个城市2004—2011年间关于固定资产投资、人力资本(R&D科研人员)、GDP三方面的面板数据,通过单位根检验和建立固定效应模型,测定这三个变量间是否存在着相关关系,从而验证人才资源在产业间的流动是否对各大产业的经济发展产生影响,并且使得产业结构发生变化进而影响产出。

而在问卷调查中,通过对浙江省样本单位二、三产业从业人员的受教育程度、就业状况、流动意向等进行抽样调查,统计分析在岗人员在二、三产业之间流动的趋势,对影响流动的因素进行统计描述分析。

我们通过问卷的形式，在四大市区进行抽样调查，对调查来的数据再进行描述性统计，了解二、三产业从业人员的教育程度，以及他们在产业间的就业、流动状况，针对调查数据得出的结果，我们可以直观地了解浙江省部分地区的就业人员的受教育程度，特别是他们在产业间的流动状况以及在流动过程中遇到的各种问题。

(四)可行性分析

1.调查问卷制定

本文调查问卷的制定严格围绕"浙江产业结构与产业劳动者素质"这个主题展开，根据浙江产业结构与产业劳动者素质研究可能需要的数据，提出调查问卷中的题目。在调查问卷的设计制定前期，通过各种相应的文献书籍，了解研究是所需要的指标与影响因素，在调查问卷制定过程中，根据这些指标与影响因素，分区块提出问题。

在问题的设置方面，尽量做到由浅入深，降低被调查对象的排斥感，尽量避免涉及被调查对象的隐私问题。在题目选项的设计方面，尽量避免模糊不清的答案，减少被调查者的思考时间，降低他们的主观意识对选择时的影响，同时也降低了调查问卷得出的数据误差。

在本次研究中，尽可能地全方位的展开调查，但是通过调查问卷的方法，仍然存在着一些不足之处。由于一些条件的限制，通过调查问卷所得出的统计数据具有一定的误差，不能全方面地反映浙江省整个省市的被调查者的态度。并且我们所设置的问题，只能反映出主要的几个影响方面，这导致研究的结果可能会出现错误或偏差。

2.调查过程分析

本次研究的调查过程主要是通过两方面进行，一方面是对浙江省 2004—2011 年 GDP、固定资产投资以及 R&D 科研人员的数据进行搜集；另一方面是对浙江省内四大地区杭州市、台州市、温州市和嘉兴市的第二、第三产业从业人员、下岗失业人员的人力资本状况、就业意愿等进行市场调查。

通过这两方面的调查研究，将曾经的数据与现今的实际情况相结合，并通过计量分析和统计调查分析得出所需要的结果，确保研究与实际相符。

在调查对象的确定方面，目标明确，主要是针对第二、三产业的从业人员，问卷接受者的抽取坚持随机原则，保证不存在调查人员的主观意识。

在最后的统计分析中，利用多种专业知识与相应的数据处理软件，保证数据的准确性与客观性，使得最后的结果能够真实地反映出实际情况。

三、实证分析过程

(一)计量论证分析

1.单位根检验

(1)关于固定资产投资的单位根检验

首先，我们将杭州、嘉兴、台州、温州这四个城市在 2004—2011 年间关于固定资产投资的面板数据导入 Eviews6.0 中，通过单位根检验，得到的结果如图 2 所示。

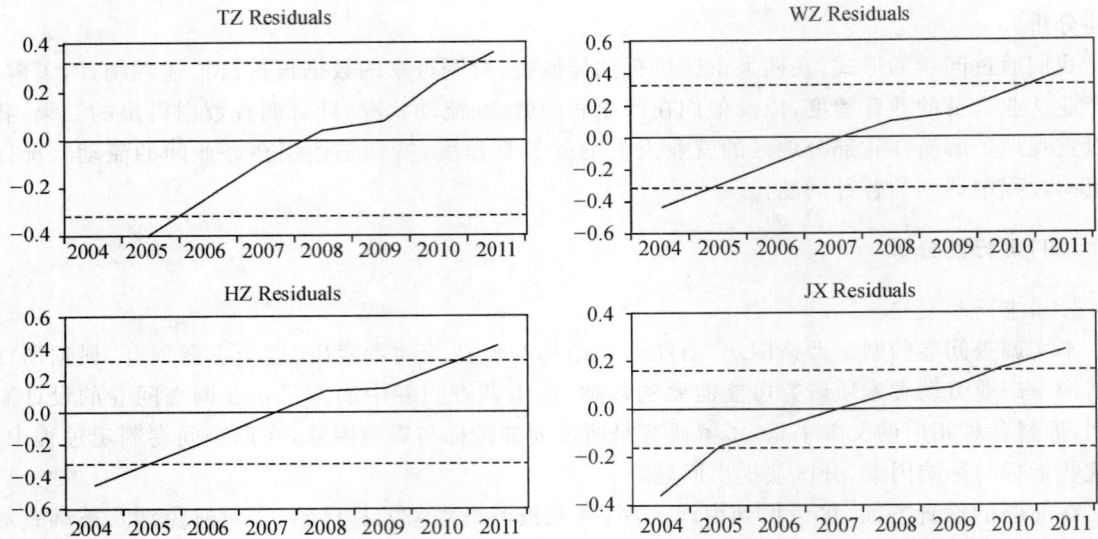

图 2　固定资产投资

单位根检验的结果所示,固定资产投资变量为二阶平稳,课题组对其进行对数、差分使其变为平稳数据,并且通过观察上述四个城市的残差项趋势图,固定资产投资在时间序列上有显著的线性关系,并且拟合优度达也良好。我们可以发现,这四个城市的固定资产投资值在 2004—2009 年的升值幅度较稳定,基本处于小幅度上升空间,而在 2009 年后有一个明显的拐点,之后又处于平稳上升状态。而该变量的 Levin, Lin & Chu t^{*} 值为 11.1502,显著性为 0.0009,小于 0.05,说明二阶段之后的固定效应不存在单位根,可以进行后续分析。

(2)人力资本的单位根检验

上文中,我们将人力资本变量用 R&D 科研人员数来代替,因此通过把这四个城市在 2004—2011 年间关于 R&D 科研人员数的面板数据导入 Eviews6.0 中来进行单位根检验,得到的结果如图 3 所示。

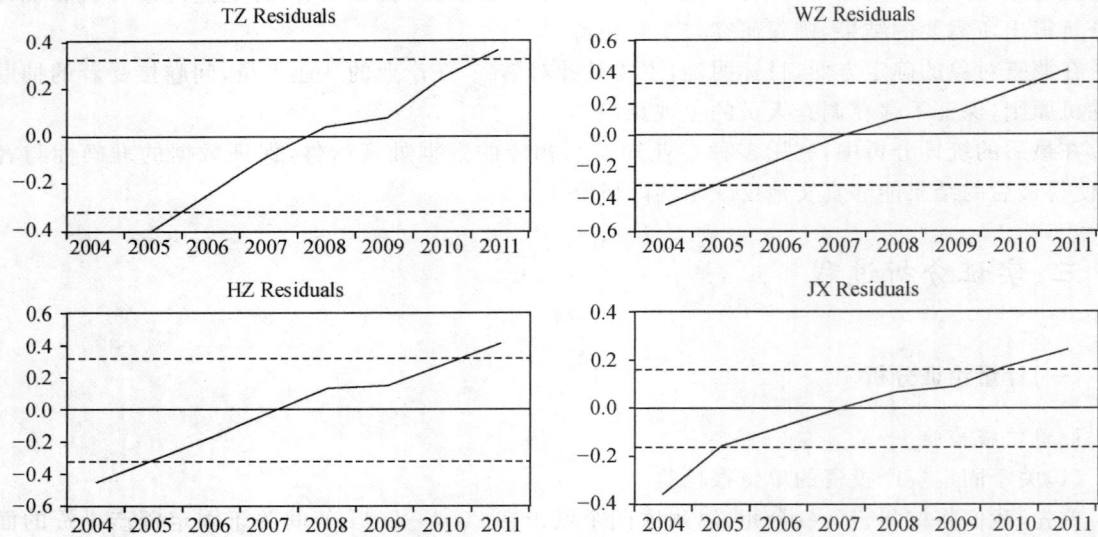

图 3　人力资本

通过单位根检验发现,人力资本变量为一阶平稳。因此,课题组对其进行对数、差分使其变为平稳数据。从图3可知,人力资本变量的残差项趋势图的走向在2004—2008年处于小幅度上升,此阶段是人力资本稳定升值的区间,而在2008年的时候出现一次拐点,而后其上升的速度和幅度都比较稳定,并且体现出比较强的按照此速度和幅度上升的预期,由此体现了人力资本在经济发展过程中比较强的适应性预期。而 Levin, Lin & Chu t^* 值为0.0000,小于0.05,说明一阶段之后的固定效应不存在单位根,后续分析可以继续。

（3）地区生产总值的单位根检验

最后,我们对杭州、嘉兴、台州、温州这四个城市在2004—2011年间关于GDP的面板数据导入Eviews6.0进行单位根检验,得到的结果如图4所示。

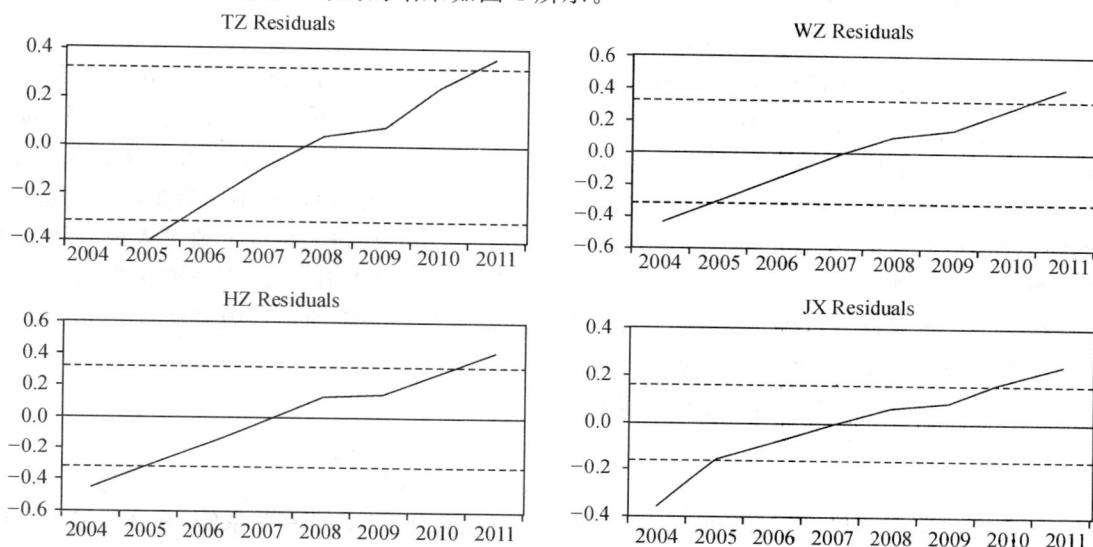

图4 四城市2004—2011年GDP数据

单位根检验的结果所示,GDP变量为一阶平稳,课题组对其进行对数、差分使其变为平稳数据。而通过观察四个城市的残差项趋势图,发现GDP变量在2004—2008年的走势趋于稳定,除嘉兴市的GDP变量在2005年出现一次拐点,但很快又处于稳定增长区间。而四个城市在2008—2009年间GDP值处于平稳阶段,在2009年后又再逐步上升。检验中GDP变量的 Levin, Lin & Chu t^* 值为0.0053,小于0.05,根据其残差项趋势图,发现该图的走向在时间序列上有显著的线性关系,而一阶段之后的固定效应不存在单位根,因此后续分析可继续进行。

2.固定效应模型

根据豪斯曼检验表明,应采用固定效应模型。通过上述的单位根检验,表明可以建立固定效应模型。本文选取浙江省4个代表性城市2004—2011年的面板数据进行分析,用 Eviews6.0建立适当的模型,简单地说明三个面板数据有无回归上的因果关系,进而对接下来的针对性调查提供理论依据。

（1）GDP、固定资产投资、人力资本的固定效应模型

通过建立模型,可以得到：

$$GDP_{it} = 6.94 + 0.4 \times DLIV_{it} + 0.04 \times DRD_{it}$$

其中 t 代表时间,i 代表地区。根据计量论证的结果来看,固定资产投资与人力资本对GDP的系数都为正,表明两者的增长对GDP的增长都有推动作用。且人力资本变量对应的 p 值为0,表明人力资本对于GDP有显著影响。显然,知识和人力资本在经济增长中的推动作用越来越明显,

它可以改善劳动者的知识能力素养,让劳动者可以更快地接受新的操作方法、新的技术以及更多高科技方面的东西,将发明和引进的新技术尽快与生产结合,转化为生产力。从产业发展的角度来看,经济的发展和增长方式的转变,对劳动者的数量和素质的要求也不断提高,其直接结果是加速教育、高新技术行业的发展,而这些行业的发展,又会提高人力资本水平,增加全社会的人力资本存量,增加人才供给,从而推动相关行业和产业的发展,进而推动产业结构升级,推动经济增长。所以从某种意义而言,固定资产投资与人力资本投入都是驱动 GDP 产出、拉动经济增长的重要力量。

(2)固定资产投资与人力资本的固定效应模型

通过建立模型,可得到:

$$\text{DLIV}_{it} = 0.04 + 0.004 \times \text{DRD}_{it}$$

由模型估计结果可知,该固定资产效应模型能很好地解释两变量间的关系。并且从模型中可知,人力资本与固定资产投资两变量之间的系数为正,说明每增加一单位的人力资本可带动固定资产投资增加 0.004 个单位。由此可见,人力资本的增长对固定资产投资具有诱发作用。换句话说,固定资产投资是促进经济增长中的主力军,改革开放以来,浙江省的 GDP 年均稳步增长,其中最重要的途径就是扩大固定资产投资值,它不仅能促经济增长,还能在很大程度上改善人民的物质生活条件。而人力资本则是增强核心竞争力的主要力量,从某种意义上而言,固定资产投资和人力资本对驱动经济增长有着重要作用,人力资本的投入力度要转化为一定的经济效益必须依靠固定资产投资。两者之间既有联系,也能相互促进。

(3)GDP 与固定资产投资的固定效应模型

通过建立模型,可得到:

$$\text{GDP}_{it} = 7.69 + 0.809 \times \text{DLIV}_{it}$$

通过模型估计,在 10% 的显著性水平下,固定资产投资与 GDP 是有关系的,并且每增加一单位的固定资产投资可以带动 GDP 增加 0.809 个单位。以下从实证的角度对模型分析结果做进一步探讨。

20 世纪 30 年代,英国经济学家凯恩斯提出著名的投资乘数论,其基本思想是政府增加投资会使国民收入更大幅度的增长。经过长时间的论证,李朝鲜(2007)从投资增长率和经济增长率两者的关系出发,发现我国固定资产投入与 GDP 变化率具有显著的 Granger 影响,固定资产投入对 GDP 有显著效果。邹薇、周洁(2007)通过实证研究发现投资率每提高 1%,经济增长率就会相应增加 0.04%,虽然市场化指数、经济开放度以及人力资本等因素也会对经济增长有促进作用,但是中国地区经济增长推动的主要因素还是固定资产投资。由此可见,根据上述研究结果,固定资产投资对 GDP 的作用正在呈稳健逐步上升状态,与模型分析结果基本一致,从而验证了该模型的有效性。

(4)GDP 与人力资本的固定效应模型

通过建立模型,可得到:

$$\text{GDP}_{it} = 7.64 + 0.005 \times \text{DRD}_{it}$$

显然,通过观察 F 值和 R^2 的值,表明模型拟合的效果好,模型整体的回归效果显著。并且从模型中可知,人力资本与 GDP 两变量之间的系数为正,表明每增加一单位的人力资本可以使得 GDP 增加 0.005 个单位。因此在一定程度上,可以说明人力资本的增加对于 GDP 的贡献来说有直接影响。21 世纪,国家领导人把"发展科学技术"作为第一生产力。因此,高人力资本所带来的即是促进国民经济长期发展的源泉与动力,其作为高技术层面的载体已经成为衡进入量国家综合国力和国际竞争力强弱的主要参考依据。而教育作为人力资本积累的主要途径在经济增长过程中发挥着不可替代的作用,更高的人力资本水平可以提高一个国家的国民收入水平,其对经济增长过程其对经济增长率的贡献远大于物质资本,是生产过程中不可少的先决条件,对增加产出、优化产业结构也有着不可或缺的作用。

从上述计量论证分析的层面上表明:人力资本、固定资产投资、GDP三者间在面板数据上有回归上的因果关系,因而从总量上证实浙江省人力资本对固定资产投资进而对产出具有诱发和推动作用。而在以知识经济为主导的现今,人力资本作为"活资本"具有主动配置资源的能力,它能影响到物质资本的流动,其影响甚至远大于物质资本。而高素质人才在各产业间的流动趋势也预示着浙江省产业结构的变动趋势,这对整个浙江省的产业经济发展有着重大而深远的意义,这个论证为接下来的问卷调查提供了理论依据的同时,也为分析"浙江省产业结构与人才流动关系"的调查提供了切实有力的背景。

(二)调查问卷结果分析

上述的计量分析充分体现了人才与国内生产总值和社会固定资产投资的相关性。在理论上,我们已经证实人才的流向与产业结构存在一定的相关性。我们将从问卷数据中继续研究人才在产业间的流动与产业结构调整的关系。

1.岗位变动及其原因

在调查过程中,我们发现一部分人存在工作变动情况,对此,我们作了以下整理(见图5)。

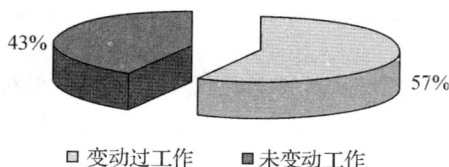

图5　工作变动情况

在变动工作者中,变动工作往往有以下几个原因:工资、人际交往、对未来发展考虑、改变工种、个人技术原因,或者其他一些私人原因。在500位接受问卷调查的人员中,约57%即287位调查者因某些原因进行过工作变动,这为接下来针对问卷T7、T8、T9、T10的数据整理以及到后期的论证分析提供了很好的现实依据。

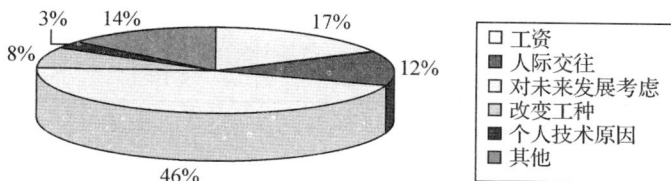

图6　工作变动原因比例

如图6所示,在287位变动过工作的调查者中,所占比例最大的是对未来发展考虑,虽然从字面上理解很宽泛,但是若联想本次调查内容,则可以理解为,第二产业虽然依旧是我国的主要产业之一,但是近几年来发展迟缓。相比于第二产业,第三产业的发展却是日益上升,很明显,第三产业的发展才能满足未来人们的需求。而工资原因也是长期困扰浙江省劳动人员进行工作变动的一个关键性因素,占到了17%的比例。

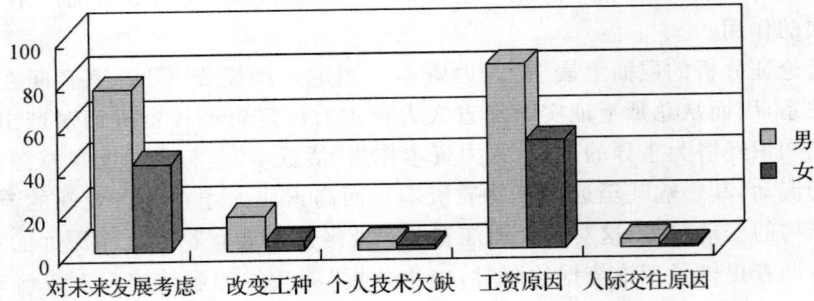

图 7　男女变动工作原因的比例

图 7 显示了男女变动工作的原因。而在探讨性别与工作变动原因这两者之间是否有相关关系时，通过 SPSS 的双变量相关分析，得到表 3 所示结果，sig＝0.355＞0.05，在该显著性水平上认为性别与工作变动原因无直接相关关系。

表 3　性别与变动工作的原因的相关分析

	变动工作的原因
Pearson 相关性	0.055
显著性(双侧)	0.355

然而，在现实情况中，女性存在惰性，并不善于变动工作，而相对而言，男性却更加活跃。见表 4、表 5，在对 287 位进行过工作变动的劳动者进行问卷分析的过程中可以发现，无论是男性劳动者还是女性劳动者，以前从事低技术职业的在进行工作变动过后大量聚集到服务性行业和高技术性行业，相比前后，男性和女性的比例较变动前分别增长了 49.11％和 41.11％，男性劳动者的趋向更为明显，这在某种程度上说明浙江省的人力资本在产业间存在流动现象。

表 4　失业前工作性质的交叉表

		以前的工作性质				合计
		低技术职业	服务性职业	高技术职业	其他	
男	计数	90	81	5	10	186
女	计数	47	48	5	1	101
合计	计数	137	129	10	11	287

表 5　现就业工作性质的交叉表

		现在的工作性质			合计
		低技术职业	服务性职业	高技术职业	
男	计数	17	109	60	186
女	计数	11	67	23	101
合计	计数	28	176	83	287

表6 工作性质变动后的卡方检验

	值	df	渐进 Sig.（双侧）
Pearson 卡方	54.295[a]	6	0.000
似然比	59.273	6	0.000
有效案例中的 N	287		

　　表6是通过 SPSS 论证分析,得到该检验的 sig 值为0,小于0.05,说明劳动者改变工作前后的工作性质存在显著差异,从而进一步证明了该观点。

　　学历也是变动工作原因之一,掌握更多知识与技术的人群相比于知识与技术匮乏的人而言,在工作方面有更多的选择。一大部分人不愿意选择其他职业在一定程度上是受知识的限制。

　　在对问卷进行数据分类后,根据图8和图9显示,可以明显地发现在进行工作变动过后,管理部门、销售部门及研发部门的人数大幅度上升。近年来,浙江省对科技投入不断增加,无论是对研究与开发(R&D)活动投入的绝对值、相对值,还是占全省生产总值的比例都是逐年递增的,一旦研发经费投入加大,人力资本的存量就会增大,对全省的经济效益也会产生显著影响,如图10所示。

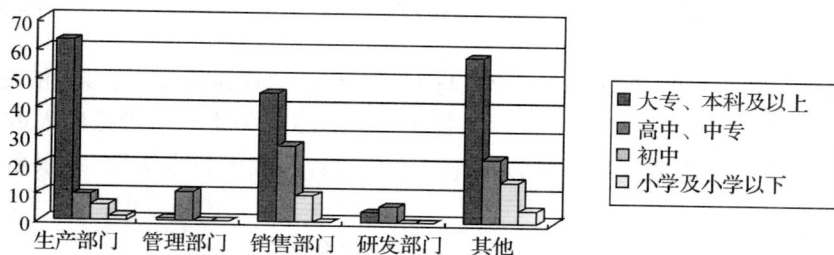

图8　工作变动前学历与工作部门的关系

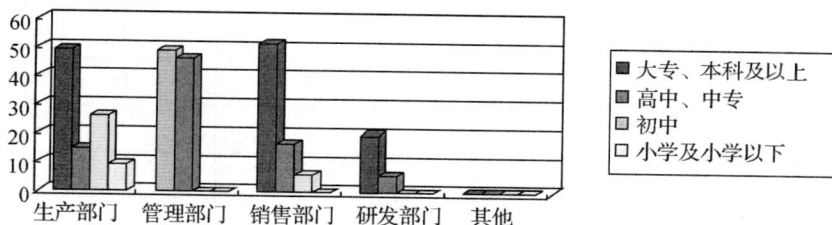

图9　工作变动后学历与工作部门的关系

　　根据浙江省统计信息显示,2012年,全省 R&D 经费投入创新高达722.59亿元,比2011年增加109.66亿元,增幅为17.9%;R&D 经费投入强度(即 R&D 经费支出相当于国内生产总值的比重)为2.04%,同比提高0.18个百分点。而从执行部门来看,企业经费投入模式的主导地位进一步体现。2012年,全省各类企业 R&D 经费支出651.64亿元,同比增长21.8%;政府部门属研究机构经费支出21.83亿元,增长20.8%;高等学校经费支出44.72亿元,增长9.6%。企业、政府部门属研究机构、高等学校的 R&D 经费支出所占的比重分别为90.18%、3.02%和6.19%。

　　由此可见,企业研究经费的大量投入促使高学历人才对择业方向再一次进行了选择,提升自身素质的同时,这种科研技术的创新与发展趋势也带动了国民经济增长率,增加三次产业产出,进而对我省产业结构产生深远的影响。而科学研究与试验发展是科技活动的核心,聚集高技术人力资本是开展 R&D 活动的重要基础,引导科研人员面向市场技术创新,使产业升级和高新技术研发应

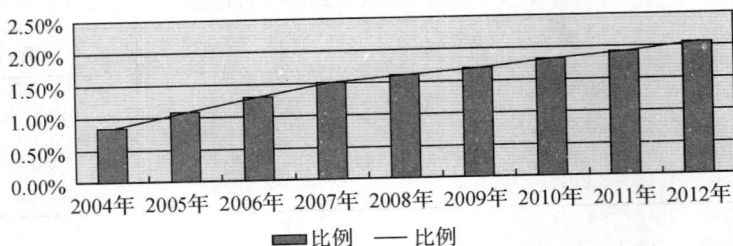

图 10　研究与发展经费占全省生产总值的比例

用紧密结合,是提升浙江省创新能力和科技实力的决定性因素。

　　2.失业及失业类型

表 7　失业类型与学历的相关分析

	学历
Pearson 相关性	0.361
显著性(双侧)	0.002

　　由表 7 可知,sig＝0.002＜0.05,说明学历与失业类型之间存在着相关关系,相关系数为0.361,成一般正相关。由此可见,学历与失业类型存在着一定的相关关系。学历低的人群面临的失业类型也相应地比学历高的人群多。学历高的人群因为掌握着相应的技术手段,在很多岗位的生存能力很强。

表 8　失业类型与学历的列表

	失业类型				合计
	技术性失业	季节性失业	结构性失业	摩擦性失业	
初中	3	12	0	0	15
大专、本科及以上	5	8	21	11	45
高中、中专	0	1	0	0	1
小学及小学以下	3	5	0	0	8
合计	11	26	21	11	69

　　在对 69 位失业者进行的问卷分析中(见表 8),经过 SPSS 分析论证,浙江产业工人学历在大专、本科及以上失业的主要类型是“结构性失业”,该结论与《中国人事科学研究网》于 2011 年 6 月发表的《提升就业能力解决大学生结构性失业问题研究》所探讨的结果一致。这在支持了本研究的观点以外,也说明本次调查的有效性。

　　根据浙江省的经济发展方向和产业结构变化,引起此类现象的原因可归结以下两点:

　　一是由于经济结构的调整导致社会对劳动力的需求结构包括工种、技术、知识经验等方面发生了变化,而劳动力的供给结构往往不能适应这种变化而造成失业。如:浙江省面临经济转型,其产业结构的调整促使第一产业、传统制造业对劳动者的需求减少,而第三产业、新兴产业对劳动者的需求增加,但不同产业间对劳动者技能、素质、经验的要求往往也是不同的。如果原来从事第一产业、传统制造业的人员无法及时对自身各方面素质做出调整就不能顺利转入第三产业、新兴产业因而造成失业。此外,浙江省产业结构升级也会促使用人单位提高对劳动者的素质要求,不适应要求的低素质劳动者即使原来存在岗位也会存在失业的危险。

二是由于就业观念滞后而造成的失业。表现在劳动者的就业意愿、对就业岗位的预期过高与实际所能提供的就业岗位不一致而失业,这部分主要体现在新增劳动人口中。如:一些刚毕业的大学生在择业时期望过高,想留在大城市,想进大公司,享受高薪待遇,否则宁愿失业。实际上,浙江省高学历人才在总量上是需求大于供给的,在许多偏远的经济落后的小城镇,高学历人才非常紧缺。这说明浙江省存在高学历人才失业大多属于结构性失业,这与表 8 反应的数据情况基本吻合。

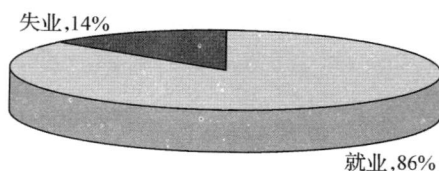

图 11　调查问卷中的失业与就业比例

如图 11 所示,在调查人员中,有 14％ 为失业人群。在 2011 年,浙江的从业人员为 3674.11 万人,失业人员为 31.67 万人,失业率为 3.12％。相比来说,该数据存在明显误差,同时也反映出一些问题。浙江省经济相对较为发达,改革开放以来,浙江省是中国经济发展最快的省份之一,也是中国民营经济的“大本营”。经济的发达,社会环境对于人们创业的激励,更是加快了外地人口的流入,如何提升失业人群技能,促进失业人群再就业是我们不得不加强思考的环节。

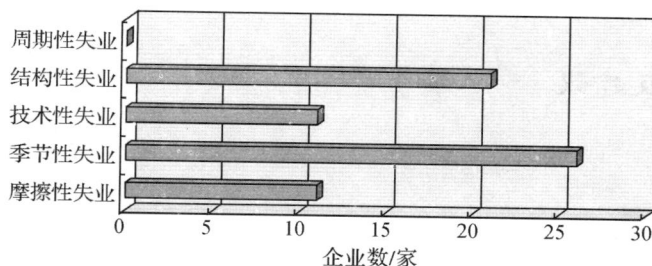

图 12　调查问卷中的失业类型

从图 12 中数据我们可以清楚地看出失业人群的失业类型主要是结构性失业和季节性失业,约占到总体比例的 30.43％ 和 37.68％。对于造成季节性失业的原因主要有两方面:一是一些行业由于受生产条件、气候条件的影响具有季节性的特点,造成对劳动力的需求随着季节的变化而变化,如浙江省某些地方的农业、旅游业、航运业等。二是一些行业的产品需求受购买习惯、社会风俗的影响,会产生季节性变化,如服装业、制鞋业和节日商品生产企业等,从而影响劳动力的需求,造成季节性失业,其失业人员主要存在于一、二产业间。而随着浙江省经济的持续快速增长,社会发展也取得令人瞩目成绩的同时,结构性失业的矛盾日益突出。结构性失业是经济发展过程中存在的普遍现象,随着经济的进一步发展,浙江的产业结构将迅速转型,高新的支柱产业不断涌现,但出现适合该产业的人力资本短缺,而老产业由于人力资本存量的减少,产品结构单一,市场竞争能力差,其劳动力的需求不断下降,一些下岗工人由于大多数文化水平较低,同时受传统观念的影响较深,没能力或者不愿意走上新的岗位,出现严重过剩现象。这从根本上阻碍了浙江省人力资本的进一步发展和产业结构的优化升级。

相比于这两种失业类型,图中的技术性失业、摩擦性失业和周期性失业所占的比例则相对较小,这与浙江省失业人员的失业情况基本吻合,从而确保了本次调查的有效性。

3.其他数据指标

在对500位问卷调查者的年龄和学历的分析中(见表9),根据受教育程度分为小学及小学以下、初中、高中及中专、大专和本科及以上四栏,通过上表反应,人力资本大多集中在21～40岁之间,占到了72％的比例,也就是说,随着时间的流逝,人力资本的数量不断提高,而且受教育的年限也在不断增加。上述交叉表中,21～30岁大专、本科及以上的人数占到总人数的19.4％,而且从各个年龄段可以看出,大专、本科及以上的人数逐步增加,也预示着大专、本科及以上这个群体将会随着时间的增加而增加。无论从哪方面数据来讲,都显示浙江省高等教育的普及越来越广,假以时日,浙江省的人力资本存量将达到产业结构转型的需求。从调查问卷中得出的这些数据可以反映出,浙江省的劳动者素质在不断地提高,这也意味着浙江省的人才正在与日俱增。而在近十几年浙江省的GDP持续上升,与人才数量的上升成一定比例的相关性。

表9　年龄与学历的构成

学历年龄	小学及小学以下	初中	高中、中专	大专、本科及以上	总计
21—30岁	0	3	127	97	227
31—40岁	0	6	51	77	134
41—50岁	4	35	20	37	96
51岁以上	11	30	2	0	43
总计	16	74	202	224	500

四、研究结论及建议

(一)研究结论

1.计量论证结论

通过计量论证,发现浙江省人力资本、固定资产投资、GDP在回归上存在因果关系。首先,通过人力资本与固定资产投资的模型建立,发现人力资本的增长,对固定资产投资有诱发作用,这意味着人力资本和物质资本这两大生产要素中,人力资本作为"活资本"有主动配置资源的能力,它代表劳动者的受教育年限、培训、实践经验、迁移、保健等方面的投资而获得的知识和技能的积累,在一定程度上比物质资本具有更大的增值空间,它能影响到物质资本的流动,从而扩大固定资产投资值,促进浙江省各大产业的经济增长。接着,通过对固定资产投资和GDP的模型建立,表明固定资产的投资增加也能带来产出的增加,这种增加虽然不能显著地提高经济增长率,但却是推动浙江省产业经济发展的一个重要因素,简单地说,固定资产投资对GDP的作用正在呈稳步上升状态。最后,通过对人力资本、固定资产投资、GDP三个变量之间的固定效应的模型建立,发现人力资本与固定资产投资对GDP的系数都为正,说明人力资本和固定资产投资的增加都能带动GDP增加一定单位的数值。从上述三个变量间的模型建立,从总量上证实人力资本对固定资产投资进而对产出具有推动作用,从而说明浙江省高素质人才在各产业间的流动聚集趋势,能够预示产业结构的变动趋势,这对于认识浙江省人才流动与产业结构调整的关系特别重要。

2.调查问卷结论

(1)岗位变动情况

从问卷数据反映,产业间存在着人才流动,而且存在着从一、二产业向第三产业流动的趋势。

在 500 位接受问卷调查的人员中，约 57% 即 287 位调查者因某些原因进行过工作变动。大部分人从生产部门等第二产业转向第三产业的管理部门、销售部门等。其中，男性流动的活跃度高于女性，这可能跟女性天生存在的惰性离不开关系。

从第二产业流向第三产业的原因多种多样，工资、人际交往、对未来发展考虑、改变工种、个人技术原因等。而这些原因也证实，第三产业未来的发展将远超第二产业。

（2）失业情况及其原因

现如今大部分的失业不再是因为缺少相关性技术或知识。现如今，科技发展越来越迅速，大部分的工业、制造业引进国外进口技术，而大部分的核心技术也已经包括其中，人们只需操作按钮，就可以完成一道复杂的工序，所以第二产业很多技术性部门也不再需要那么多技术人才。这也是为什么有些人身怀一技，却还失业待家的原因，这成为现如今失业的主流原因。

第二产业因为引进相关技术，在人员上已经达到一个饱和的状态，不再吸纳更多的人才。所以一部分人流向第三产业。这也引发了现在一个普遍的现象，浙江省第二产业产值高于第三产业，第二产业的劳动生产率也高于第三产业，但是，大学毕业生进入第三产业的就业意愿非常强烈，并且近几年浙江省服务业尤其是生产性服务业的增长率高于 GDP 甚至是第二产业的增长率。

（二）优化产业结构建议

根据调查结果显示，我们对产业结构以及人才流动有了一定的了解。对此，根据我们分析得出的结论，我们提出几点建议。

（1）大力普及九年义务教育或者更高层次的教育。从计量论证分析中，我们可以看出，人力资本是"活"因素，与固定资产投资相比，更具有主动性，人力资本与固定资产投资存在着正相关，所以人力资本也将会带动固定资产投资。只要我们普及全民教育，使整体劳动者素质提高，能够学习到更多的技术与知识，那么这些人群也将会带动社会固定资产投资，使产业结构更好地转型。

（2）疏通产业间的流动渠道。产业间人才流动较少，除了一部分主观因素以外，还存在着如影响人才流动的不合理的政策法规、产业间存在垄断现象等客观因素。所以我们提议政府能够放宽市场，建立市场化经济，让市场更自由化，疏通市场流动渠道。如国家垄断的电信业、电力等，一旦开放，将会进一步加大人才的流动。

（3）进行在职人员的再培训。产业间难以流动还有一个更重要的原因，就是缺乏相应的知识。长期在一个岗位上工作，相应地就会对其他岗位缺乏了解，也正因为如此，大部分人不会选择变动自己的工作。而一旦进行在职人员的再培训，使在职人员能够学到其他技术。那么如果在其他条件（如工资、工作环境等）满足，将会大大增加人才流动。

参考文献：

[1]毛健.经济增长中的产业结构优化[J].产业经济研究,2003(3).

[2]白孝忠.地区产业结构转换与经济增长的相关性分析[J].当代经济,2003(12).

[3]纪玉山,吴勇民.我国产业结构与经济增长关系之协整模型的建立与实现[J].当代经济研究,2006(6).

[4]邵明波.产业结构与经济发展理论的实证[J].统计与决策,2009(7).

[5]陈仲常.产业经济理论与实证分析[M].重庆:重庆大学出版社,2005.

[6]鲁奇,张超阳.河南省产业结构演进和经济增长关系的实证分析[J].中国人口·资源与环境,2008.

[7]唐新.中国产业结构与经济增长关系的实证研究[J].桂林:广西师范大学经济管理学院,

2013(10).

[8]崔湘怡.我国经济增长中的产业结构优化和梯度转移 [D].北京:中南民族大学,2013.

[9]李莉.产业结构与经济发展关系研究 [D].北京:北京交通大学,2009.

[10]陈海燕,杨宝臣.面板数据模型的检验方法研究 [J].技术经济及管理,2011(6).

[11]赵进文.异常值点对单位根检验的致命影响[J].商业经济与管理,2009(01).

[12]Ryan Greenaway-McGrevy，ChirokHan，Donggyu Sul. Asymptotic distribution of factor augmented estimators for panel regression[J]. Journal of Econometrics. 2012 (1)

[14]Pesaran M H. Estimation and inference in large heterogeneous panels with a multifactor error structure[J]. Econometrica, 2006

浙江商业银行职业岗位与专业相关性调查[*]

倪漂漂

（浙江财经大学东方学院信息分院）

摘　要：当今社会各界对大学生的就业率、就业方向极其关注。如何体现"学以致用"、如何分析"学非所用"就常常成为社会各界对高校专业教育评论的一个焦点。本课题组通过对浙江省部分商业银行职工开展问卷调查，并对从事人力资源管理工作的负责人进行深入的访谈，了解银行员工就业的工作岗位与其所学专业的相关性，重点了解银行在招聘员工时的选人标准。用真实有效的就业调查数据作为本调查研究基础，辩证地分析就业岗位与所学专业的关系。

关键词：专业与就业相关性；就业质量；商业银行

一、调查背景

近十多年来，随着高校的扩招，我国的高等教育快速发展，应届毕业生人数也因此大幅增加，这几年都会看到媒体惊呼"最难就业年"、"更难就业年"，而很多用人单位却总是认为找不到合适的毕业生。高校每年的招生人数是由国家根据经济与社会发展的总体需求确定的，由高校自主确定招生专业与人数，高校的上级主管部门负责审核各高校专业招生人数。是什么原因使得很多专业的毕业生数量看上去远大于市场需求？是什么原因使得各种就业调查都会显示出"专业对口率低"？一般认为，毕业生就业的工作应该是"专业与就业高相关性"。但是，现实当中"相关性低"的情况却比比皆是，麦可思研究院出版的《就业蓝皮书 2012 年中国大学生就业报告》（以下简称《就业蓝皮书 2012 年》）提供的应届大学毕业生工作与专业门类相关度在 70％以下[1]。在毕业生对公务员岗位趋之若鹜、对大型国企和银行金融企业十分热衷的情形下，又该如何看待不少急需专业的毕业生结构性失业？是什么原因使得不少专业的毕业生所学专业与就业岗位出现低相关性的特点？

实际上，我们看到，现在财经类学校的大学生很多人都是想进入银行工作的，而银行的校园招聘也是对各个专业的人才来者不拒。这些银行或者企业是如何考虑岗位与专业相关性的问题的？已经在热门行业就业的大学毕业生又是如何看待这个问题的？财经类高校为学生所设计的课程，能够适合银行工作所需人才的要求吗？我们通过对浙江省部分商业银行的调查，了解商业银行的人力资源管理人员和职工是如何看待专业与就业相关性的问题，并以此为基础进行探讨。

　＊ 本文为浙江财经大学东方学院学生科研课题"浙江商业银行就业工作岗位与专业相关度调研"（编号为 2014dfx021）
指导老师：冯睿

二、调查方案

(一)调查方法

本次调查主要采用问卷调查法和访谈法。

1.问卷调查法

在银行营业部、计财部、零售部、人事部、行政部等部门发放问卷,了解银行员工在求学期间、在入职以后对自己所学专业、从事工作的看法。

2.访谈法

走访商业银行的部门,采访部门主管,了解银行在招聘、员工培训、员工考核中考虑的问题,以及他们如何看待岗位与专业相关性的关系。

(二)准备工作

1.问卷设计

我们针对被调查者在求职期间对自己专业的了解程度,了解被调查者当时在校期间有无对自己毕业后做计划,以及毕业后就职时的工作与原专业是否有关,在求职期间是否感觉专业与所要面对的职位没有具体联系,或是用专业知识解决问题,以及在毕业后是否后悔当初的选择,和对跨专业就业及专业不对口的看法,设计了相应的问题。

2.访谈问题设计

我们选择了几个相关问题作为采访部门经理时的问题,如专业与就业岗位不直接对口是否说明了"学非所用"? 银行工作是多层次的,需要各种人才,如何根据需要进行录用? 等等,以了解从用人单位的角度是怎样考虑银行员工的录用和培养的。

(三)时间安排

2014年7月5日 全员在宁波集合共同商讨采访的问题及设计问卷调查。

2014年7月6日 分组联系各大银行,询问是否可以打扰发问卷。

2014年7月7日 采访某银行行政部主管,将之前准备好的问题进行详细询问,并且收集照片。

2014年7月8日 采访银行零售部主管,并分发问卷。

2014年7月9日 采访银行人事部主管,主管与我们分享了这么多年来他自己的经验看法。

2014年7月10日 我们采访银行纪委书记。

2014年7月11日 在住处整理收回的问卷,提取我们需要的有效数据。

2014年9月6日 我们在学校周边的银行开展调查,并做了最后的报告准备。

三、调查问卷分类统计

我们在浙江省兴业银行宁波分行内共发放问卷400份,收回378份。根据收回的问卷数据统计,将参加调查的人员在大学所学专业分为:会计类、金融类、其他经济管理类和非经管类,然后对每个问题进行分选项统计。

(一)会计类专业毕业职员问卷统计情况

在378位参加答题的银行职员中,有43%的职员所学专业为会计类。对各问题的回答情况如下：

1.关于"求职期间,对自己专业的了解程度"

在专业为会计类的职员中,其中有27.27%的职员在求职期间,清楚自己的专业;63.64%的职员在求职期间,对自己的专业有所了解;而9.09%的职员则对自己的专业模糊不清;没有人在求职期间对自己的专业一点都不了解。

2.关于"求职期间,了解自己的专业与多少就业岗位对口"

在专业为会计类的职员中,其中36.37%的银行职员选择了普遍都有涉及;45.07%的银行职员选择了一半有所涉及;18.20%的职员选择了小部分涉及;没有人选择不太清楚。

3.关于"在校期间,您对个人的职业生涯有无规划"

在专业为会计类的职员中,其中有36.36%的职员对自己的职业生涯做了认真长期的规划;54.55%的职员做了简单短期的规划;9.09%的职员没有规划,顺其自然。

4.关于"目前所在就业岗位与自身专业是否对口"

在专业为会计类的职员中,其中有18.18%的职员认为自己目前所在的就业岗位与自身专业完全对口;63.64%的职员认为基本对口;9.09%的职员认为有些涉及,有些擦边;剩下的9.09%的职员则认为自己目前所在就业岗位与自身专业完全无关。

5.关于"职场中,是否运用自己的专业知识解决过实际问题"

在专业为会计类的职员中,其中有36.37%的职员认为经常可以用到自己的专业知识;54.54%的职员认为偶尔可以用到;9.09%的职员却认为解决过的实际问题不涉及自己的专业知识。

6.关于"就业与专业不对口是否是教育的一种浪费"和"对曾经选择的专业是否后悔过"

在专业为会计类的职员中,其中有72.27%的人觉得就业与专业不对口是教育的一种浪费;23.27%的人却认为不是。但是有54.54%的职员后悔了自己曾经选择的专业,认为没什么用;36.36%的职员认为还可以;9.09%的职员不后悔自己所选择的专业,认为是学以致用。

7.关于"现今跨专业就业逐渐成为一种普遍现象,您认为最大因素是什么"

会计类专业的职员中有27.27%的人认为原因是就业与专业供不应求;18.18%的人认为原因是有不需要考虑专业是否对口的工作机会;27.27%的人认为造成这一现状归结于综合素质型人才更容易获得企业单位的青睐;27.27%则认为大学专业没学好或没选择好也是一方面的原因。

(二)金融类专业毕业职员问卷统计情况

在378位参加答题的银行职员中,有24%的职员所学专业为金融类。对各问题的回答情况如下：

1.关于"求职期间,对自己专业的了解程度"

在专业为金融类的职员中,其中有43%的职员在求职期间,清楚自己的专业;36%的职员在求职期间,对自己的专业有所了解;而21%的职员则对自己的专业模糊不清;没有人在求职期间对自己的专业一点都不了解。

2.关于"求职期间,了解自己的专业与多少就业岗位对口"

在金融类专业的职员中,其中有43%的银行职员选择了普遍都有涉及;43%的银行职员选择了一半有所涉及;7%的职员选择了小部分涉及;7%的职员选择不太清楚。

3.关于"在校期间,您对个人的职业生涯有无规划"

在金融类专业的职员中,其中29%的职员对自己的职业生涯做了认真长期的规划;57%的职员做了简单短期的规划;14%的职员没有规划,顺其自然。

（三）各专业类相关性分析结果的启示

不同专业的职员对个人规划以及专业的认同感是存在差异的。这意味着对于专业与就业相关性的问题也应该深入研究专业属性特征，与专业面向的就业市场特征以及就业岗位对专业技能的要求程度相结合分析。例如会计专业的专业针对性就较强，相关职业选择较少，职业对于专业知识的要求较高，这直接影响会计专业的学生在选择该专业时就作出较清晰、针对性强的职业规划，与此同时他们对专业的认同感也相对较强。然而例如营销类、行政管理类等工作对专业并没有严苛的要求，更看重职业的综合能力。

（四）岗位对专业要求的分析

银行业机构针对毕业生的岗位主要设置有客户经理岗、部门管理岗、理财业务岗、客户服务岗、储蓄柜员岗等。专业要求方面主要以会计类、金融类、财务审计类、管理类、经济贸易类等为主，但对个人条件较为突出并且具备金融、财会、经济等专业知识的其他专业毕业生也会适当考虑。由于刚应届毕业生大部分都不具备工作经验，所以大部分银行在招聘应届毕业生时，并没有特定的岗位限制，而是采用选拔有能力有潜力的应届毕业生，进行一年左右的岗位轮换，再更具其工作的表现和实际能力，确定其适应的具体岗位。

高级管理人员是以其专业管理能力，协助企业所有者执行经营管理职责的人，其对于现代企业的运作能力，必须使委托他的股东们能够获得高度的信赖感与应有的回报。其所具有的职业化能力称为 KAS，即拥有充足的专业知识、敬业的态度和纯熟的工作技能。无论是拟定计划、制定决策还是解决问题，都是需要灵活的思维能力以及专业的知识填补。假如专业知识不过硬，即便是口才具备，也只会让人嗤之以鼻，难以服众。日子久了，核心团队脱轨也是迟早的事情。如此看来，高级管理人员的就业岗位与专业知识对口尤其重要。

与客户相关的岗位可以说是银行和客户交流的桥梁，工作主要以客户为主。这个工作岗位不仅要求员工拥有金融等相关专业，了解各项金融业务运作方式，更要求员工具有较强的系统的营销策略，强烈的服务意识和公关能力，能够积极调动商业银行的各项资源为客户提供全方位、一体化的服务。就像接受我们访问的零售部部门主管说的那样，对于学习工作能力强的，银行会着重培养为各部门客户经理，而对也专业知识过硬、实践操作能力较强的人，银行会引导人才往高精尖方向发展。

支行及以下机构基层岗位的能力要求是具备职高学历以上的操作人员，要求较低，只需输入客户信息，并不需要具备看得懂公司账本的能力，换句话说就是不要太专业人才。若有能力，可从事营销拉存款的方式，具备面对面与客户沟通、洽谈、交际的能力，而对专业要求不高的营销岗位已是众所皆知，只要你够有胆量，口才够好，能拉到存款，便会得到上级的青睐。再比如二级分行、支行的管理层没有多少是科班出身的，所以如果你是高才生，一旦进银行支行，绝大多数会被排到一线窗口，3～5 年后，金融学专业的人才和非本专业的学生没有什么区别了。相反，倘若人脉窄人际交往方面不如职高生，那就真的对不起高才生的称谓了。所以说，基层银行最不需要人才，也是最埋没人才的地方，因为这个行业绝大多数岗位需要的是普通窗口人员。如此岗位与专业的相关度也显得不那么重要。

五、调查结论与建议

本课题以银行职员作为调查对象，对调查结果进行了客观的分析。一般对"专业与就业的相关

4. 关于"目前所在就业岗位与自身专业是否对口"

在金融类专业的职员中,其中 50％的职员认为自己目前所在的就业岗位与自身专业完全对口;36％的职员认为基本对口;14％的职员认为有些涉及,有些擦边;没有人认为自己目前所在就业岗位与自身专业完全无关。

5. 关于"职场中,是否运用自己的专业知识解决过实际问题"

在专业为金融类的职员中,其中 36％的职员认为经常可以用到自己的专业知识;57％的职员认为偶尔可以用到;7％的职员却认为解决过的实际问题不涉及自己的专业知识。

6. 关于"就业与专业不对口是否是教育的一种浪费"和"对曾经选择的专业是否后悔过"

在专业为金融类的职员中,其中 64％的人觉得就业与专业不对口是教育的一种浪费;36％的人却认为不是。但是有 14％的职员后悔了自己曾经选择的专业,认为没什么用;64％的职员认为还可以;22％的职员不后悔自己所选择的专业,认为是学以致用。

7. 关于"现今跨专业就业逐渐成为一种普遍现象,您认为最大因素是什么"

在专业为金融学的职员中,其中有 36％的人认为原因是就业与专业供不应求;14％的人认为原因是有不需要考虑专业是否对口的工作机会;43％的人认为造成这一现状归结于综合素质型人才更容易获得企业单位的青睐;7％则认为大学专业没学好或没选择好也是一方面的原因。

(三)其他经济管理类专业毕业职员问卷统计情况

在 378 位参加答题的银行职员中,有 15％的职员所学专业为其他经济管理类。对各问题的回答情况如下:

1. 关于"求职期间,对自己专业的了解程度"

在专业为其他经济管理类的职员中,其中有 27.27％的职员在求职期间,清楚自己的专业;63.64％的职员在求职期间,对自己的专业有所了解;没有职员对自己的专业模糊不清;9.09％的职员却在求职期间对自己的专业一点都不了解。

2. 关于"求职期间,了解自己的专业与多少就业岗位对口"

在经济管理类专业的职员中,其中 9.09％的银行职员选择了普遍都有涉及;36.36％的银行职员选择了一半有所涉及;36.36％的职员选择了小部分涉及;18.18％的职员选择不太清楚。

3. 关于"在校期间,您对个人的职业生涯有无规划"

在经济管理类专业的职员中,其中 9％的职员对自己的职业生涯做了认真长期的规划;50.55％的职员做了简单短期的规划;40.55％的职员没有规划,顺其自然。

4. 关于"目前所在就业岗位与自身专业是否对口"

在经济管理类专业的职员中,其中没有职员认为自己目前所在的就业岗位与自身专业完全对口;63.64％的职员认为基本对口;18.18％的职员认为有些涉及,有些擦边;18.18％的职员认为自己目前所在就业岗位与自身专业完全无关。

5. 关于"职场中,是否运用自己的专业知识解决过实际问题"

在专业为经济管理类的职员中,其中 9.09％的职员认为经常可以用到自己的专业知识;72.73％的职员认为偶尔可以用到;18.18％的职员却认为解决过的实际问题不涉及自己的专业知识。

6. 关于"就业与专业不对口是否是教育的一种浪费"和"对曾经选择的专业是否后悔过"

在专业为经济管理类的职员中,其中 45.45％的人觉得就业与专业不对口是教育的一种浪费;54.55％的人却认为不是。但是有 18.18％的职员后悔了自己曾经选择的专业,认为没什么用;54.55％的职员认为还可以;27.27％的职员不后悔自己所选择的专业,认为是学以致用。

7.关于"现今跨专业就业逐渐成为一种普遍现象,您认为最大因素是什么"

在经济管理类专业的职员中,其中有 36.36%的人认为原因是就业与专业供不应求;9.09%的人认为原因是有不需要考虑专业是否对口的工作机会;54.55%认为造成这一现状归结于综合素质型人才更容易获得企业单位的青睐;没有人认为大学专业没学好或没选择好也是一方面的原因。

(四)非经管类专业毕业职员问卷统计情况

在 378 位参加答题的银行职员中,有 18%的职员所学专业为非经管类。对各问题的回答情况如下:

1.关于"求职期间,对自己专业的了解程度"

在专业为非经管类的职员中,其中有 25%的职员在求职期间,清楚自己的专业;50%的职员在求职期间,对自己的专业有所了解;而 25%的职员则对自己的专业模糊不清;没有人在求职期间对自己的专业一点都不了解。

2.关于"求职期间,了解自己的专业与多少就业岗位对口"

在专业为非经管类的职员中,其中 17%的银行职员选择了普遍都有涉及;25%的银行职员选择了一半有所涉及;50%的职员选择了小部分涉及;8%的职员选择不太清楚。

3.关于"在校期间,您对个人的职业生涯有无规划"

在专业为非经管类的职员中,其中 25%的职员对自己的职业生涯做了认真长期的规划;50%的职员做了简单短期的规划;25%的职员没有规划,顺其自然。

4.关于"目前所在就业岗位与自身专业是否对口"

在专业为非经管类的职员中,其中 9%的职员认为自己目前所在的就业岗位与自身专业完全对口;50%的职员认为基本对口;25%的职员认为有些涉及,有些擦边;16%的职员认为自己目前所在就业岗位与自身专业完全无关。

5.关于"职场中,是否运用自己的专业知识解决过实际问题"

在专业为非经管类的职员中,其中 25%的职员认为经常可以用到自己的专业知识;75%的职员认为偶尔可以用到;没有职员认为解决过的实际问题不涉及自己的专业知识。

6.关于"就业与专业不对口是否是教育的一种浪费"和"对曾经选择的专业是否后悔过"

在专业为非经管类的职员中,其中 42%的人觉得就业与专业不对口是教育的一种浪费;58%的人却认为不是。但是有 8%的职员后悔了自己曾经选择的专业,认为没什么用;25%的职员认为还可以;67%的职员不后悔自己所选择的专业,认为是学以致用。

7.关于"现今跨专业就业逐渐成为一种普遍现象,您认为最大因素是什么"

非经管类专业的职员中 25%的人认为原因是就业与专业供不应求;没有人认为原因是有不需要考虑专业是否对口的工作机会;75%的人认为造成这一现状归结于综合素质型人才更容易获得企业单位的青睐;也没有人认为大学专业没学好或没选择好也是一方面的原因。

四、调查结果分析

(一)问卷调查统计分析

通过对问卷的统计分析,我们看到,不同专业类的银行职员在对自己专业的认识程度上是存在相当大的差异的。经管类还是比较了解自己的专业,但是非经管类的银行职员对自己专业的了解程度比较模糊。以此看来,从事与自己相关的职业对自己专业的了解程度比不从事与自己相关的职业对自己专业的了解程度要大。而在专业知识的实际运用这一方面,还是会计类和金融类的专业运用的较多一点。

值得引起注意的是,除了会计专业的银行职员,其他专业的职员都只有小部分的人后悔选择了自己的专业,特别是非经管类专业的职员,大部分人都没有后悔自己所学的专业,也有很大一部分人并不认为专业不对口就是教育的一种浪费,看来这是需要深入分析的情况。按照一般的认识,有不少人都会觉得,学了四年的专业没有用武之地会让人觉得很可惜,但是如果确定对本专业的对口职业缺乏兴趣,毕业之后马上转业不失为明智之举。目前来看,大学毕业后就业与专业不对口的现象已经十分普遍,关键是看个人如何准确定位、分析自身优势劣势、提炼核心竞争力,找到合适的切入点,在新行业找到一席之地。

(二)问卷调查数据的相关性分析

为了了解问卷各项问题间的相关性,以下我们用 SPSS 软件对回收上来的问卷数据进行了相关性分析。

1. 金融类专业

根据问卷调查显示,金融类专业的人才关于五个因素的相关性大部分都呈现较强的效果(见表1)。

(1)专业了解程度与专业知识解决问题相关性高达 90%,接近于完全相关性,说明对于自我专业的了解程度越高,越有能力在解决问题方面如鱼得水地运用专业知识。

(2)专业了解程度与职业规划有 88.6%的相关度,属于强相关,说明只有全面了解自身所学专业,才能更有效地、更全面地、更详细地制定职业规划。

(3)职业规划与专业知识解决问题、专业知识解决问题与专业后悔度、专业了解程度与专业后悔度的相关度均高于 50%,属于中等相关,说明专业了解程度、职业规划、专业知识解决问题和专业后悔度之间都有一定的相关性。

(4)不对口因素则与其他四项相关度较低,属于显著弱相关或显著负相关。

表 1　金融类专业职员针对专业与就业关系的相关度

		相关性				
		专业了解程度	职业规划	专业知识解决问题	专业后悔度	不对口因素
专业了解程度	Pearson 相关性	1	0.886	0.900	0.669	0.355
职业规划	Pearson 相关性	0.886	1	0.843	0.406	0.117
专业知识解决问题	Pearson 相关性	0.900	0.843	1	0.827	−0.077
专业后悔度	Pearson 相关性	0.669	0.406	0.827	1	−0.108
不对口因素	Pearson 相关性	0.355	0.117	−0.077	−0.108	1

2.会计类专业

根据问卷调查显示,会计类专业的人才关于五个因素的相关性大部分都呈现较强或是中等相关的效果(见表2)。

(1)专业了解程度与专业知识解决问题相关性高达95.6%,表明两者强相关,说明只有全面了解自身所学专业,才能更好地运用专业知识解决实际生活中出现的问题。

(2)专业知识解决问题与职业规划有89.0%的相关度,属于强相关,表明运用专业知识解决问题的能力越强,制定的职业规划越周全。

(3)职业规划与不对口因素呈负相关性,说明职业规划制定得越全面,专业与就业不对口的可能性就越小。

(4)专业知识解决问题与不对口因素的相关性为-0.807,是强负相关,说明专业知识能够解决问题的能力越强,不对口因素影响越小。

表2 会计类专业职员针对专业与就业关系的相关度

		专业了解程度	职业规划	专业知识解决问题	专业后悔度	不对口因素
		相关性				
专业了解程度	Pearson 相关性	1	0.770	0.956	0.664	-0.676
职业规划	Pearson 相关性	0.770	1	0.890	0.199	-0.987
专业知识解决问题	Pearson 相关性	0.956	0.890	1	0.611	-0.807
专业后悔度	Pearson 相关性	0.664	0.199	0.611	1	-0.039
不对口因素	Pearson 相关性	-0.676	-0.987	-0.807	-0.039	1

3.其他经济管理类专业

根据问卷调查显示,其他经济管理类专业的人才关于五个因素的相关性基本都呈现中等相关的效果(见表3)。

(1)专业知识解决问题与专业后悔度、职业规划的相关较高,达到95.7%、92.7%,均属于强相关,说明专业知识解决问题与后两者有直接影响的关系。

(2)专业了解程度与专业知识解决问题相关性为68.8%,属于中等相关,说明了解自身所学专业与利用专业知识解决问题有较大的联系。

(3)专业后悔度与不对口因素相关度最低,只有7.4%,属于显著弱相关,说明两者互相影响很小。

另外根据问卷调查显示,非经管类专业的相关度就并不太明显,如国贸类、信息类、化工类等。

表3 其他经济管理类专业职员针对专业与就业关系的相关度

		专业了解程度	职业规划	专业知识解决问题	专业后悔度	不对口因素
		相关性				
专业了解程度	Pearson 相关性	1	0.723	0.663	0.688	0.150
职业规划	Pearson 相关性	0.723	1	0.927	0.800	-0.452
专业知识解决问题	Pearson 相关性	0.663	0.927	1	0.957	-0.213
专业后悔度	Pearson 相关性	0.688	0.800	0.957	1	0.074
不对口因素	Pearson 相关性	0.150	-0.452	-0.213	0.074	1

度"调查通常是从毕业生的角度去开展的,而本课题组是从用人单位职业需要的角度开展调查,从用人单位的角度去了解"专业与就业相关度"。

在以毕业生为对象的调查中,常常是根据"专业与就业的低相关度"得到推断是"学非所用",浪费宝贵的高等教育资源。而本课题组通过调查,得出的结论是银行这类用人单位是按照不同岗位的专业性要求进行人员录用和培养,不同岗位对专业的相关性要求、职员能力与素质的要求是不同的。表面上的"专业与就业低相关性"实际上正是毕业生实现个人职业意愿的主动选择、用人单位根据机构发展需要的主动选择、市场供需双方协调的结果。

(一)基本结论

1. 就业的工作岗位与专业的相关度取决于多种因素

(1)专业毕业生数量与就业岗位数量的匹配度。专业毕业生数量取决于4年前的招生数量,而就业岗位数量取决于企业未来1~3年的发展需要。

(2)就业岗位的技术专门性要求决定其招聘面向的广度。在医疗卫生行业、理工科技术要求高的职业,就业岗位的专业相关性会比较高一些,但在很多管理类、服务类的岗位的专业较少限制。

(3)就业岗位的适应度不只是取决于专业相关度。用人单位在招聘员工时,会更多地考虑毕业生的综合素质。

2. 专业与就业工作岗位不直接相关并不就是"学非所用"

(1)在各大企业在管理与服务岗位招聘应届大学毕业生,大多数都是看综合素质,而且大部分超出了专业的范围的要求。比如银行去各大高校招聘不会单单只要会计和金融专业的,而是要方方面面的其他专业的人才。所以说在这类岗位毕业生的综合素质是专业与就业之间最重要的桥梁。

(2)大学的专业教育不只是教给学生专业性的知识和能力,还培养了学生其他方面的能力,如学习能力、沟通与交流能力。就业岗位与专业对口可以用四年所学提高工作能力,而其他专业毕业生"不对口"能够高质量就业,说明这些专业培养的人才适应性强,专业优势明显,也能够"学以致用"。

3. 高校要着力提高学生的就业适应能力

要提高学生的就业能力,使学生有更好的职业发展,高校在调整专业设置使其适应社会需求的同时,要想办法提高学生的实践能力、学习能力,使学生的就业适应性更宽广一些。

通过对银行工作岗位的职业能力要求的分析,与我院部分相关专业的人才培养方案、专业课程教学的要求进行比较,使学生能够明确专业学习目的,提高专业学习的主动性。同时也为高校办学的人才培养方案提供参考,为就业市场提供符合要求的专业人才,从一定程度解决就业问题,保障大学生人力资源向人力资本的转化。

(二)对学校的建议

1. 学校应加强对学生职业规划的指导

经过我们的调查发现,很多毕业生在大学期间都没对自己的未来和将要从事的工作有一个系统规划,建议学校加强对学生职业规划的指导。就比如说我们浙江财经大学东方学院,虽然在有开设职业规划教育课程,但也只是作为选修课程开设,学校可以每学期开设相应的课程对不同年级的在校生进行职业规划的指导,也可以鼓励学生多多参与职业规划大赛之类的就业类比赛,着重培养学生的专业认知能力,教育学生树立职业生涯的概念和就业素质的意识。

2．学校应进一步丰富专业教育内容与形式

在专业知识学习方面，学校可以加强对学生专业知识的指导，着重培养学生的专业兴趣。在加强对学生专业知识教育的同时，可以从各专业的实际情况出发，自主制定人才培养方案，积极探索多元化的人才培养模式，将课堂变得趣味性，引领学生爱上课堂，爱上专业，努力办出专业的特色。同一专业，可以根据生源情况的不同制定不同的专业培养方案，或在执行同一方案时给学生更多地发挥自我的空间。

3．学校应大力培养全面发展的高素质人才

学校可多多开展实验课程和实训课程，融"教、学、做"为一体，在做好专业教育的同时，鼓励学生积极参加学校举行的各类竞赛、参加社会实践、参加社会服务等活动。学校也可与用人单位签署长期合同，也可与用人单位合作举办校企活动，鼓励学生进实训室、去用人单位、参加校企活动。

参考文献：

[1]麦可思研究院.2012 年中国大学生就业报告[M].北京：社会科学文献出版社，2012.

[2]麦可思研究院.2013 年中国大学生就业报告[M].北京：社会科学文献出版社，2013.

[3]中国教育在线.2013 高考就业与专业相关度最高的 10 个专业[M].http://career.eol.cn/zhuanye_jiuye_4657/20130411/t20130411_929237.shtml.2013 年 4 月 11 日.

附录一　浙江省商业银行就业岗位与专业相关性的问卷调查

　　为了进一步了解目前大学生的就业情况，分析当前的专业对口情况，我们特地制作了《浙江省商业银行就业岗位与专业相关性的问卷调查》，对浙江商业银行进行详细的调查。对您的信息我们会严格保密。本问卷采取匿名形式，所有数据仅供学术研究分析使用。请您放心！

1．您的性别 　　　　　　　　　　　　　　　　　　　　　　　　　　　　　　　（　　）

　　A．女　　　　　　　B．男

2．求职期间，对自己专业的了解程度 　　　　　　　　　　　　　　　　　　　　（　　）

　　A．清楚　　　　　B．有所了解　　　　　　C．模糊　　　　　　D．一点都不了解

3．求职期间，了解自己的专业与多少就业岗位对口 　　　　　　　　　　　　　　（　　）

　　A．普遍都有涉及　　B．一半有所涉及　　　C．小部分涉及　　　D．不太清楚

4．在校期间，您对个人的职业生涯有无规划 　　　　　　　　　　　　　　　　　（　　）

　　A．认真长期规划　　B．简单短期规划　　　C．没有规划，顺其自然

5．目前所在就业岗位与自身专业是否对口 　　　　　　　　　　　　　　　　　　（　　）

　　A．完全对口　　　B．基本对口　　　　　　C．有些涉及，有些擦边　D．完全无关

6．（可多选）就业求职中，最具竞争实力的方面 　　　　　　　　　　　　　　　（　　）

　　A．专业知识性强　　B．学科优势强　　　　C．实践经验较多　　　D．沟通变通能强

　　E．社会关系硬　　　F．外表及形象完美

7.职场中,是否运用自己的专业知识解决过实际问题　　　　　　　　　　（　　　）

　　A.经常　　　　　　　　　B.偶尔　　　　　　　　C.不涉及

8.就业与专业不对口是否是教育的一种浪费　　　　　　　　　　　　　　（　　　）

　　A.是　　　　　　　　　　B.否

9.对曾经选择的专业是否后悔过　　　　　　　　　　　　　　　　　　　（　　　）

　　A.后悔,没什么用　　B.还可以,有所了解　　　C.不后悔,学以致用

10.现今跨专业就业逐渐成为一种普遍现象,您认为最大因素是什么　　　（　　　）

　　A.就业与专业供应不平等　　　　　　　B.有不需要考虑专业是否对口的工作机会

　　C.综合素质型人才更容易获得企业青睐　　D.大学专业没学好或没选择好

　　请问您大学所有的专业是＿＿＿＿＿＿＿＿＿＿＿＿

　　再次感谢您对本次调查活动的参与,谢谢!!

图书在版编目（CIP）数据

　　仰山论丛.2014年卷／黄董良主编.—杭州：浙江大学
出版社，2017.9
　　ISBN 978-7-308-17503-6

　　Ⅰ.①仰… Ⅱ.①黄… Ⅲ.①高等学校－教学研究－
中国－文集 ②高等学校－教学改革－中国－文集
Ⅳ.①G642.0-53

　　中国版本图书馆 CIP 数据核字（2017）第 246927 号

仰山论丛（2014 年卷）

黄董良　主编

责任编辑	傅百荣
责任校对	梁　兵
封面设计	刘依群
出版发行	浙江大学出版社
	（杭州市天目山路 148 号　邮政编码 310007）
	（网址：http://www.zjupress.com）
排　　版	杭州隆盛图文制作有限公司
印　　刷	浙江省良渚印刷厂
开　　本	880mm×1230mm　1/16
印　　张	12
字　　数	338 千
版 印 次	2017 年 9 月第 1 版　2017 年 9 月第 1 次印刷
书　　号	ISBN 978-7-308-17503-6
定　　价	39.00 元